Theodor Lemke

Geschichte des Deutschtums von New York

Von 1848 bis auf die Gegenwart

Theodor Lemke

Geschichte des Deutschtums von New York

Von 1848 bis auf die Gegenwart

ISBN/EAN: 9783955640668

Auflage: 1

Erscheinungsjahr: 2013

Erscheinungsort: Bremen, Deutschland

@ EHV-History in Access Verlag GmbH, Fahrenheitstr. 1, 28359 Bremen. Alle Rechte beim Verlag und bei den jeweiligen Lizenzgebern.

Geschichte

des

Deutschthums von New York

Von 1848 bis auf die Gegenwart.

Von

Theodor Lemke.

※

New York:
Verlag von Theodor Lemke.
No. 25 Beekman Street.
1891.

Herrn William Steinway

in dankbarer Verehrung zugeeignet

vom

Verfasser.

ls ich zuerst den Gedanken zur Herausgabe einer Geschichte des Deutschthums von New York faßte, waren Sie es, mein hochverehrter Herr Steinway, dem ich den Plan des Buches, seinen Grundzweck und seine Endziele vorlegte. Der freundlich-ermunternde Zuspruch, die mannigfaltige Bethätigung Ihrer einflußvollen Mitarbeit und nicht zumindest die klaren Rathschläge, welche Sie mir trotz der auf Ihnen ruhenden Arbeitslast jederzeit bereitwilligst angedeihen ließen — sie waren die grundlegenden Momente zur erfolgreichen Vollendung meiner mühevollen und schwierigen Arbeit. Um Ihnen für diese unermüdliche Förderung den schuldigen Tribut zu zollen, erachte ich es als eine mir obliegende Pflicht, Ihnen das Werk zu widmen. Und ich bitte Sie, diese Widmung freundlichst anzunehmen als Ausdruck meiner verehrungsvollen und dankbaren Gefühle für Sie.

Doch auch abseits dieser meiner persönlichen Empfindungen meine ich, daß die Dedikation eines den Interessen des Deutschthums gewidmeten Werkes, welches ein aus der vollen, lebendigen Gegenwart geschöpftes Bild von dem Werden und Wachsen deutschen Einflusses hierzulande gewähren soll, Niemandem berechtigter gebührt, als Ihnen. Wie ein junges, lebenbergendes Reis dem Mutterstamm Kraft und neue Nahrung zuführt, so hat auch die rege Bethätigung deutschen Einflusses fördernd und befruchtend auf das Amerikanerthum eingewirkt. Neue, veredelte Lebensanschauungen sind ihm aufgegangen, eine Vertiefung des Nationalcharakters und ein Loslösen von verknöcherten Gebräuchen und überkommenen Vorurtheilen. Aber wie es der kundigen Hand des Gärtners bedarf, um den jungen Schößling dem alten Baume aufzupfropfen, auf daß er veredelt und verschönert werde, so benöthigt es auch im Leben des Volkes eines erfahrenen Führers, der durch sein Wirken und seinen Einfluß, durch sein Beispiel und seinen Lebensgang der Allgemeinheit die Früchte einer anderen Cultur zugänglich macht. Wo immer es erheischt war, diesen befruchtenden Einfluß der Deutschen geltend zu machen, da stand Ihr Name in vorderster Reihe, da waren Sie der thätigsten Vorkämpfer Einer. Das deutsche Lied — Sie haben es gehegt und gepflegt, die deutsche Sprache — Sie haben sie geschützt und gehütet, deutsche Art und Sitte, deutschen Frohmuth und edlen Lebensgenuß — in Ihnen fanden sie ihre Verkörperung. Die Bedeutung, welche Ihnen an der heutigen machtvollen und angesehenen Stellung des Deutschthums in der größten Handelsmetropole des Landes gebührt, Ihr gemeinnütziges Wirken und Ihr hoher Rang in der Industrie sind — so meine ich — richtig und eingehend in dem Werke selbst gewürdigt. Mich drängt es hier nur, Ihnen nochmals die warme Förderung zu danken, die Sie mir bei meinem Werke zu Theil werden ließen, dessen hohe Aufgabe es ist, ein nationales Denkmal der Deutsch-Amerikaner zu sein. Und in diesem Sinne bitte ich Sie herzlich, die Widmung als meinen aufrichtigsten Gefühlen der Achtung und Anerkennung entspringend freundlichst anzunehmen.

Roseville, N. J., Weihnachten 1890.

Theodor Lemke.

Vorwort.

Wenn Thomas Buckle das Klima, die Nahrung, den Boden und das allgemeine Naturbild eines Landes als die physischen Einwirkungen bezeichnet, von welchen das menschliche Geschlecht am mächtigsten beeinflußt wird, so hat er gewissermaßen das geographische Element in einen ursächlichen Zusammenhang mit dem geschichtlichen gebracht und aus der Wechselwirkung beider den Volkscharakter abgeleitet. Dieser Einfluß, den nach dem Urtheile dieses englischen Historikers und Philosophen die Naturgesetze auf die Kulturentwicklung und die psychologischen Merkmale einer Nation auszuüben vermögen, wird uns nirgend klarer und überzeugender zu Tage treten, als wenn wir einen Volksstamm nach einem anderen Lande verschlagen sehen und erkennen, wie er selbst hier in der Fremde die Eigenart seiner Sitten und seines Charakters bewahrt. Mag in zweiter und dritter Generation eine Assimilirung mit dem eingeborenen Elemente sich vollziehen, gewisse Züge und Merkmale werden unverwischlich zurückbleiben und das Ursprungsland nicht verleugnen lassen.

In ganz besonderem Grade läßt sich das von dem deutschen Elemente in den Vereinigten Staaten sagen. Während in den ersten Stadien der deutschen Einwanderung das Bestreben vorherrschend war, sich so schnell als möglich seines Stammesbewußtseins zu entkleiden, ist im Wandel der Zeit eine völlige Umgestaltung eingetreten. Das Deutschthum ist sich seines Werthes und Einflusses bewußt geworden, es bemüht sich nicht nur nicht, seinen Ursprung zu verleugnen, sondern es hat unverkennbar begonnen, eine machtvolle Einwirkung auf die Gestaltung des amerikanischen Volksgeistes auszuüben.

Das Verdienst an diesem Umschwung, dieses Sichbewußtwerdens des eigenen Werthes verdanken wir vornehmlich einer großen Reihe hervorragender Männer, die auf dem weiten Gebiete der Wissenschaft, der Kunst, der Politik, der Industrie und des Handels den deutschen Namen zu Ansehen und Ehren gebracht haben. Und das Jahr 1848, das so viele der besten und aufgeklärtesten Geister nach dem freien Amerika verschlug, darf mit vollem Rechte als der Zeitpunkt angesehen werden, von dem aus sich dieser Wechsel langsam, aber stetig vollzog.

Der Verfasser hat sich der Aufgabe unterzogen, von diesem Zeitabschnitte an die Geschichte des Deutschthums bis auf unsere Tage in den Rahmen einer Schilderung zu spannen. Drei Faktoren sind es namentlich, welche auf die Erhaltung und Förderung des Deutschthums befruchtend eingewirkt haben: die deutsche Presse, die deutsche Sprache, der deutsche Gesang. Während nun die Geschichte der deutschen

Presse, des Aufblühens und Erstarkens der Gesang-Vereine, der Pflege der deutschen Turnerei u. s. w., Gegenstand einer besonderen Abhandlung sein soll, hat der Verfasser in den nachfolgenden Blättern den Versuch gemacht, aus der Zahl hervorragender Deutsch-Amerikaner einige der bedeutendsten herauszugreifen und an deren Lebensgang — als Norm und Beispiel — zu illustriren, wie bedeutungsvoll und folgewichtig das Wirken des Einzelnen für die Allgemeinheit sich gestalten kann.

Die Frage entsteht nun: Ist es möglich, durch die Aneinanderreihung einer Anzahl von Monographien über hervorragende Männer, deren Zahl und Auswahl überdies nicht allein in der Hand des Verfassers lag, ein wirklich befriedigendes Bild über die Entwickelung und die Stellung des Deutschthums zu geben? Ein solches Bild werden Viele in dem Buche suchen. Es ist zu befürchten, daß jene Frage nicht voll wird bejaht werden können; es dürften in dem Bilde immerhin Lücken zu entdecken sein, welche der Leser ebenso lebhaft wie der Verfasser beklagen wird.

Aber ein Vorzug dürfte der von mir gewählten Behandlungsweise zuzuerkennen sein: Eine aus der Tiefe all' der einzelnen untersuchten Quellen geschöpfte, lebendige Darstellung des Lebensganges einer bunten Reihe hervorragender Männer gewährt dem Leser einen tiefen Einblick in die Eigenartigkeit der natürlichen Entwickelungsbedingungen, welche dieses Land Jedem darbietet und die Geschichte solcher Lebensläufe zu recapituliren, wird auf das Beste, was in jedem Menschen wohnt, wie der befruchtende Regen auf dürres Erdreich wirken. Das ist Grundzweck und Endziel, welche sich das Buch gestellt; und daß es diesen in vollem Umfange gerecht werde, ist der warme Wunsch, den der Verfasser seinem Werke als Geleitwort auf den Weg giebt.

Der Verfasser.

Oswald Ottendorfer.

„Körper und Stimme verleiht die Schrift dem stummen Gedanken,
Durch der Jahrhunderte Strom trägt ihn das redende Blatt."

n diesen herrlichen Worten unseres deutschen Dichterheros entfaltet sich uns das ganze geistige Spiegelbild von der Macht und Bedeutung der Presse für die Ausbildung der Menschheit, für die Entwickelung des geistigen Fortschritts. Die Presse ist es, welche die Volksaufklärung geschaffen und gefördert hat und sie ist auch der wesentlichste Faktor, der im neuen Vaterlande dem Deutschthum die einschneidendsten Dienste geleistet und die Erhaltung deutscher Art, deutscher Sprache und deutscher Sitte gestützt und gepflegt hat. Ohne den befruchtenden Einfluß der deutschen Presse in Amerika wäre die deutsche Sprache unwiederbringlich verloren gewesen, wie aus dem Beispiel erhellen mag, daß im Anfang dieses Jahrhunderts, als es noch keine deutschen Zeitungen in New York gab, sogar die Jahresberichte der „Deutschen Gesellschaft" in englischer Sprache verfaßt waren. Mit der Begründung und dem Erstarken der deutschen Zeitungen wuchs auch beständig deutscher Einfluß und die Bethätigung deutscher Sitte in mancherlei Formen. Gesangvereine entstanden, welche die Pflege des deutschen Liedes und deutscher Geselligkeit und frohen Lebensgenusses auf ihr Panier geschrieben; die deutschen Turner thaten sich zusammen und während drüben im alten Vaterlande noch unselige Zersplitterung die Preußen, die Bayern, die Schwaben, die Sachsen, die Hessen schied, war hier längst die gemeinsame Sprache, die gleiche Lebensanschauung die verbundene Kette für alle Stammesgenossen geworden. Unter der gesammten Presse des Landes hat keine Zeitung einen so tiefgreifenden Einfluß, eine so erkennbare Mitarbeit an Wahrung und Wesen des

Deutschthums ausgeübt, als die New Yorker Staats-Zeitung, und mit vollem Rechte gebührt daher dem Manne, welcher — wenn auch nicht der Begründer, so doch der Schöpfer ihrer Größe und Bedeutung gewesen, gebührt Oswald Ottendorfer der erste Platz in diesem Werke.

Oswald Ottendorfer's Carrière ist voller Romantik und Originalität. Geboren am 28. Februar 1826 in Zwittau, Mähren, absolvirte er die Schulen seiner Vaterstadt und bezog dann die Universitäten von Wien und Prag, wo er sich dem Rechtsstudium zuwandte. Seine Universitätszeit fiel in die Sturm- und Drangjahre, die über Europa dahinbrausten und alle Staaten mächtig erschütterten. Auch Oswald Ottendorfer erfaßte der Völkerfrühling und als im März 1848 der Aufstand gegen das Metternich'sche Regiment losbrach, stand er mitten unter den von Freiheitsliebe erfüllten Kämpfern auf den Barrikaden, welche die Volksrechte forderten und dafür Blut und Leben zu opfern bereit waren. Als Wien im Oktober fiel, flüchtete Oswald Ottendorfer nach Leipzig, doch auch hier blieb er kein müßiger Zuschauer inmitten der bewegten Ereignisse, sondern griff thatkräftig in das Rad der Zeitgeschichte ein. An dem berühmten Dresdener Aufstand im Mai 1849 und der badischen Revolution im Sommer desselben Jahres sehen wir Oswald Ottendorfer mit jugendlichem Feuereifer theilnehmen und dann, nach dem Niederwerfen des Aufstandes, als Flüchtling das harte Brot der Verbannung essen. Im Exil erwachte die Heimathsliebe so stark in ihm, daß er der Gefahr langer Einkerkerung nicht achtete und nach Wien zurückkehrte. Hier mußte er erkennen, daß seine aufwallende Begeisterung und sein Eintreten für Freiheit und Volksrechte ihn eines kostbaren Gutes, der Heimath und des Vaterlandes beraubt hatten. Ihm drohte harte Strafe und schweren Herzens folgte er dem Rathe und Drängen seiner Freunde, der heimathlichen Scholle für immer Valet zu sagen und sich ein neues Vaterland zu suchen. Gleich so vielen anderen vortrefflichen Männern, welche der europäische Völkerfrühling an unsere gastlichen Gestade verschlug, wandte sich auch Oswald Ottendorfer nach Amerika und kam 1850 in New York an — freundlos, ohne Mittel, der Landessprache nicht mächtig. All' seine Versuche, eine seiner Bildung entsprechende Beschäftigung zu finden, schlugen fehl und er sah sich vor die bittere Nothwendigkeit gestellt, zu ergreifen, was Zeit und Gelegenheit ihm boten, um sein Leben zu fristen. So nahm er denn einen Platz als Arbeiter in einer Fabrik an, in der nur Irländer beschäftigt waren. Obwohl harter Körperarbeit völlig ungewohnt, hielt er mit eiserner Willenskraft mehrere Monate in dieser Stellung aus, und noch oft hat Herr Ottendorfer in späteren Tagen, als er sich längst zu einem der hervorragendsten Bürger New Yorks aufgeschwungen, mit Genugthuung erzählt, wie stolz er sich auf die Schwielen seiner Hände, die er bei so saurer Arbeit erhalten, gefühlt hat. Wenn er ermüdet von der Tagesarbeit des Abends in sein mehr als bescheidenes Heim kam, dann pflegte er nicht der Ruhe, sondern warf sich mit Feuereifer auf das Studium der englischen Sprache, in der richtigen Erkenntniß, daß nur

Streben, unermüdliches, rastloses Streben ihn in diesem Lande vorwärts bringen könne. Und dieses Streben fand Belohnung, es glückte ihm, in der Office der N. Y. Staats-Zeitung eine bescheidene Clerkstelle zu erhalten. Hier bekundete er ein so reges Interesse und so außergewöhnliche Fähigkeiten, zeigte sich so vertraut mit den politischen und ökonomischen Verhältnissen des Landes, daß er nach wenigen Jahren in den Redaktionsstab der Zeitung aufgenommen wurde, zu deren geistigem Leiter er sich alsbald aufschwang. Mit der Geschichte dieses großen journalistischen Institutes ist der Name Oswald Ottendorfer auf das engste verwebt, ihm verdankt die N. Y. Staats-Zeitung heute in erster Reihe ihre glänzende und einflußvolle Stellung. Als Oswald Ottendorfer die Controle über die Zeitung erhielt, bezifferte sich ihre Auflage kaum über 5000 Exemplare. Sie stieg unter seiner geschickten und zweckbewußten Leitung stetig und hat heute — abgesehen von ihrer Wochenausgabe — gegen 60,000 Abonnenten. Keine andere deutsche Zeitung in Amerika hat auch nur annähernd eine gleiche Circulation und selbst in Deutschland und Oesterreich kommt ihr kaum eine hinsichtlich ihrer Verbreitung, keine aber in ihrem weittragenden Einfluß gleich. Die Staatszeitung ist heute sowohl im politischen Leben des Landes, als auch speciell im communalen New Yorks eine Macht allerersten Ranges, und diese ihre Stärke beruht auf der Bedeutung, die sie allweg heilsam und fruchtbringend auf das Deutschthum dieses Landes geltend gemacht hat. Diesen ihren maßgebenden Einfluß näher zu beleuchten und die Geschichte ihrer Entwickelung selbst müssen wir uns für den zweiten Band dieses Werkes vorbehalten. Hier sei der N. Y. Staatszeitung nur insoweit gedacht, als sie in ursächlichem Zusammenhang mit dem Lebensgang Oswald Ottendorfer's steht.

Nachdem Herr Oswald Ottendorfer im Jahre 1859 durch seine Heirath mit der Wittwe des früheren Besitzers Jacob Uhl auch Eigenthümer des Blattes geworden, beschränkte er sich nicht darauf, mit der Feder für die Wohlfahrt des Landes einzutreten, sondern begann alsbald, an der Politik, speciell an den communalen Interessen New Yorks thätigen Antheil zu nehmen. Er gehörte dem Siebziger Comité prominenter Bürger an, welches gegen die Tweed'sche Mißwirthschaft in der Stadtverwaltung Front machte, und er war in Wort und Schrift einer der ersten und beredtesten Befürworter der Trennung der städtischen Verwaltungs-Angelegenheiten von der Parteipolitik — eine Forderung, für deren Erfüllung die Zeit noch immer nicht reif zu sein scheint. Oeffentliche Aemter, so mannigfach sie Herrn Ottendorfer auch angetragen worden, hat er beharrlich zurückgewiesen. Dennoch ließ er sich bereit finden, während der Jahre 1873 und 1874 im Board of Aldermen zu dienen, vornehmlich um hier Gelegenheit zu haben, seine Ansichten über Municipal-Verwaltung zum Ausdruck zu bringen. Daß er die Arbeit und nicht Aemter und Einkünfte suchte, das beweist die Thatsache, daß er das ihm als Alderman zustehende Gehalt von $4000 per Jahr zurückwies, weil er dasselbe außer allem Verhältniß zu den damit verbundenen Leistungen erachtete. Das Amt als Mayor der Stadt New York, das wiederholt in seinem Bereiche war, hat Herr Ottendorfer aus Rücksicht auf seinen geschwächten Gesundheitszustand ablehnen müssen — sehr zum Schaden der Stadt, die sicher seinem großen Verwaltungs- und Organisationstalent viel Ersprießliches verdankt hätte.

Leider begann die jahrelange Ueberarbeitung, die Herr Oswald Ottendorfer bei dem Auf- und Ausbau der Staatszeitung aufwandte und die ihn oft bis 3 oder 4 Uhr Morgens in anstrengender und aufreibender Thätigkeit hielt, ihren nachtheiligen Einfluß auf seine ohnehin nicht sonderlich starke Körperconstitution zu zeigen. Seine Gesundheit war völlig zerrüttet und er sah sich im Jahre 1880 gezwungen, zur Wiederherstellung derselben auf längere Zeit nach Europa zu gehen. Bevor er New York verließ, gestaltete er die N. Y. Staatszeitung in ein Aktien-Unternehmen um, dessen halben Antheil er zusammen mit seiner Gattin behielt, während die andere Hälfte unter seine Kinder vertheilt ward. Obgleich sein Gesundheitszustand sich besserte, gelangte er doch nie wieder in den Vollbesitz seiner physischen Kräfte und zog sich daher von Jahr zu Jahr mehr von der aktiven Thätigkeit zurück, obwohl er die oberste Leitung und Dirigirung seines Blattes bis zum heutigen Tage in der Hand behalten hat. Denn selbst in dem durch Krankheit geschwächten Körper wohnt ein eiserner Wille und zähe Energie, und alle Leiden haben nicht die Kraft und Elasticität seines Geistes zu beugen vermocht. In allen wichtigen politischen Fragen wird Herrn Oswald Ottendorfer's Rath und Erfahrung von seiner Partei herangezogen, und seine Stimme hat weithin Klang und Bedeutung. Einer seiner aufrichtigsten und wärmsten Verehrer ist Ex-Präsident Grover Cleveland, der sein Urtheil über Herrn Oswald Ottendorfer in die Worte zusammenfaßte: "I look to him as to a father."

Ehe sein leidender Gesundheitszustand ihn zwang, sich von thätiger Antheilnahme am öffentlichen und sozialen Leben zurückzuziehen, hatte Herr Ottendorfer innerhalb der mannigfachsten deutschen Institute hiesiger Stadt die höchsten Vertrauens- und Ehrenstellen inne. So war er Direktor der **German American Bank** und der Deutschen Sparbank, gehörte zum Verwaltungsrath der Deutschen Gesellschaft und des Deutschen Hospitals und war mehrere Jahre hindurch Präsident des Liederkranz — überall anregend, befruchtend und fördernd wirkend.

Gemeinsam mit seiner unvergeßlichen Gattin hat Herr Oswald Ottendorfer eine wahrhaft großartige Wohlthätigkeit entfaltet, welche seinem Namen als Philanthrop unvergängliches Andenken sichert. Das schönste Denkmal für dieses von reinster und edelster Menschenliebe getragene Wirken Oswald und Anna Ottendorfer's hat Carl Schurz ihnen gesetzt in der unvergleichlich meisterhaften Gedächtnißrede, die er an der Bahre von Frau Anna Ottendorfer hielt und welche verdient, daß wir sie hier bleibend festhalten:

Wenn menschliche Größe darin besteht, daß man unter den obwaltenden Bedingungen der Existenz das Bestmögliche leistet, so war Anna Ottendorfer wirklich eine große Frau. Ihre Leistungsfähigkeit schien beschränkt zu sein nur durch die Grenzen ihres

Wirkungskreises. An ihrer Wiege hat nicht das blinde Glück gestanden. Das alte Vaterland, von welchem sie auswanderte, gab ihr weder eine außergewöhnliche Bildung, noch materielles Vermögen mit auf den Weg. Als sie vor etwa 48 Jahren an dieser Küste landete, besaß sie nichts, als gesundes Blut, einen hellen Verstand, einen starken Willen und ein braves Herz. Das war das Kapital, aus dem Alles entstand, was sie geworden ist und gethan, gewonnen und geschaffen hat.

Wie sie im Verein mit ihrem ersten Gatten Schwierigkeiten, welche sich dem mittellosen Einwanderer entgegenzustellen pflegen, mit resolutem Streben überwand und allmälig einen kleinen Besitz erwarb und den Grund und Boden zu einem journalistischen Institut legte; wie sie dann, als Wittwe, ohne männliche Hilfe, mit scharfem, sicherem Blick in die Zukunft sah und deren Möglichkeiten erkannte und dann, auf das eigene Urtheil und die eigene Kraft vertrauend, dieses Institut festhielt und es mit erstaunlicher Umsicht und rastloser Thätigkeit zu außerordentlicher Prosperität und Macht entwickelte, schon ehe ihr trefflicher Gatte, mit dem sie die letzten fünfundzwanzig Jahre glücklich vereinigt war, dem Unternehmen seine fähige und ersprießliche Leitung gab; wie sie Alles das that, bot ihre Laufbahn ein seltenes Exempel nicht günstiger Glückslaune, sondern eines durch ungemeine Klugheit, Thatkraft und Ausdauer ehrlich verdienten und gewonnenen Erfolges.

Aber wir finden darin viel Höheres noch. Lehrt dieses Beispiel, wie ein umsichtig praktischer Sinn mit Ehren Viel erwerben mag, so lehrt es um so mehr, wie ein edles Herz das von dem Einzelnen Erworbene Allen zum Segen macht. Man darf wohl die Achsel zucken über diejenigen, welche mit emsiger Selbstsucht Dollar auf Dollar häufen, um dann das Gewonnene entweder mit noch größerer Selbstsucht als unantastbaren Schatz für sich zu bewahren, oder es in roher Genußsucht zu vergeuden, oder mit brutaler Selbstüberhebung zur Schau zu stellen. Aber die höchste Achtung verdient der edel-praktische Sinn, der im Kleinen sammelt, um im Großen zu geben, der das Kleine erwirkt und zu Rathe hält, um das Große zu leisten.

Und nun blicken wir auf ihr Wirken zurück. Das war nicht das eigennützige Streben nach Gewinn, des bloßen Besitzes wegen. Das war auch nicht jene testamentarische Wohlthätigkeit, welche, wie schätzbar sie auch sein mag, an den Gütern dieser Welt festhält, so lange noch die Möglichkeit des Selbstgenusses bleibt, um sie dann, wie das Geschenkte, dem Spiel des Zufalls in einer ungewissen Zukunft zu überlassen. Auch war es nicht die leichtfertige Generosität, welche, wenn auch reichlich, aber oft halb gedankenlos von angehäuftem Ueberfluß hergiebt, zuweilen weil sie nicht Nein sagen kann, oder weil reifliches Ueberlegen Zeit nehmen und Mühe machen würde. Nein, die Wohlthätigkeit dieser Frau war die Frucht der denkenden Sorge, die mit gewissenhafter Untersuchung das Feld auskundschaftet, auf welchem die Gabe die besten Früchte tragen kann, und die, wenn dieses Feld gefunden ist, mit um so volleren Händen giebt, und auch dann immer noch sorgt und plant und wacht, damit die ausgestreute Saat gut bestellt und gepflügt werde, eine ebenso weise als großherzige Wohlthat, die fürstlich spendet, ohne zu verschwenden. So finden wir denn diese Frau, noch ehe sie reich war, inmitten ihrer Erwerbsthätigkeit, im Kleinen Rath und Hilfe schaffend, wo sich Gelegenheit und Möglichkeit bot; dann in Vereinen und Ausschüssen nicht allein als thätiges, sondern als leitendes, regierendes Element, und endlich mit der warmen Lust des Helfen-Könnens ihre Hunderttausende hergebend, hier um hilflosen Frauen ein behagliches Obdach zu schaffen, zum Andenken an ihre gestorbene Tochter; da um den Unterricht in der deutschen Sprache, die der echt deutschen Frau stets theuer blieb, zu fördern, zum Gedächtniß ihres gestorbenen Sohnes — denn jeder Schicksalsschlag, der sie selbst traf, war ihr stets ein Anstoß, das Schicksal Anderer zu mildern oder zu verschönern; — dann um das deutsche Krankenhaus in New York durch den Frauen-Pavillon zu erweitern; dann um dem Dispensary ein neues Gebäude zu schaffen; dann um das deutsche Spital in Newark von seiner Schuldenlast zu befreien; dann um durch Unterstützung von Schulen und Seminarien und durch Stiftungen mannichfaltiger Art nah und fern die Erziehung Deutscher in Amerika zu erleichtern; und dazwischen zahllose Wohlthaten, ausgestreut mit ungesehener Hand, bei denen die linke nicht wußte, was die rechte that. Alles dies das Werk eines hellen Verstandes, von einem großen Herzen erwärmt, und eines großen Herzens, von einem hellen Verstande geführt und bewacht.

Und nun ist dieses thätige, reiche Leben zu Ende. Der letzte Rest ihrer einst so gewaltigen Arbeitskraft war, in Schmerz und Hinfälligkeit, noch dem schriftlichen Verkehr mit Denen gewidmet, welchen sie Gutes gethan. Sie konnte in der That sterben mit dem Bewußtsein, nicht umsonst gelebt zu haben. Denn nicht allein hat sie die Thränen vieler Elenden getrocknet, nicht allein mancher strebenden Fähigkeit den Weg geebnet, sondern sie hat Allen ein leuchtendes Beispiel gesetzt als Inspiration für edeln Ehrgeiz. Wer das gethan, der hat nicht nur die, welche die helfende Hand unmittelbar fühlen, glücklicher, sondern auch die Welt besser gemacht. Bis in weite Ferne ist der Ruf ihrer hülfreichen Tugend gedrungen. Die Kaiserin des mächtigsten Reiches der alten Welt hat sich selbst geehrt, indem sie der schlichten Größe dieser republikanischen Bürgerin den Tribut ihrer Achtung zollte. Und nun kommt von nah und fern die Stimme trauernder Verehrung, und es ist, als drängten sich ungezählte Tausende heran, um ihr den Kranz der Dankbarkeit auf das Grab zu legen. Die Reichen und Mächtigen mögen auf diese Bahre schauen und sich fragen: Wer möchte nicht in ähnlichem Geiste gelebt haben, um so zu enden? Welch' herrlicheres Monument giebt es, als die schönen Thaten, die sie überleben! Wenn unser Volk seine Wohlthäter aufzählt, wenn die Deutschen Amerika's Diejenigen nennen, auf die sie mit dem höchsten Stolz hinweisen, so wird sicherlich der Name Anna Ottendorfer stets in der ersten Reihe stehen. Ihr Andenken wird für immer gesegnet bleiben, wie ihr Werk.

Die große Schöpfung werkthätigster Nächstenliebe, welche Anna Ottendorfer begonnen, ihr Gatte hat sie in ihrem Sinne weitergeführt und großartig vollendet. Da sich die alte Isabella-Heimath, welche im Mai 1875 für alte, hilflose, alleinstehende deutsche Frauen in Astoria gegründet worden war, für das stetig wachsende Bedürfniß als unzulänglich erwies, beschloß Herr Oswald Ottendorfer vor etwa 5 Jahren, ein neues Asyl errichten zu lassen, das auch alten, hilflosen Männern eine Heimath bieten sollte, und damit zugleich ein Hospital für chronische Invaliden und Rekonvalescenten zu verbinden. Es wurden die nöthigen Schritte gethan, Grund und Boden in sehr gesunder und schöner Lage an der Nordwestecke der 10. Avenue und 190. Straße, nahe dem Harlem River, erworben und das Werk nach dreijähriger rühriger Thätigkeit mit einem Kostenaufwande von über $500,000 vollendet. Herr Eduard Uhl, Frau Anna Woerishöffer, Frau Emma Schalk und Frau von Riedl, die Kinder der verschiedenen Frau Ottendorfer, leisteten reichliche Beisteuern zu diesem Institute ächter Menschenliebe, das jetzt auf ein fast zweijähriges, gesegnetes Wirken zurückblickt.

Ein reiches, erfolggekröntes Leben — ganz in den Dienst des Guten und Edlen gestellt — liegt hinter Herrn Oswald Ottendorfer, und unauslöschlich sind die Verdienste, die er sich um das Deutschthum in mannigfachster Beziehung erworben. Den tiefen Einfluß von Oswald Ottendorfer's Wirken kann man und wird man noch auf Generationen hinaus empfinden, das Bleibende, das er geschaffen, sichert seinem Namen auch in der Nachwelt Gedenken und wird „die Spur von seinen Erdentagen" unvergänglich festhalten.

Carl Schurz.

iographie ist Geschichte in ihrer fesselndsten Form. Nicht nur, daß sie eine anziehende und unterhaltende Schilderung des Lebensganges hervorragender und ausgezeichneter Männer gewährt, sie ist zugleich das lehrreichste und beweiskräftigste Vorbild für das nachwachsende Geschlecht, welches sie — indem sie es mit dem Entwicklungsgange großer Männer und den grundlegenden Momenten ihrer Erfolge vertraut macht — zum Nachstreben ermuthigt und anregt. Unter diesem Gesichtspunkte betrachtet darf die Skizzirung des Lebens von Carl Schurz, der in den letzten fünfundzwanzig Jahren unbestritten der geistige Führer des Deutschthums in Amerika gewesen ist, als ein besonders leuchtendes Beispiel erfolggekrönten Wirkens, einer ehrenvollen, auch nicht durch den geringsten Makel getrübten öffentlichen Thätigkeit hingestellt werden.

Carl Schurz ward geboren am 2. März 1829 zu Liblar, einem Dorfe, unweit Cöln am sagenumsponnenen Rhein, gelegen. Er besuchte das katholische Gymnasium daselbst und bezog dann im Alter von 17 Jahren die berühmte Universität Bonn, um Philologie und Geschichte zu studiren. Hier trat er in innigen Verkehr zu Gottfried Kinkel, den Dichter von „Otto der Schütz", welcher als Professor der Rhetorik an der Bonner Universität wirkte. Kinkel gewann auf den leicht entzündbaren Jüngling einen tiefen Einfluß, der auf Schurz's Entwicklungsgang von bestimmender Bedeutung wurde. Die gährenden Zeiten der revolutionären Bewegung konnten nicht einflußlos auf den feurigen, von Freiheitsliebe erfüllten Studenten bleiben und er schloß sich den Führern des „jungen Deutschland" mit warmer Begeisterung an. Im Frühling 1849 in eine erfolglose revolutionäre Erhebung verwickelt, mußte er nach der Pfalz und Baden flüchten, wo er in die Reihen der Aufständischen eintrat. Nach der Niederlage von Rastatt gelang es

ihm unter großer Gefahr über die schweizerische Grenze zu entfliehen; sein Lehrer und Gesinnungsgenosse Kinkel war jedoch nicht so glücklich, er wurde prozessirt und wegen Hochverraths zum Tode verurtheilt, dann aber zu zwanzigjähriger Festungshaft begnadigt und zu deren Verbüßung nach Spandau überführt. Als diese Nachricht Carl Schurz erreichte, erfüllte sie ihn mit tiefem Schmerz und er faßte den kühnen Entschluß, Kinkel aus den Kerkermauern zu befreien. Unter falschem Namen ging er im Sommer 1850 nach Berlin und begann den Fluchtplan mit Hilfe von Gleichgesinnten und reichen Freunden vorzubereiten. So kühn und abenteuerlich der Plan auch angelegt war, er gelang glänzend und Kinkel entkam glücklich nach England's freiem Boden.

Natürlich war auch für Carl Schurz keines Bleibens mehr in Deutschland, er verließ, wie so viele seiner damals verfolgten Gesinnungsgenossen, das Land seiner Geburt und begann ein nahezu dreijähriges Wanderleben. Er wandte sich zunächst nach Paris, doch fand er hier keine bleibende Stätte und ging nach London, wo er als Correspondent für deutsche Zeitungen und als Lehrer wirkte und sich 1852 verheirathete. Diese seine Heirath entbehrt nicht eines hochromantischen Zuges. Hier im Exil traf er die Tochter eines reichen Hamburger Bürgers, zu welcher ihn eine tiefe Zuneigung erfaßte. Seine Liebe fand Erwiderung und eine Heirath krönte das Herzensbündniß, das Carl Schurz dreiundzwanzig Jahre hindurch ein reines und tiefes häusliches Glück beschied.

Im August 1852 entschloß sich Carl Schurz, die Vereinigten Staaten zu seiner zweiten Heimath zu machen, er kreuzte den Ocean und ließ sich zunächst in Philadelphia nieder. Von hier aus übersiedelte er nach Watertown im Staate Wisconsin und begann hier eine emsige literarische Thätigkeit zu entfalten. Die Anti-Sklaverei-Bewegung war damals auf ihrem Höhepunkte und die Sympathien, die Carl Schurz derselben entgegenbrachte, bestimmten ihn zum Anschluß an die junge republikanische Partei. Er griff mit der ganzen glühenden Energie, die einen so hervorstechenden Zug seines Charakters bildet, in die politische Bewegung der Zeit ein und leistete der republikanischen Partei in der Fremont-Campagne von 1856 als Volksredner wesentliche Dienste. Im folgenden Jahre wurde er als Candidat für das Amt des Vice-Gouverneurs von Wisconsin aufgestellt, aber geschlagen. Nicht im mindesten entmuthigt, trat er in den Kampf zwischen Lincoln und Douglas um die Bundessenatorstelle für Illinois in die Schranken und hielt um diese Zeit seine erste Rede in englischer Sprache, die großes Aufsehen erregte und unter dem Titel "The Irrepressible Conflict" gedruckt und weithin verbreitet wurde. Die letzten Jahre hatte Carl Schurz zu eifrigem Studium der englischen Sprache und des amerikanischen Rechts verwandt und ließ sich 1859 in Milwaukee als Advokat nieder. Diese Wirksamkeit hielt ihn indeß nicht von thätiger Theilnahme an der Präsidentschafts-Campagne von 1860 ab und er trug durch zahlreiche Reden wesentlich zur Erwählung Lincoln's bei, der ihn 1861 zum Gesandten in Spanien ernannte. Die ersten Monate nach Ausbruch des Bürgerkrieges brachte Schurz am spanischen Hofe zu und als ihn auf seinem entlegenen Posten die Kunde von der Fortsetzung des Krieges erreichte, drängte ihm seine feurige Natur, an dem Kampfe mit den Feinden der Union theilzunehmen. Er reichte im Dezember seine Resignation ein und eilte nach Amerika zurück, um gegen die Secession zu kämpfen. Im April 1862 mit den Funktionen eines Brigade-Generals betraut, zeichnete sich Herr Schurz so aus, daß er im März 1863 zum Range eines General-Majors erhoben wurde. Er kommandirte als solcher eine Division im Corps seines alten Kriegskameraden Franz Sigel in der zweiten Schlacht bei Bull-Run und bei Chancellorsville und nahm an den Schlachten von Gettysburg und Chattanooga hervorragenden und bedeutungsvollen Antheil.

Nach der erfolgreichen Beendigung des Bürgerkrieges trat General Carl Schurz in das Privatleben zurück und nahm seine journalistische Thätigkeit wieder auf. Er fungirte von 1865 bis 1866 als Washingtoner Correspondent der New Yorker Tribune, dann wurde er vom Präsidenten Johnson zum Special-Commissär ernannt, um die Südstaaten zu besuchen, eine Aufgabe, welcher er sich mit ebenso vielem Geschick als großer Gewissenhaftigkeit entledigte. Zur Journalistik zurückgekehrt, siedelte Herr Schurz nach Detroit, Michigan, über, wo er die „Detroit Post" herausgab, die unter seiner Aegide eine der hervorragendsten und einflußreichsten Zeitungen des Nordwestens wurde. Das Verlangen nach einem größeren Wirkungskreise bestimmte ihn, sich 1867 seiner Besitzrechte an diesem Blatte zu entäußern und in St. Louis die Leitung der „Westlichen Post" zu übernehmen. Carl Schurz galt jetzt unbestritten als der Führer der deutschen Republikaner des Westens und fungirte u. a. 1868 auf dem National-Convent zu Chicago als temporärer Vorsitzer. Für Grant's Erwählung arbeitete er mit dem ganzen Eifer seiner rastlosen Schaffenskraft und hielt in einer großen Reihe von Städten Campagne-Reden. In gerechter Würdigung und Anerkennung seines verdienstvollen und selbstlosen Wirkens wählte ihn 1869 sein Heimathstaat Missouri — als Nachfolger von Senator Henderson — für einen Termin von 6 Jahren zum Vertreter im Bundessenat, die höchste Ehre, die einem fremdgeborenen Bürger durch Wahl verliehen werden kann. Auch in dieser Stellung that sich Carl Schurz in rühmlichster Weise hervor und entfaltete in den verschiedenen Comités eine rührige und ersprießliche Thätigkeit. Immer — und das ist die treibende Kraft in all' seinem Schaffen und Kämpfen — galt ihm das Wohl des Landes als erster und ausschlaggebender Faktor und nie ist, was in dem trüben politischen Leben der Vereinigten Staaten viel bedeuten will, auch nur der leiseste Schatten auf die Reinheit seiner Gesinnung und Motive gefallen. All' sein Denken und Schaffen, seine Arbeit und Mühe richtete Carl Schurz auf die Wohlfahrt des Landes und fungirte u. a. als permanenter Vorsitzer auf dem republikanischen Convent in Cincinnati, auf dem eine Reihe wichtiger Reform-Grundsätze aufgestellt und angenommen wurden.

Im Jahre 1867 drängte es Carl Schurz, das Land seiner Geburt wiederzusehen und er reiste nach Europa. Einen zweiten Besuch stattete er dem alten Vaterlande nach der glorreichen Beendigung des deutsch-französischen Krieges im Jahre 1873 ab. Welchen Wandel hatte die Zeit geschaffen! Aus dem zerrissenen, ohnmächtigen Vaterlande war das mächtigste Reich Europa's geworden, die heiße Sehnsucht der deutschen Volksstämme nach der Wiedererstehung eines einigen Deutschlands hatte das Genie, der Muth und die Thatkraft des „eisernen Kanzlers" in herrliche Erfüllung gehen lassen. Und er selbst, der einst das Vaterland, als Flüchtling geächtet, heimath- und freundlos, verlassen hatte, er kehrte zurück als einer der bedeutendsten und gefeiertsten Staatsmänner der großen nordamerikanischen Republik und sah sich überall mit Ehren und Auszeichnungen überschüttet. Im Frühjahre 1875 besuchte Herr Schurz abermals Europa, um alte liebgewordene Verbindungen zu erneuern und wieder aufzunehmen. Vor seiner Abreise ward ihm ein großes Diner in New York gegeben, bei welchem David A. Wells, Charles M. Evarts und Parke Godwin Reden hielten. Auch die Deutsch-Amerikaner gaben zu Ehren ihres berühmten Landsmannes ein Abschieds-Banket, das durch Ansprachen von Ex-Gouverneur Edward Salomon, Bayard Taylor, Dr. Krackowizer u. A. verherrlicht wurde. Nach Amerika zurückgekehrt, betheiligte sich Carl Schurz 1876 mit rastlosem Eifer an der Präsidentschafts-Campagne von Hayes, der ihn nach seiner Erwählung zum Minister des Innern ernannte — die höchste Stelle, die je ein Deutscher im politischen Leben der Vereinigten Staaten bekleidet hat. Auf diesem verantwortungsvollen und schwierigen Posten hat sich Carl Schurz mit höchster Auszeichnung bedeckt durch den unermüdlichen Eifer, mit dem er allezeit für die Verbesserung des öffentlichen Wohles eintrat. Seinen Ansichten über Civildienst-Reform ließ er in dem von ihm geleiteten Departement Verwirklichung und erwarb sich namentlich durch seine Reformen auf den Gebieten der Indianerangelegenheiten, des Pensionswesens, der Forstcultur u. s. w. einschneidende Verdienste, welche der Entwickelung des Landes wesentlich zu Gute kamen.

Nach Ablauf seines Amtstermins wandte sich Carl Schurz von Neuem der Journalistik zu und übernahm 1883 die Chefredaktion der „Evening Post" in New York, an der er im Mai 1881 zusammen mit Horace White und E. L. Godkin das kontrolirende Interesse erkauft hatte, und trat mit der ganzen Kraft seines Könnens zu Gunsten politischer Reform ein. Kurze Zeit darauf kam er in Widerspruch mit der republikanischen Partei und als Blaine 1884 die Präsidentschafts-Nomination erhielt, opponirte Schurz in Rede und Schrift auf das heftigste seiner Erwählung — wie bekannt, mit Erfolg. Im Frühjahr 1888 ging Herr Schurz auf mehrere Monate nach Europa, wurde vom Fürsten Bismarck in Berlin empfangen und bei einem späteren Besuche in Hamburg mit großer Auszeichnung von Kaiser Wilhelm II. behandelt. Seine Rückkunft nach den Vereinigten Staaten wurde in der Liederkranzhalle mit einem großartigen Banket gefeiert, das einen Beweis ablegte für die hohe Verehrung und Liebe, die Herr Schurz in allen Bevölkerungskreisen New York's genießt. Bei dieser Gelegenheit hielt er eine glänzende Rede über die Stellung des Deutschthums in den Vereinigten Staaten.

Seit 1. Januar 1889 fungirt Herr Carl Schurz als amerikanischer Direktor für die Hamburg-Amerikanische Packetfahrt-Aktien-Gesellschaft, deren hiesiges Geschäft unter seiner Leitung einen erheblichen Aufschwung genommen hat. Dem öffentlichen Leben bringt Herr Schurz nach wie vor sein lebendigstes Interesse entgegen und tritt vor Allem für politische Reformbewegungen unentwegt mit rastlosem Eifer und Erfolg ein. Alle Bestrebungen des Gemeinwohles finden an Carl Schurz einen warmfühlenden, opferbereiten Förderer und sein Name ist mit einer großen Reihe von Wohlthätigkeits-Anstalten und gemeinnützigen Instituten identificirt.

Als Redner steht Carl Schurz unerreicht da. Er verbindet mit glühender Diktion eine Feinheit und Kraft der Sprache, die er mit unvergleichlicher, spielender Meisterschaft handhabt, daß er seine Zuhörer unwillkürlich zu fasciniren und hinzureißen vermag. Alle seine Reden, von denen 12 (Speeches of Carl Schurz, Philadelphia, 1865) im Buchhandel erschienen, sind ausgezeichnet durch Tiefe der Gedanken, Schönheit der Sprache, Gluth der Schilderung und Wahrheit der Empfindung, oft durchwebt von feinem, geistvollem Humor, und seine Prosa — sowohl die deutsche, als die englische — ist von klassischer Reinheit und Formvollendung.

Unter den Männern, welche für die Wohlfahrt des Deutschthums mit Einsetzung ihrer ganzen Kraft Großes gewirkt und unerschütterlich dafür gekämpft und gestritten haben, steht Carl Schurz in erster Linie. Ein Mann der That im eminentesten Sinne, hat er mit tiefer, weitumfassender, hell voranleuchtender Einsicht — beseelt von einer glühenden Freiheitsliebe und unantastbarer Reinheit der Gesinnung, um eigenen Vortheil sich nicht kümmernd — das Gedeihen des Landes erstrebt und erkämpft. Ein Patriot von edler Begeisterung, weiser Einsicht und unermüdlicher Thatkraft, auf dessen langer öffentlicher Laufbahn auch nicht der Schatten eines Makels haftet, zählt Carl Schurz zu des neuen Vaterlandes besten Bürgern.

Carl Haufelt.

erdienstvoll, wie die Leistungen hochbegabter, mit irdischen Glücksgütern reich gesegneter Männer auch sein mögen, so sind sie doch unbedeutend im Vergleich zu der ausdauernden, wenn auch bescheidenen, aber von einer tiefen Sympathie für das Wohl ihrer Mitbürger zeugenden Wirksamkeit jener Männer, welche unverdrossen und unbeirrt, ohne Rücksicht auf Anerkennung und Auszeichnung, ihr Leben der Linderung der Noth ihrer Mitmenschen weihen und durch hingebende Liebe und Ausdauer die Hauptstütze und der leitende Geist von Verbindungen und Gesellschaften zu werden verstehen, durch deren Wirksamkeit Tausende und Abertausende getröstet werden und Erleichterung erhalten, wie der Lebensgang Carl Haufelt's ein seltenes Beispiel davon giebt. Um aber jene segensreiche Wirksamkeit zu entfalten, wie es Carl Haufelt gethan, dazu gehören Verhältnisse, Eigenschaften des Charakters und Gaben des Geistes und des Herzens, über welche nicht Jede und Jeder verfügen kann. Was wir aber Alle können, das ist: den Willen zu haben, dem Beispiel Carl Haufelt's nachzueifern und den Entschluß zu fassen, so viel in unsern Kräften steht, dieselbe Bahn zu verfolgen, die er durch sein langes Leben beschritten, damit das Werk, das durch seinen Tod gefährdet wurde, nicht unterbrochen, sondern durch das ernstliche und aufrichtige Bestreben Aller gefördert werde. Dadurch werden wir sein Andenken am Besten ehren, wenn wir zeigen, daß das Beispiel, welches er gegeben, uns angefeuert hat, seine Arbeit mit vereinten Kräften fortzusetzen — dadurch werden wir zeigen, daß sein Geist unter uns fortlebt, daß der Same, welchen er ausgestreut, auf fruchtbaren Boden gefallen, fortkeimt und reiche Früchte trägt — dadurch werden wir Carl Haufelt Unsterblichkeit sichern helfen.

Mit diesen formschönen und tiefempfundenen Worten leitete Oswald Ottendorfer die denkwürdige Gedächtnißfeier ein, welche am 16. Februar 1890 in Steinway Hall zum Andenken eines schlichten Bürgers der Republik, der vor wenigen Tagen verstorben war, zum Gedächtniß Carl Haufelt's stattfand. Carl Haufelt war in seinem Wesen ein schlichter Mann, aber gerade groß in dieser Einfachheit des Herzens und Gemüths, der Bravsten Einer, deren Namen auch in späterer Zeit nicht vergessen werden.

Carl Haufelt wurde zu Thalmessingen, einem Marktflecken im Königreich Bayern, am 20. Mai 1828 geboren. Der Vater Georg Peter Haufelt und die Mutter Anna Barbara, eine geborene Hanger, waren von auswärts in den Marktflecken gekommen und hatten das bescheidene Gasthaus „zur Sonne", zu dem die Gerechtsame einer Bäckerei und etwas Landwirthschaft gehörten, erworben und begannen muthig den Kampf um's Dasein und auch gegen eine Schuldenlast, die noch auf ihrem Anwesen ruhte. Von neun Geschwistern war Carl der Erstgeborene, den sie mit aller Sorgfalt liebender und pflichtgetreuer Eltern pflegten; der Knabe gedieh zusehends und wurde bald ein munterer Junge, der nicht nur körperliche Kraft zeigte, sondern auch geistige Gaben und Fähigkeiten erkennen ließ. Mit Freuden und guten Hoffnungen schickten ihn darum die Eltern, als er das schulpflichtige Alter erreicht hatte, zur Schule. Mit dieser Pflanzstätte der Weisheit war es aber, wie Pastor J. P. Beyer, ein Schulkamerad Carl Haufelt's, schildert, zu jener Zeit in Thalmessingen noch übel bestellt. Für die Hunderte von Kindern, welche aus dem Orte selbst und aus etwa 15 umliegenden Ortschaften, die alle eingepfarrt waren, hingeschickt werden mußten, gab es nur eine Elementarklasse, die im Hinterzimmer eines Privathauses von einem Lehrer in Zucht gehalten wurde. Daß unter solchen Verhältnissen auch von fähigen Schülern kein hoher Grad der Ausbildung erreicht werden konnte, ist wohl selbstverständlich. Unvermuthet sollte für Carl Haufelt eine große Veränderung eintreten. Mit dem Erfolg des Vaters im Geschäft ging es nicht recht — von den vielen Gasthäusern des Ortes war das seinige eines der kleineren, wenig besuchten. Die Zahl der Kinder vermehrte sich rasch, seine Hausfrau fing an zu kränkeln und mußte schließlich in einer Anstalt in Erlangen untergebracht werden. Da war es denn ein rechtes Werk christlicher Barmherzigkeit, daß Onkel Hanger, der Pfarrer in Weihenzell war, sich erbot, den nun zwölfjährigen Carl in sein Haus aufzunehmen und weiter für ihn zu sorgen.

Dieser Heimathswechsel, welcher zunächst wie ein rechtes Unglück für den Knaben aussah, war aber gerade zu seinem ferneren Glück und Wohlergehen. Pfarrer Hanger, der nach kurzer Zeit auch noch den um fünf Jahre jüngeren Bruder Eduard Haufelt und die Schwester Elisabeth in Pflege nahm, war ein vortrefflicher Mann, der auf die Charakterentwicklung Carl Haufelt's tiefen Einfluß gewann. Bei ihm wurde denn auch Carl im Jahre 1842 konfirmirt und nun hieß es für den Knaben, wieder aus dem zweiten ihm so liebgewordenen Vaterhause hinauszuziehen in die Welt, um sein Brod mit eigenen Händen zu verdienen. Zu diesem Zwecke wanderte er zunächst nochmals zu Verwandten nach

Pfeddersheim und bald darauf durch deren Vermittlung in das große Ledergeschäft, welches Dörr & Reinhard in Worms betrieben. In diesem arbeitete er fleißig und mit Verständniß, wobei er es nicht versäumte, seine Abende zu Privatstudien zu verwenden, durch welche er neben allgemein nützlichen Kenntnissen auch die der französischen und englischen Sprache sammelte. Durch Fleiß, Gewissenhaftigkeit und Ausdauer erwarb er sich das Vertrauen seiner Firma in so hohem Grade, daß dieselbe den kaum 21jährigen Jüngling als ihren Agenten mit Proben ihrer Erzeugnisse nach Amerika schickte, wo er 1849 ankam und sich bei Herrn Theodor Rose, einem entfernten Verwandten einquartirte. Tag für Tag ging nun der junge Mann mit Paketen von Leder-Proben von Geschäft zu Geschäft, um Bestellungen auf die Erzeugnisse seiner Firma zu suchen und zu finden, und wenn er am Abend in sein Quartier zurückkam, dann pflegte er nicht etwa der Ruhe oder erholte sich in Gesellschaften, sondern nun brachte er die Geschäftsbücher des Vetters in Ordnung oder verfertigte Taschenbücher oft bis zu späten Nachtstunde. Zu seiner Freude kamen im Jahre 1851 auch seine Schwester Marie und 1853 sein Bruder Eduard und eine weitere Schwester Margareth von Deutschland nach, und nun lebten die Geschwister mit „Onkel Rose" zusammen als eine glückliche Familie.

Im Jahre 1851 fügte es sich, daß er mit seinen Ersparnissen in das Geschäft des Herrn Carl Keutgen, der einen Handel mit Bronze- und zugleich mit Lederwaaren betrieb, eintreten konnte, und schon im Jahre 1859 war er so weit, daß er das Ledergeschäft allein und unter seinem eigenen Namen übernehmen und Dank seiner gründlichen Geschäftskenntnisse und seines seltenen Scharfblickes mit stetig wachsendem Erfolge weiterführen konnte. Das Geschäft nahm bald einen so gewaltigen Aufschwung, daß er in den Stand gesetzt wurde, in Brooklyn eine Glanzleder-Fabrik zu etabliren, die heute zu den bedeutendsten des ganzen Landes gehört.

Ein wie vielbeschäftigter und stricter Kaufmann Carl Hanfelt aber auch war, für Werke des Allgemeinwohls hatte er immer Zeit und Geld. Schon bald nach seiner Ankunft schloß er sich — im Jahre 1856 — der „Deutschen Gesellschaft", die sich den Schutz und die Forthilfe der deutschen Einwanderer zur besonderen Aufgabe gestellt hatte, an, und so rührig war er auch da in Erfüllung der Pflichten eines Mitgliedes, daß er schon 1859 an Stelle von Friedrich Kapp in den Verwaltungsrath dieser Gesellschaft und 1880 zum Präsidenten derselben erwählt wurde, eine Ehrenstelle, die er bis zu seinem Tode inne hatte. Was er in diesem langen Zeitraum für die Deutsche Gesellschaft gethan, wie er sie der Erfüllung ihrer humanitären Prinzipien immer mehr entgegengeführt hat — das ist mit ehernem Griffel in der Geschichte der Deutschen Gesellschaft verzeichnet, und nicht nur hier in der Stätte seiner Wirksamkeit, sondern auch im alten Vaterlande gekannt und gewürdigt worden. In den Dienst dieses großen philantropischen Unternehmens hatte Herr Hanfelt vornehmlich seine unermüdliche Arbeitskraft gestellt, es ausgebaut und erweitert zum Nutzen und Segen aller bedrängten Landsleute. Wer das apathische Verhalten vieler hier zu Ansehen und Wohlstand gekommener Deutschen gegenüber allen öffentlichen, dem Gemeinwohle dienenden Bestrebungen kennt, wer da weiß, welch' unendliche Mühe es kostet, den mit der stetig zunehmenden Einwanderung immer mehr wachsenden Anforderungen gerecht zu werden, der wird ermessen können, welcher aufopfernden Thätigkeit es bedurfte, die Deutsche Gesellschaft auf den hohen Standpunkt zu stellen, den sie gegenwärtig einnimmt. In dem Decennium, während Carl Hanselt an der Spitze der Gesellschaft stand, hat sich die Mitgliederzahl mehr als verdoppelt; damit sind die verfügbaren Mittel größer geworden und naturgemäß durfte man dementsprechend die Aufgaben der Gesellschaft erweitern. Die Summe, die für wohlthätige Zwecke verausgabt werden konnte, ist von ca. $7000 im Jahre 1879 auf ca. $11,000 im Jahre 1889 gestiegen, das durch die Bank-Abtheilung verdiente Kapital von $30,000 auf über $60,000 angewachsen, während die Zahl der unentgeltlich vermittelten Stellungen sich auf fast 16,000 beziffert.

Ebenso segensreich war die Thätigkeit, die Carl Hanselt in der Einwanderungs-Commission, deren ex officio Mitglied er als Präsident der Deutschen Gesellschaft war, in rastloser Thätigkeit entfaltete. Alle Feindseligkeiten, die sich ihm hier gegenübergestellt, Aberwille, politische Machinationen und Corruption, welche hemmend seine edlen Bestrebungen zu hintertreiben versuchten, haben sein unermüdliches, warmes Interesse für das schwierige Amt nicht erkalten können. Wie wurde ihm von unwissenden, böswilligen Collegen das Leben verbittert, welche elenden politischen und sonstigen Intriguen hatte der redliche und gerade Mann, dem alle Winkelzüge und alles Schleichen von Herzen zuwider waren, zu überwinden, aber er that es, um des größeren Zweckes, er that es um seiner bedrängten Landsleute willen. An einem solchen biederen, treuen Manne mußten selbst — sagt die N. Y. Staatszeitung — die Künste der Politiker zu Schanden werden, wie die langjährigen Kämpfe mit dem nativistischen Elemente in der hiesigen Einwanderungs-Commission bewiesen. Hanselt führte dieselben mit einer geduldigen Zähigkeit, einem überzeugungstreuen Ernst und einem rastlosen Eifer, welcher selbst seinen Gegnern Achtung abzwang, und ihm im Interesse des Deutschthums und namentlich der armen hülflosen Einwanderer aus der alten Welt häufig zu Siegen verhalfen.

In gleich opferwilliger Weise wirkte Carl Hanselt für das Wartburg-Waisenhaus in Mount Vernon, dessen Präsident er viele Jahre lang war und dessen wärmster und thatkräftigter Freund er bis zu seinem Tode blieb. Was er in Aufopferung und Liebe für diese humanitäre Anstalt gethan, dafür vermöchten wir keine beredtere Anerkennung zu geben, als die tiefempfundene Gedächtnißrede, welche der Vorsteher des Wartburg-Waisenhauses, Herr Pastor G. C. Berkemeier, gelegentlich der am 16. Februar 1890 in Steinway Hall für Carl Hanselt abgehaltenen Trauerfeier hielt. Pastor Berkemeier verglich in seiner Rede Carl Hanselt mit August Hermann Francke, dessen Standbild in Halle a. d. S. den großen Philantropen zwischen zwei Waisenkindern stehend darstellt. Auch Carl Hausselt hatte die Kinder so lieb, wie jener Mann, den Könige geehrt und Welten bewundert haben, sagte Herr Bertemeier, und ich habe diesen großen, guten Mann mit einem Waisenkinde auf seinem Schooße gesehen, und er blickte so liebevoll auf dasselbe herab, als wäre es die Erstgeburt der Liebe seines eigenen Herzens. Der Anblick hat es mir angethan, das Bild hat mich hingerissen; hier schaute ich reine, ganze Herzensgröße. O, wie liebte er die Kinder! Nicht die eigenen; denn wie von George Washington gesagt wird, daß die Vorsehung ihm keine eigenen Kinder geschenkt, damit er der Vater des Vaterlandes werde, so sind ihm wohl eigene Kinder verweigert worden, damit er nicht nur ein Freund, sondern ein rechter Vater der Vaterlosen werde. Neben all' dem Großen sonst in seinem Charakter gewinnt dies doch bei ihm, wie bei dem großen Francke, am meisten unser Herz und unsere Liebe. O, wie liebte er die Kinder! Aber es waren nicht die schönen geputzten Puppen, die sein Herz aufsuchte, sondern die armen, verlassenen, liebebedürftigen Waisenkinder. Das Bild unserer Waisenkinder hing in seinem Geschäftslokale, in seinem Hause, in seinem Herzen. Er kannte ein jedes Kind bei Namen, und das sprach noch mehr für die Stärke seiner Liebe als für die Stärke seines Gedächtnisses. So oft er, der so mannigfach in Anspruch genommene Mann, sich auf ein paar Stunden losreißen konnte, kam er heraus zu seinen Waisenkindern, durch Schnee und Eis im Winter und in der größten Sonnengluth im Sommer und wenn er kam, dann klopfte jedes Herz vor Freude und jubelnd ging es von Mund zu Mund: „Großpapa kommt!" Und war er in unserer Mitte, dann war er in seinem Element, dann ließ er sich von jedem Kind Patschhändchen geben und steckte dafür dem Kinde etwas in den Mund oder in die Tasche; er setzte sich mit den Kindern an einen Tisch, ging mit hinüber in die Schule und ließ sich von den Kleinen sein Lieblingslied singen:

Aus der Jugendzeit, aus der Jugendzeit, klingt ein Lied mir immerdar,
O wie liegt so weit, o wie liegt so weit, was mein einst war!

Da ist der große Mann mit den Kindern wieder ein Kind geworden, und unter dem Schnee des Alters duftete gar lieblich das Wintergrün der Erinnerung. Wenn dann beim Blick auf die Waisenschaar ihm, dem starken Manne, oft die Thränen in die Augen schossen, dann hätte ich ihm um den Hals fallen und ausrufen mögen: „O du guter, edler Mann!" Er wollte, die armen Waisenkinder sollten es gut haben: er gönnte ihnen die Blumen im Garten, die Bilder an den Wänden, eine bunte Schleife unter dem Kragen und zu dem Stück Brot in der einen, einen Apfel in der anderen Hand. „Unser Waisenhaus soll kein Armenhaus sein!" hat er oft gesagt und wiederum: „Für Waisenkinder ist nichts zu gut — sie haben viel verloren, sie sollen viel empfangen!" Carl Hausselt war groß nach allen Seiten hin. Ich habe ihn gesehen und achten gelernt in seiner fleißigen, pünktlichen, ehrlichen Arbeit im Geschäfte; aber Tugend ist da nicht ausschließlich ihr eigener Lohn. Ich habe ihn gesehen und bewundern gelernt als Leiter der

Deutschen Gesellschaft und als Commissär der Emigration in Castle Garden; — aber neben der Bürde war da auch die Würde. Ich habe ihn gesehen und lieben gelernt im stillen Heiligthum seiner engeren und weiteren Familie; — aber so groß und schön sein Bild da auch leuchtete, so war dasselbe hier doch eingerahmt von dem engen Rahmen der verwandtschaftlichen Liebe. Ich habe ihn endlich gesehen in seiner herablassenden Liebe unter den Vater- und Mutterlosen, habe ihn gesehen mit einem Waisenkinde auf dem Schooße, das um ihn den Arm legen und ihn „Großpapa" nennen durfte: hier schaute ich ein Bild reiner ganzer Herzensgröße, unbeeinflußt von Gewinn, von Ehre, von verwandtschaftlicher Rücksicht, und hier muß ich in dankbarer Bewunderung bekennen: Carl Hanselt, Du warst nach allen Seiten hin groß, aber am größten doch in Deiner herablassenden Liebe!"

Wenn das Hauptverdienst Carl Hanselt's auch auf den oben berührten Gebieten lag und seine Thätigkeit hier schon auf das äußerste angespannt war, so hat er dennoch auch auf manchem anderen Felde Gutes gestiftet und sich in den Dienst des Allgemeinwohls gestellt. So war er seit 1862 einer der Direktoren der Deutschen Sparbank, Mitglied des Verwaltungsraths des Deutschen Hospitals, Vice-Präsident der Isabella-Heimath, Mitglied der Chamber of Commerce und des Board of Trade and Transportation, gehörte zum Direktorium der Chatham National Bank, der State Trust Company, der Real Estate Title Guarantee Co., des Deutschen Rechtsschutz-Vereins und war Mitglied des „Liederkranz", denn auch fröhlicher Geselligkeit war er nicht abhold. In allen diesen Stellungen hat Carl Hanselt ein rühriges, ganz dem Allgemeinwohl dienendes Wirken entfaltet.

Bis über's Weltmeer in die alte Heimath drang sein Ruf als Philantrop, und ein Ehrentag im vollsten Sinne des Wortes für ihn und das Deutschthum in Amerika war es, als die Kunde kam, daß Kaiser Wilhelm, der erste Deutsche Kaiser, seinem Mitkämpfer für das Wohl der Menschheit, den Kronenorden verliehen hatte.

> „Dornenkronen, Rosenkronen!
> Jene, wo die Menschen wohnen,
> Diese, wo die Engel thronen.
> Willst die Rosen Du erlangen,
> Darf vor Dornen Dir nicht bangen!
> Ob der Dornen Stich die Wangen
> Mit der Stirne Blut benetzt:
> Rosen keimen d'raus zuletzt!"

Carl Hanselt hatte, wie selten Einer, die Wahrheit dieser Worte erkannt, und die Wahrheit erkennend, darnach gehandelt. Anspruchslos und bescheiden erwarb er sich unvergängliche Verdienste um das Deutschthum und ist das schönste Vorbild philantropischer Bestrebungen.

Trotz seines langen Aufenthaltes in Amerika war Carl Hanfelt ein echter deutscher Mann geblieben, der fest und zähe wie die deutsche Eiche das trug, stützte und vertheidigte, was er für Recht, für Wahrheit erkannt hatte. Als Mann von echtem deutschem Schrot und Korn und liberalen Lebensanschauungen fehlte er bei keiner Gelegenheit, wo es galt, das Deutschthum Amerika's in den Vordergrund treten zu lassen. Schon bei der großartigen Schillerfeier des Jahres 1859 griff er thätig mit ein. Dem „Liederkranz" diente er, wie schon erwähnt, als eifriges, fleißiges Vorstandsmitglied so manches Jahr. Bei der unvergeßlichen Friedensfeier des Jahres 1871 sahen wir ihn in den vordersten Reihen. Dasselbe gilt in Bezug auf das hundertjährige Jubiläum der Deutschen Gesellschaft, auf die imposante deutsch-amerikanische Trauerfeier für den Kaiser Wilhelm I. am 21. März 1888 in Steinway Hall, die „Uhland-Feier", dem Washington-Jubiläum, überhaupt in Bezug auf alle öffentlichen Gelegenheiten, wo es galt, deutsche Bewegungen in diesem Lande zu fördern, die Interessen der Deutsch-Amerikaner wahrzunehmen und zu repräsentiren. Aber trotzdem er im Herzen ein Deutscher geblieben war, galt er doch mit vollem Rechte als ein guter, treuer Bürger seines Adoptiv-Vaterlandes und seiner zweiten Heimath, der Weltstadt New York.

Ohne eigentlich Politiker zu sein, war er bei verschiedenen Reformbewegungen in dem Gemeinwesen aktiv betheiligt und wurde auch sonst bei öffentlichen Gelegenheiten zu Rath und That herangezogen. Dennoch konnte er sich nicht entschließen, ein politisches Amt anzunehmen, und selbst als die Führer der republikanischen Partei dieses Staates auf Anregung von Alfred Dolge ihm die Nomination für das hohe Amt des Staatssekretärs im Herbst 1889 anboten, lehnte Carl Hanfelt dieselbe mit Entschiedenheit ab, da er in anderer Wirkungssphäre Ersprießlicheres für das Allgemeinwohl leisten zu können glaubte.

Und er hatte Recht darin. Dutzende von tüchtigen und achtungswerthen Bürgern mochten das Amt als Staatssekretär gut verwalten können, während Carl Hanfelt in seinem Schaffenskreise unersetzlich war. Was Carl Hanfelt als Menschenfreund, Wohlthäter und Bürger gethan, was er als Charakter und Mensch gewesen, dafür setzte ihm Herr F. W. Holls in seinen von warmer Verehrung und Liebe getragenen Gedächtnißworten in jener Trauerfeier in Steinway Hall ein schönes, unvergängliches Denkmal. „Nur in diesem herrlichen und freien Lande, so führte Herr Holls aus, unter diesem fortschrittlichen und trotz aller Mängel kerngesunden Volk konnte sich Carl Hanfelt's Persönlichkeit zur vollen Kraft entwickeln. Darum war er auch im innersten Herzen, mit aller treuen Anhänglichkeit an das alte Vaterland vor Allem ein patriotischer Deutsch-Amerikaner, der in's hiesige Leben sein deutsches Gemüth und seinen deutschen Idealismus hineintrug und sich freute, Theil zu haben an dem glorreichen Bürgerthum dieser Republik. Sein Ziel war eine möglichst innige Verbindung des deutschen und amerikanischen Geistes und bis an sein Ende hat er in diesem Sinne gewirkt — allen Sonderinteressen entgegen. In der weiteren Aufzählung seiner Eigenschaften würde Carl Hanfelt ohne Zweifel obenan gesetzt haben, daß er ein kindlich-gläubiger, wahrhaftiger Christ war. So entschieden er jedoch seiner eigenen Ueberzeugung treu blieb, so ehrte er dennoch die abweichenden Ansichten Anderer, sofern dieselben auf Ernst und Aufrichtigkeit beruhten. Spott über religiöse Dinge, mochten ihm letztere noch so unsympathisch sein, war ihm verhaßt, nicht weniger aber auch auf der anderen Seite pharisäische Selbstüberhebung und konfessionelle Rechthaberei. Die weitherzigste religiöse Toleranz, jene schönste Blüthe des aufgeklärten, wahren Christenthums, entfaltete sich in seinem Geiste auf's Herrlichste. Sein Testament setzt ihm in dieser Beziehung ein Ehrendenkmal. Die darin für mildthätige Zwecke bestimmten Legate sind keineswegs beschränkt auf Anstalten und Vereine, welche seiner, der lutherischen Kirche angehören, sondern auch konfessionslose, episkopale und katholische Institute sind berücksichtigt worden, und jeder edeldenkende Mensch wird es Carl Hanselt zur Ehre anrechnen, daß er auf solche Weise die Ueberzeugung Anderer heilig hielt. Mit seltenem Takt und gewinnender Herzlichkeit verstand er es, im Bereich seiner humanen Wirksamkeit politische und religiöse Differenzen auszugleichen, und man brauchte ihm nur in's Auge zu blicken, um zu sehen, daß sich darin ein Frieden spiegelte, welcher im alltäglichen Getriebe oft verloren geht, der darum aber desto höher zu schätzen ist, je seltener er sich zeigt: Der Friede Gottes, welcher höher ist, als alle Vernunft.

Niemand wird je erfahren, wie viel er gethan, wie Vielen er geholfen, wie viel Leid er gestillt. Dabei schwieg er aber selbst seiner Gattin und seinen Geschwistern gegenüber über seine Wohlthaten. Nur unter dem Siegel der Verschwiegenheit kraft meines Amtseides habe ich, als sein Anwalt, erfahren, daß seine Ausgaben in dieser Richtung eine so hohe Summe betrugen, daß sie ein sehr großes Vermögen genannt werden könnte. Dazu sollte man billiger Weise auch die namhaften Summen rechnen, welche er als Gläubiger seinen Schuldnern verzieh. Wenig kümmerte es ihn, wenn seine Güte mit Undank belohnt ward. Nur ein Beispiel: Ein alter Geschäftsfreund hatte zwanzigtausend Dollars auf einige Tage nöthig und wandte sich dieserhalb an Carl Hanselt. Er erhielt das Geld mit großer Bereitwilligkeit und fallirte zwei Tage später mit namhaften Schulden. Carl Hanselt sagte mir: „Es ist mir nicht so sehr um das Geld zu thun, aber denken Sie nur, wenn morgen ein Anderer kommt, dem ich vertrauen sollte, dann gerathe ich in Versuchung, hartherzig und abweisend zu sein."

Kein Nachruf wäre vollständig, ohne seiner edlen Gattin zu gedenken. Sechsunddreißig Jahre lang hat sie ihm in Leid und Freud zur Seite gestanden, ihn zu allem Guten angefeuert und es ihm ermöglicht, das zu werden, was er war. Da er selbst kinderlos war, betrachtete Carl Hanselt die Kinder seiner Geschwister, sowie diejenigen der Geschwister seiner Frau, als seine eigenen. Es sind deren dreißig, und Allen ist er durch's ganze Leben ein zweiter Vater gewesen. Und wie er lebte, so verschied er: Sanft und friedlich, in den Armen der innigstgeliebten Gattin ereilte ihn das Ende, von Todeskampf war keine Spur. Wahrlich, „wer so stirbt, der stirbt wohl."

Wie unerwartet und jäh der Tod diesen unverzagten Streiter im Dienste der Humanität, diesen unermüdlichen Vorkämpfer für die Sache des Deutschthums des Lebens Ziel erreichen ließ, dafür spricht beredt der Nekrolog, den die „New Yorker Zeitung" am 9. Februar 1890 Carl Hanselt widmete: Wer ihn vor wenigen Tagen noch gesehen, wie er, das gute Gesicht mit den großen, leuchtenden Augen und dem weißen, wallenden Barte die gesegnete Frische seiner Jahre verrathend, seinen vielerlei Geschäften nachging, der hätte sich's wohl nimmer träumen lassen, daß der Tod schon im Begriffe stand, seine grausame Hand nach dieser Fülle von Leben auszustrecken. Vor kaum zwei Wochen befiel den sonst so gesunden Mann eine allem Anscheine nach nur unbedeutende Erkältung und lächelnd wehrte er sich anfangs dagegen, als liebende Fürsorge ihn in das Zimmer bannte. Aber er fügte sich, um die besorgten Seinen nicht zu betrüben. Und nun war er schon auf dem Wege der Besserung, nun sprach er schon vom Ausgehen, von vielerlei Sachen, die sich inzwischen angehäuft und der Erledigung harrten. Doch was das arme Herz auch sehnt und dichtet, am Ende kommt das Voneinandergeh'n! Abends saß der Patient in bester Stimmung im Kreise seiner Familie, scherzte und lachte, und sagte zu dem Hausarzte, Dr. Scharlau, indem er ihm kräftig die Hand drückte: „Nun, Doctor, hier werden wir uns in Zukunft nun wohl seltener sehen." Er sollte Recht haben, wenn auch in anderem Sinne, als in dem, der in den scherzhaft gemeinten Worten lag. „Ich fühle mich heute so leicht, so wohl, so viel besser", fügte er weiter hinzu und erhob sich von seinem Stuhle, um gleich darauf schwer zurückzusinken, seine Hände tasteten krampfhaft nach der Lehne, ein schwacher Seufzer hob die Brust und dann war Alles vorüber, eine Lähmung des Herzens hatte des Lebens jähes Ende herbeigeführt.

Wohl noch nie zuvor hat in den deutschen Kreisen New York's eine Todesnachricht so innige Bewegung und so tiefe Trauer hervorgerufen, als Carl Hanselt's Hinscheiden. Alle fühlten eben, daß ein wahrhaft guter Mensch von hinnen gegangen und daß sein Verlust unersetzlich war. Von der Großartigkeit der Trauerfeier bei Carl Hanselt's Bestattung giebt eine Anschauung, was Pastor Beyer darüber schreibt: „Am Dienstag den 11. Februar 1890 war es, als sich in der Weltstadt New York eine merkwürdige Bewegung kund gab. In dem Stadttheile namentlich, in welchem die Großhändler des Ledergeschäftes ihre Lager- und Handelspaläste haben, waren sehr viele dieser Verkehrsstätten schon bald nach 3 Uhr Nachmittags geschlossen. Die Flaggen auf Castle Garden, dem Landungsplatze für alle Einwanderer, auf den Gebäuden der „Staats-Zeitung", der Chatham National Bank, der Deutschen Gesellschaft u. s. w. waren auf Halbmast gezogen und Tausende aus allen Schichten der Gesellschaft waren auf dem Wege nach der Ev.-Luth. St. Matthäus-Kirche, Ecke Broome- und Elisabeth-Straße, welche bald gefüllt und überfüllt war. Sie alle wußten, daß heute eine Trauergottesdienst stattfinden sollte, und sie alle waren gekommen, um selbst einen Mitbürger, den sie im Leben gekannt und hochgeschätzt hatten, noch im Tode zu ehren, den tiefgebeugten Gliedern seiner Familie ihre Theilnahme zu bezeugen und zugleich auch noch weitere Tausende der Riesenstadt und ihrer Umgegend zu vertreten, die an dieser Trauer zwar theilnahmen, aber der Feier selbst nicht beiwohnen konnten. Da saßen und standen sie nun Alle, Kopf an Kopf, und Seite an Seite: die Glieder der altehrwürdigen St. Matthäus-Gemeinde, der Deutschen Gesellschaft, der Einwanderungs-Commission, der Handelskammer, des Altenheims, des Deutschen und des Lutherischen Hospitals, des Wartburg- und des Bethlehem-Waisenhauses, Professoren und Pastoren, Juristen und Mediziner, Redakteure und Staatsmänner, Bankpräsidenten und Handelsfürsten, neben schlichten Bürgern, Handwerkern und Tagelöhnern, und Alle erhoben sich wie ein Mann, als man einen Sarg hereintrug, welchen man vor dem Altare niedersetzte. Alle stimmten in den ergreifenden Gesang ein:

„Wer weiß, wie nahe mir mein Ende!"

und Alle lauschten dem Worte der Predigt, die dem stillen Manne da im Sarge — Carl Hanselt — gerechte Anerkennung zollte."

In seinem Wirkungskreise war Carl Hanselt wirklich ein großer Mann, von dem man mit Recht sagen kann:

Wer mit Lust und Eifer strebte,
Seine Nächsten zu erfreu'n,
Wer der Welt zum Segen lebte,
Soll uns unvergeßlich sein.
Sein Gedächtniß bleib' und daure,
Seine Nachwelt klag' und traure!

H Steinway Sr.

Henry Engelhard Steinway.

s giebt Eigennamen, die mit der Zeit eine Bedeutung weit über ihren engeren Begriff hinaus errungen haben, die typisch geworden sind. Zu diesen möchten wir in hervorragendem Grade den Namen Steinway zählen — hat er doch eine weltweite Bedeutung gewonnen, ist er doch überall, wo Musik und die Liebe zur Musik zu Hause sind, heimisch und von vertrautem Klange, nicht nur in dem großen Gesammtgebiet der Vereinigten Staaten, sondern in der ganzen Welt.

Die Geschichte der Entstehung und Entwickelung des Hauses Steinway & Sons ist lehrreich und interessant zugleich; lehrreich, weil sie zeigt, wie starke Willenskraft, unbeugsame Energie und gediegenes Wissen zu jeder Zeit und an jedem Ort sich Geltung zu verschaffen wissen, interessant durch die Umstände, unter denen die weltberühmte Firma begründet ward und allmälig zu der stolzen Höhe emporstieg, die sie heute als erstes Welthaus in der Branche einnimmt.

Der Grundstein zu dem Hause Steinway & Sons wurde gelegt von Henry Engelhard Steinway; die Wiege dieses genialen Mannes stand in dem kleinen Dörfchen Wolfshagen im Braunschweigischen, woselbst er am 15. Februar 1797 als das jüngste von 12 Kindern das Licht der Welt erblickte. Die harte Schule des Lebens, die der jung verwaiste Knabe in all' seiner Bitterniß zu durchkosten hatte, reifte früh seine Energie und stählte seine Thatkraft, zwei Charakterzüge, die ihm sein ganzes späteres Leben hindurch treu geblieben sind. Im Sommer 1812 wurde sein Vater und drei Brüder vor seinen Augen vom Blitz erschlagen, während die anderen Brüder mit den westphälischen Truppen den Feldzug gegen Rußland mitmachten und dort fielen. Nachdem er 1815 dem Ruf zu den Waffen gegen den corsischen Eroberer Folge gegeben und an mehreren bedeutungsvollen Schlachten in hervorragender Weise Antheil genommen, erhielt er 1818 einen ehrenvollen Abschied aus der Armee und wandte sich, zurückgekehrt in das bürgerliche Berufsleben, der Orgelbaukunst zu. Ungeachtet der Hemmnisse, welche der Zunftzwang ihm entgegenstellte, vermochte er bereits 1825 in Seesen am Harz ein kleines eigenes Geschäft zu errichten, dem er durch rastlosen Fleiß und unterstützt von seinen natürlichen Fähigkeiten schnell große Ausdehnung zu geben wußte. Nun war er auch in der Lage, seinen Herzenswunsch zu erfüllen und sich ein eigenes Heim zu gründen. Im Februar 1825 schloß er den Bund fürs Leben und im November desselben Jahres ward ihm der erste Sohn geboren, der in der Taufe die Namen Christian Friedrich Theodor erhielt. Das junge Geschäft blühte, die Familie vergrößerte sich in rascher Folge durch die Geburt von vier Knaben — Charles, Henry, William und Albert — und drei Töchtern, und es mag wohl damals in den deutschen Landen kein stillzufriedeneres Heim gegeben haben, als es das traute Haus in dem weltfernen Städtchen Seesen am Fuße des sagenumwobenen Harzgebirges bot. All' sein Denken richtete der strebsame Vater darauf, seinen Kindern eine gute Schulbildung angedeihen zu lassen; da der ältere Knabe ein starkes Talent und große Liebe für Musik zeigte, construirte der Vater im Jahre 1834 ein Clavier, welches die Vorzüge der englischen mit denen der deutschen Pianobaukunst verband. Ein volles Jahr arbeitete er an diesem Instrument und hatte die Genugthuung, daß es in musikalischen Kreisen großes Aufsehen erregte und sehr bald einen Käufer fand. Dieser erste Erfolg war von entscheidender Bedeutung, denn nun wandte sich Herr Steinway ganz der Clavierfabrikation zu. Mit der ihm eigenen Energie suchte er unablässig seine Fabrikate mehr und mehr zu verbessern, studirte und experimentirte, um möglichst Vollkommenes zu schaffen. Der Lohn für dieses redliche, ernste Streben sollte nicht ausbleiben. Im Jahre 1839 beschickte Herr Steinway die Industrie-Ausstellung zu Braunschweig mit drei Clavieren von so ausgezeichneter Construktion, daß ihm von der Jury die erste Preismedaille zuerkannt ward. Der berühmte Componist Albert Methfessel, dem der deutsche Liederschatz so viele unvergänglich schöne Tonschöpfungen verdankt, war es speciell, der als Präsident des Preisrichter-Collegiums in wärmsten Worten die Reinheit und Fülle des Tones, sowie die solide Arbeit der Steinway'schen Claviere anerkannte und so die Aufmerksamkeit der gesammten musikalischen Welt auf den jungen Fabrikanten hinlenkte. Das Geschäft nahm einen stetigen Aufschwung und sein Ruf festigte und verbreitete sich.

Da stellte sich im Jahre 1843 unerwartet ein politisches Ereigniß der Weiterentwickelung des vielversprechenden Unternehmens hemmend in den Weg und drohte alles in so entsagungsvoller, mühsamer Arbeit Aufgerichtete mit einem Schlage zu vernichten: die Gründung des deutschen Zollvereins. Nicht alle Kleinstaaten traten demselben bei, sondern beharrten auf einer isolirten Stellung; während z. B. das Herzogthum Braunschweig sich dem Zollverein anschloß, blieb das Königreich Hannover demselben fern. In Folge dessen ward Herrn Steinway's Fabrik, in Seesen — einer Enclave Braunschweig's — belegen und vom Königreich Hannover umgeben, vollständig abgeschlossen und jeder Mitbewerbung in anderen Landestheilen durch die hohen Zölle beraubt.

Das war ein harter Schlag für den jungen Fabrikanten, der manchen Anderen entmuthigt hätte. Henry Engelhard Steinway war aber nicht der Mann, der so leicht niederzubeugen war, und allmählich reifte in ihm der Gedanke, ein größeres Gebiet für seine Thätigkeit zu suchen. Im Schooße der kleinen Familie, über welcher bisher ein so schattenloses Glück gewaltet, ward nun mit Vorliebe der Plan der Auswanderung nach Amerika, auf das sich naturgemäß die Blicke richteten, besprochen und erörtert. Und so kam man im April 1849 überein, den zweitältesten Sohn Charles — damals 20 Jahre alt — nach New York zu senden, um die amerikanischen Verhältnisse zu studiren. Im Mai langte der junge Steinway hier an und fand sich nicht getäuscht; seine Berichte in die Heimath lauteten so günstig, daß im Frühjahr 1850 die ganze Familie nach Amerika übersiedelte. Nur Theodor, der älteste Sohn, blieb zurück, um das Geschäft in Seesen fortzuführen.

Nach einer schönen Fahrt auf der „Helene Sloman" — dem ersten Schraubendampfer, welcher den Ozean kreuzte — in New York angelangt, richtete die Familie ihr Augenmerk zunächst darauf, sich in die amerikanischen Verhältnisse einzuleben und die hier übliche Art des Pianobaues zu studiren. Obwohl Herr Steinway senior damals im Alter von 53 Jahren stand und ein verhältnißmäßig nicht unbedeutendes Kapital besaß, trat er dennoch mit seinen drei ältesten Söhnen kurz entschlossen als Arbeiter in hiesige Pianofabriken ein, ehe er ein selbstständiges Geschäft zu etabliren sich entschloß. Nach fast dreijähriger Thätigkeit glaubte man endlich so weit zu sein, mit vereinigten Kräften an die Verwirklichung des Planes gehen zu können, und so ward am 17. Geburtstage von William Steinway, am 5. März 1853, die Firma Steinway & Sons begründet.

Der Anfang wurde in vorsichtig bescheidenen Grenzen gehalten, ein dreistöckiges Hinterhaus in der Varick Street gemiethet und ein Instrument per Woche fertiggestellt. Die Güte derselben lenkte indeß die Aufmerksamkeit der Musikfreunde sehr schnell auf die junge Firma und man konnte einen weiteren Schritt wagen: es wurden größere Fabrikräumlichkeiten in der Walker Street gemiethet und noch im selben Jahre kam die erste öffentliche Anerkennung, die Firma erhielt auf der im Jahre 1854 zu Washington, D. C., abgehaltenen Metropolitan-Fair den ersten Preis für ihre Fabrikate zuerkannt. Und noch im Herbst desselben Jahres reihte sich daran auf der American Institute Fair im Crystal Palast zu New York die goldene Medaille. Im nächstfolgenden Jahre stellte das Haus Steinway & Sons daselbst ein nach neuem kreuzsaitigem System construirtes Tafel-Clavier aus, welches mit der goldenen Medaille ausgezeichnet und von der Jury als das vorzüglichste von allen amerikanischen Fabrikaten anerkannt wurde.

Von hier an datirt für das Haus Steinway & Sons eine ununterbrochene Kette von stolzen Erfolgen und Hand in Hand damit ein schier wunderbares Anwachsen des

Geschäftsbetriebes. Im Jahre 1859 erbaute die Firma ein großartiges Fabriketablissement, die ganze Straßenfront von 52. und 53. Straße einnehmend, zwischen 4. und Lexington-Avenue gelegen, das stetige Erweiterungen erfuhr und jetzt 26 Stadtlots einnimmt. Das sechsstöckige Backsteingebäude umfaßt nicht weniger als 175,140 Quadratfuß und gleicht allein einer kleinen Stadt. Wenige Jahre später erbaute die Firma jenen Marmorpalast in der 14. Straße, welcher als „Steinway-Hall" weithin bekannt ist und den Mittelpunkt des gesammten Musiklebens der Stadt New York bildet. Die Concerthalle desselben, in der die berühmtesten Künstler der ganzen Welt aufgetreten sind, faßt 2400 Personen und ist ein Meisterwerk an brillanter Akustik und künstlerischer Ausschmückung.

Alle Anerkennung und alle Erfolge ließen die Firma aber nicht mit dem Errungenen sich bescheiden. Ausgezeichnete Erfindungen und Verbesserungen, die völlig umgestaltend auf die gesammte Pianofabrikation einwirkten, wurden gemacht und sicherten den Steinway-Klavieren eine unbestrittene Superiorität über alle anderen Fabrikate. Speziell ihr patentirtes kreuzsaitiges System erwies sich als geradezu epochemachend, und als sie dieses System im Jahre 1859 bei ihren Flügeln und 1866 bei ihren aufrechtstehenden Pianos in Anwendung brachten, da verdrängten die Flügel und Pianinos bald ganz die tafelförmigen Instrumente. Einen großartigen Triumph feierten Steinway & Sons auf der Pariser Weltausstellung 1867, wo ihnen das Verdict der Jury die erste goldene Medaille für alle drei Gattungen, Flügel, Tafelform und Aufrechte Pianos, zuerkannte. Die größten lebenden Musikkenner, wie Hector Berlioz, Rossini u. A. äußerten sich einstimmig dahin, daß die Steinway-Piano's an edler Klangfähigkeit, mächtigem, reinem und brillantem Ton unerreicht dastehen. Nicht nur die bedeutendsten Künstler beider Hemisphären, wie Franz Liszt, Richard Wagner, Anton Rubinstein, Theodor Thomas, Etelka Gerster, Adelina Patti u. A. m. benutzen die Steinway-Pianos, auch eine große Zahl gekrönter Häupter hat diesem Instrument vor allen anderen unbedingten Vorzug gegeben, so die Königin von Spanien, die Kaiserin von Rußland, der Sultan der Türkei und die Königin von England. Den 25,000. Flügel, der am 4. Mai 1872 fertiggestellt wurde, kaufte der damalige Czarewitsch, der jetzige Kaiser von Rußland, das 1867 in Paris ausgestellte Instrument erwarb die Baronin von Rothschild für ihr Schloß Ferrières, und auch Lionel und James Rothschild in London besitzen Steinway-Flügel. Den Concertflügel No. 50,000, der im September 1883 fertiggestellt wurde, kaufte der Baron Nathaniel von Rothschild in Wien an, während die Prinzessin von Wales den Flügel No. 66,500 für ihr Boudoir erstand. Ungemein groß ist die Zahl der Auszeichnungen, welche der Firma auf allen Ausstellungen zu Theil wurden: u. A. erhielt sie einen ersten Preis auf der Londoner Weltausstellung 1862, die große goldene Medaille der Pariser Weltausstellung 1867, die höchste Anerkennung der Wiener Weltausstellung 1873, die höchste Auszeichnung der Weltausstellung zu Philadelphia 1876, zu Sydney 1879, und der internationalen Ausstellung von Erfindungen zu London 1885, die große goldene Medaille der "Society of Arts" in

London u. s. w. in endloser Fülle. Es würde eine stattliche Liste erheischen, alle der Firma zu Theil gewordenen Auszeichnungen und Prämiirungen hier im einzelnen anzuführen.

Inmitten all' dieser reichen Erfolge traf schweres häusliches Unglück die Familie Steinway. Henry, der drittälteste Sohn, dessen Gesundheitszustand jahrelang schon Anlaß zur Besorgniß gegeben hatte, starb am 11. März 1865 und wenige Wochen später verschied der zweitälteste Sohn Charles, als er gerade auf einer europäischen Tour in Braunschweig weilte. Tieferschüttert beschloß nun Theodor Steinway, das Braunschweiger Geschäft, das er zu hoher Blüthe gebracht hatte, aufzugeben und sich mit der Familie in New York zu vereinigen. Er trat als Partner in die Firma Steinway & Sons ein und nahm seit der Zeit den innigsten und werkthätigsten Antheil an der Führung des Etablissements. Sechs Jahre nach dem Tode seiner beiden Söhne, am 7. Februar 1871, schied auch nach kurzer Krankheit im Alter von 74 Jahren der Begründer der Firma, Herr Henry Engelhard Steinway, aus dem Leben. Dank seiner Energie, seinem Fleiße und seiner Begabung hatte er sich von einem armen, verwaisten Knaben zu dem größten Fabrikanten seiner Branche emporgeschwungen, nicht nur dieses Landes, sondern der ganzen Welt — ein leuchtendes Beispiel strengster Pflichterfüllung, rastloser Thätigkeit und machtvollen Könnens. Seine sterblichen Ueberreste wurden in dem prachtvollen Mausoleum der Familie Steinway auf dem Greenwood-Friedhofe in Brooklyn beigesetzt.

C. F. Theodor Steinway.

elten wohl hat es zwei Menschen gegeben, die sich in ihren Fähigkeiten und Veranlagungen so glücklich ergänzten und dabei in ihren Lebensanschauungen durch so innige Harmonie verbunden waren, als die Brüder William und Theodor Steinway.

Was der erstere in commercieller, praktischer und organisatorischer Beziehung, das war Theodor Steinway in künstlerischer und technischer Hinsicht: ein wahrhaft schöpferisches, universelles Genie, dessen Geistesflug völlig umgestaltend auf die gesammte Pianofabrikation einwirkte und derselben ihr charakteristisches Gepräge aufgedrückt hat.

Christian Friedrich Theodor Steinway war der älteste Sohn des Begründers der Firma und erblickte am 6. November 1825 in Seesen am Harz das Licht der Welt. Die Geschichte seiner Jugend ist theilweise eingeflochten in die in den vorderen Blättern gegebene Lebensgeschichte seines Vaters. Der junge Theodor empfing seinen ersten Musikunterricht 1833 und besuchte bis 1839 das renommirte Jacobsohn'sche Erziehungsinstitut, dessen Direktor, Dr. Ginsberg, eine besondere Zuneigung zu dem reichtalentirten, lernbegierigen Knaben hatte und auf seine Entwickelung einen tiefen und nachhaltigen Einfluß gewann.

In seinem 14. Jahre nahm ihn der Vater, der sein feines musikalisches Gehör und seine seltene Begabung erkannte, in seine Pianofabrik, die sich damals schon ein gutes Renommé zu erobern begann. An dem ersten Erfolge, den die junge Firma im öffentlichen Mitbewerb auf einer Ausstellung erlangte, war Theodor persönlich betheiligt; er vertrat nämlich den Vater auf der Landesausstellung in Braunschweig 1839 und spielte auf den 3 Instrumenten, für welche die Firma den ersten Preis von der Jury zuerkannt erhielt.

Als der Vater im Mai 1850 nach Amerika auswanderte, ward Theodor dazu ausersehen, das Geschäft in Seesen fortzuführen, hauptsächlich weil er schon vom Militärdienst

befreit war. Ursprünglich lag es in dem Plane der Familie, daß Theodor das deutsche Geschäft abwickeln und dann nach Amerika übersiedeln sollte, doch ward dieser Plan durchkreuzt, als Theodor im Jahre 1852 mit einer hochgebildeten jungen Dame aus der Nachbarstadt Herzberg im Harz den Lebensbund schloß. Zudem hatten sich die Verhältnisse im alten Vaterlande, welche in ihrer kleinlichen Beschränktheit die Grundursache für die Auswanderung der Familie dargeboten hatten, wesentlich günstiger gestaltet und als 1854 Hannover dem Zollvereine beitrat, nahm das Geschäft Theodor's einen derartigen Aufschwung, daß er dasselbe 1855 nach Wolfenbüttel und 1859 nach dem größeren Wirkungskreise Braunschweig verlegte. Mit der Familie in New York stand er dauernd in regstem Verkehre. 1862 traf er mit seinem Bruder Henry jr. auf der Londoner Weltausstellung zusammen, auf der Steinway & Sons mit einer ersten Preismedaille für ihre Fabrikate ausgezeichnet wurden. Im Mai des Jahres 1864 machte er zusammen mit seiner Gattin eine Vergnügungs- und Erholungsreise nach New York, wo die ganze Familie nach vierzehnjähriger Trennung zum ersten und letzten Male wieder vollzählig vereinigt war — Vater, Mutter, 5 Söhne und 2 Töchter. Beim Abschiede ahnte Theodor Steinway wohl nicht, wie schnell diese herzlichen Familienbande durch den rauhen Tod zerstört werden sollten und es erschütterte ihn tief, als am 31. März 1865 sein zweiter Bruder Charles einem typhösen Fieber bei einem Besuche in Braunschweig erlag, nachdem wenige Wochen vorher, am 11. März, der dritte Bruder Henry jr. in New York verschieden war. Unter dem Eindrucke dieser schmerzlichen Ereignisse faßte Theodor Steinway den Entschluß, sein blühendes Geschäft in Braunschweig aufzugeben und seinen Wohnsitz nach New York zu verlegen, um den betagten Eltern nahe zu sein und seinem Bruder William in der Leitung des amerikanischen Etablissements zur Seite zu stehen. Leicht ist ihm der Entschluß nicht geworden, denn er hing mit allen Fasern seines Herzens an seinem Geburtslande, in dem er sich einen weitgeachteten Namen errungen hatte, aber schließlich überwand das Pflichtgefühl und die Anhänglichkeit an seine Familie all' seine persönlichen Neigungen. Im Oktober 1865 langte er mit seiner Gattin in New York an und trat sogleich als vollberechtigter Partner in das hiesige Geschäft ein, dessen technische Oberleitung er übernahm.

Nicht abgelenkt von anderen Dingen und Pflichten, mit jedem denkbaren Vortheil und jeder günstigen Vorbedingung zu seiner Verfügung, fand er hier erst die rechte Stätte, an der sein erfinderischer Genius sich in vollster Blüthe entwickeln und bethätigen konnte und schuf jene umgestaltenden Verbesserungen, welche die gesammte Pianofabrikation in neue Bahnen lenkte. Zunächst richtete er auf Anregung seines Bruders William sein Augenmerk darauf, aufrechtstehende Pianos zu konstruiren, welche den hiesigen klimatischen Einflüssen Stand zu halten vermochten. Ein tiefeingewurzeltes, allerdings völlig begründetes Vorurtheil bestand zu jener Zeit im ganzen Lande gegen aufrechte Pianos, hauptsächlich hervorgerufen durch importirte schlechte französische Instrumente, die nach kurzer Zeit in

Stücke fielen. Theodor und William Steinway rasteten nicht eher, als bis ein aufrechtes Klavier construirt war, das hinsichtlich seines Tones sowohl als seiner Dauerhaftigkeit allen Anforderungen entsprach und brachten dasselbe zu solcher Vollkommenheit, daß heute zwei Drittel aller fabrizirten Klaviere "upright" sind. Dem geistigen Urheber, William Steinway, war das Patentrecht auf diese bahnbrechende Erfindung unter dem 5. Juni 1866 ertheilt. Nun schlossen sich daran in rascher Folge all' jene seiner einschneidenden Verbesserungen, welche — gestützt auf streng wissenschaftliche Grundsätze — mit der bisher üblichen Art der Pianofabrikation fast vollständig brachen und ein ganz neues System schufen, das heute alle Fabrikanten nicht nur Amerika's, sondern auch Europa's adoptirt haben. Durch diese großartigen Erfindungen und Verbesserungen, die Theodor Steinway's hauptsächliches Werk sind — über dreißig Erfindungspatente sind ihm von dem Ver. Staaten Patent-Amte gewährt worden — haben Steinway & Sons die Vorbedingungen zu dem phänomenalen Aufschwung der Piano-Industrie geschaffen, ihr bahnbrechend und bestimmend die Wege gewiesen. Diese ihre eminenten Erfolge verdankten Steinway & Sons neben Theodor's genialer Begabung und der wissenschaftlichen Art und Weise, in der er sein Fach handhabte, vornehmlich dem harmonischen Zusammenwirken aller Firma-Mitglieder.

Auf zahlreichen Reisen, die Theodor unternahm, studirte er unablässig die verschiedenen Geschmacksrichtungen der Bewohner, den Stand der Pianobaukunst in den einzelnen Ländern und gewann dadurch naturgemäß eine unerreicht umfassende Kenntniß seiner Branche. Er hat ganz Europa besucht, große Reisen in Amerika und selbst in Asien und Afrika resp. Egypten gemacht, immer unter eingehendem Studium seines speciellen Faches. Auf diesen Reisen begann er auch eine großartige Sammlung alter, characteristischer musikalischer Instrumente aller Zeiten, die in dieser Vollständigkeit kein zweites Mal in der Welt zu finden sein dürfte.

Ehren und Anerkennungen sind ihm wie seinem Bruder William für ihr Wirken in reichster Fülle zu Theil geworden; im Herbst 1867 erwählte ihn die Königliche Akademie der Künste zu Berlin nach einer Rede, die er vor derselben gehalten hatte, zusammen mit seinem Bruder William zu Mitgliedern; der verstorbene König Karl V. von Schweden verlieh der Familie die große goldene Nationalmedaille, während die Stockholmer Königliche Akademie der schönen Künste Theodor zu ihrem Mitgliede erwählte. Ebenso ernannte ihn die Société des Beaux Arts in Paris zu ihrem Ehrenmitgliede und verlieh beiden Brüdern die große goldene Ehrenmedaille. Auch in seinem engeren Geburtslande fand sein hervorragendes Wirken die verdiente Anerkennung, indem der verstorbene Herzog von Braunschweig ihm 1881 die große goldene Staatsmedaille zuerkannte.

Von allen Mitgliedern der Steinway'schen Familie amerikanisirte sich Theodor am wenigsten. Er hatte gerade denjenigen Theil seines Lebens, in welchem der Mensch die tiefsten und unauslöschlichsten Eindrücke in sich aufnimmt, in Deutschland verlebt, und als die Verhältnisse seine Uebersiedelung nach Amerika veranlaßten, war er — 40 Jahre alt — schon zu sehr in all' seinen Lebensanschauungen, seiner Denkweise und seinen Gewohnheiten eine völlig abgeschlossene Natur, als daß die neuen veränderten Verhältnisse seinen Character noch hätten umgestalten können. Zumal als ihm im Jahre 1883 seine Gattin starb, zog es den kinderlosen Mann mit sehnsüchtigem Verlangen nach der Stätte seiner Geburt und seines ersten Wirkens. Solange die Nothwendigkeit seiner unmittelbaren Leitung des technischen Betriebes auf ihm lastete, stand er von der Ausführung seines Lieblingswunsches ab. Als aber die unter seiner speciellen Aufsicht herangewachsenen fünf Neffen sich zu tüchtigen Fachmännern herausgebildet hatten, deren Händen er mit ruhiger Sicherheit die Früchte seiner lebenslänglichen Erfahrung anvertrauen konnte und auf die ein Theil seines schöpferischen Genies sich vererbt zu haben schien, entschloß er sich, seinen Wohnsitz nach Braunschweig zu verlegen und siedelte 1884 dahin über. Von hier aus leitete er bis zu seinem Tode mit bewunderswerther Umsicht und Klarheit die gesammten technischen Angelegenheiten der Etablissements in Hamburg und London und blieb auch mit dem Stammgeschäft in New York in regstem Verkehr.

All' die Mußezeit, die ihm blieb, verwendete er auf die Pflege von Kunst und Wissenschaft; er wußte um sich einen auserlesenen Kreis feinsinniger Männer zu versammeln, dessen Eindrücke ihm eine Quelle der Anregung und zu künstlerischem Schaffen boten, und dessen geistiger Mittelpunkt er war; denn neben seiner großen Belesenheit, seiner hohen musikalischen Begabung und seinem feinen Verständniß für die Kunst in all' ihren verschiedenen Formen, war ihm gleich seinem Bruder William bedeutendes Rednertalent zu eigen, und er besaß in seltenem Grade die Gabe höchst interessanter und fesselnder Erzählung. Getrübt wurde dieses frohe Genießen nur durch seinen Gesundheitszustand, der in den letzten Jahren zu leiden begann, ohne indeß seine geistige Regsamkeit zu beeinträchtigen. Inmitten neuer Pläne und Entwürfe und während er gerade vor einer Reise nach Italien stand, ereilte ihn der Tod; er starb an einer plötzlich eingetretenen Herzlähmung am 26. März 1889 in Braunschweig. Theodor Steinway's Name aber wird unvergänglich fortleben in der Kunst- und Musikgeschichte dieses Landes.

William Steinway.

it der Geschichte des Deutschthums von New York ist der Name keines anderen Mannes so innig und so unauflöslich verknüpft, als der William Steinway's. Mögen Einige, deren Wiege gleichfalls jenseits des Oceans gestanden, im politischen Leben ihres Adoptiv-Vaterlandes mehr im Vordergrunde stehen, mögen Andere in erfolgreichem geschäftlichem Wirken auch große Reichthümer erworben haben, Niemand hat sich um die Erhaltung und Pflege der deutschen Sprache, um die Förderung deutscher Sitte und deutschen Wesens, um die Wohlfahrt aller gemeinnützigen deutschen Institutionen so unvergängliche Verdienste erworben, Niemand hat von seinem Reichthum einen edleren und so wahrhaft vornehmen Gebrauch zu machen gewußt und Niemand hat auch in seiner Wirkungssphäre einen so bahnbrechenden Einfluß ausgeübt, als William Steinway. Das Sprichwort, daß der Prophet nichts in seinem Vaterlande gelte, hier trifft es gewißlich nicht zu, denn das deutsche Element weiß und anerkennt, was es William Steinway's machtvoller Persönlichkeit dankt und sieht in ihm mit Stolz seinen typischen Repräsentanten.

Herr William Steinway ward geboren am 5. März 1836 in Seesen, dem lieblichen Harzstädtchen, als der vierte Sohn und das sechste Kind von Henry Engelhard Steinway, dem Begründer des Hauses Steinway & Sons. Seine erste Erziehung erhielt er in der vorzüglichen Schule seines Heimathortes und kam dann in das berühmte Jacobsohn'sche Institut. Mit seltener Lernbegier und regem Eifer wandte er sich vornehmlich der Erlernung fremder Sprachen zu und beherrschte bereits in seinem 14. Lebensjahre außer seiner Muttersprache das Englische und Französische. Schon früh zeigte der geistig unge-

mein geweckte, mit einem phänomenalen Gedächtniß begabte Knabe eine außergewöhnliche musikalische Begabung und spielte mit Leichtigkeit die schwierigsten Stücke auf dem Piano, das der Vater selbst für seine Kinder gebaut hatte.

Nachdem die Familie 1850 nach Amerika übergesiedelt war, kam der damals 14jährige William bei W. Nunns & Co., 88 Walker Street, in die Lehre, um die amerikanische Pianobauart zu erlernen. Drei Jahre lang arbeitete er unverdrossen an der Hobelbank und bildete sich zu einem tüchtigen, durch und durch erfahrenen Pianobauer aus. Im Anfang des Jahres 1853 entschlossen sich Vater und Söhne, eine eigene Pianofabrik zu errichten und mietheten in der Varick Street ein bescheidenes Hinterhaus als Fabriklokal. Am 5. März 1853 war die Firma Steinway & Sons begründet, just am 17. Geburtstage von William Steinway, ein Tag, der sich als glückverheißendes Omen für die schier märchenhafte Entwickelung des Geschäftes erwies. Drei Söhne, Charles, Henry jr. und William arbeiteten nun mit dem Vater in rastlosem Fleiße und mit vereinten Kräften. Der Erfolg blieb nicht aus und schon im nächstfolgenden Jahre miethete die junge Firma größere Fabrikräumlichkeiten in 88 Walker Street, dieselben Räume, in denen Jung-Wilhelm bei seinem Meister Nunns die Lehrzeit durchgemacht hatte. Der letztere hatte kurze Zeit, nachdem William Steinway seine Lehre beendet, in Folge geschäftlichen Mißgeschickes fallirt. Eine kleine charakteristische Episode aus jener Zeit sei hier erwähnt, da sie ein beredtes Zeugniß für den Edelmuth und das reiche Gemüth William Steinway's ablegt. Durch das Fallissement seines einstigen Arbeitgebers verlor er nämlich $300 rückständigen Lohn: aber er trug dem von ihm hochgeachteten Prinzipal diese Schuld nicht nur nicht nach, sondern hielt durch großmüthige Unterstützungen, die er ihm bis zu seinem 1864 im 80. Lebensjahre erfolgten Tode zahlte, Noth und Sorgen von dem Lebensabend seines ehemaligen Meisters fern.

Inzwischen nahm das Geschäft einen schier wunderbaren Aufschwung, die Mitglieder der Firma mußten die Werkbank verlassen, denn die Leitung und Organisirung des Fabrikbetriebes nahm ihre Kraft und Zeit voll in Anspruch. William ward die commercielle und financielle Geschäftsleitung übertragen, denn obwohl er auch in allen technischen Dingen des Pianobaues ein Meister war, erkannte der scharfe Blick des Vaters in ihm diejenige Kraft, welche Dank eines außergewöhnlichen organisatorischen Geschickes zu diesem schwierigen und verantwortungsreichen Posten berufen und geschaffen schien. Und in der That, hier fand der junge William dasjenige Gebiet seiner Thätigkeit, auf dem sich seine specielle Begabung in reichstem Maße bethätigen konnte und welche zusammen mit der glücklichen Entfaltung des harmonischen Zusammenwirkens aller Firma-Mitglieder den Weltruf des Hauses Steinway & Sons begründete. Der größte Theil des Verdienstes, der Firma die heutige Größe gegeben, ihre Fabrikate in allen Welttheilen eingeführt zu haben, ist ganz speciell Herrn William Steinway zuzuschreiben, der alle seine Kräfte und seine eminenten Fähigkeiten diesem Ziele widmete. Sein Arbeitsvermögen, die Schnelligkeit, Klarheit und Weitsichtigkeit seiner Dispositionen, sein seltenes Beherrschen der Branche, die Geschicklichkeit in der Verwaltung und Organisation waren die grundlegenden Faktoren für die phänomenale Entwickelung des Hauses Steinway & Sons. Bis ins kleinste Detail hinein ist ihm Alles bekannt und vertraut, was das Geschäft betrifft, und die sichere Meisterschaft, mit der er das Ganze zu leiten und zu dirigiren versteht, ist geradezu erstaunlich.

Was aber dazu gehört, ein Riesenetablissement von so vielseitiger Ausdehnung zu übersehen, davon wird sich der Leser eine annähernde Vorstellung machen können, wenn wir hier einige Details über den jetzigen Umfang des Geschäftes geben. Die Firma Steinway & Sons setzt sich zusammen aus den Etablissements in Steinway, Astoria — gegenüber der Stadt New York — die einen Flächenraum von nicht weniger als 12 Ackern bedecken und die Giessereien, Holzhöfe ꝛc. enthalten. Die Zahl der hier beschäftigten Arbeiter beziffert sich auf 650. Der zweite Fabrikenkomplex umfaßt das ganze Häusergeviert von Park (4.) Avenue und Lexington Avenue und 52. und 53. Straße in der Stadt New York; hier werden die Instrumente zusammengesetzt und vollendet und zwar umfaßt die Produktion gegenwärtig über 60 Stück per Woche. Das beschäftigte Arbeiterheer stellt sich gleich den Astoria-Fabriken auch hier auf 650 Mann. Die Etablissements in Amerika schließt ab und krönt Steinway Hall, einen Flächenraum von 8 Stadtbauplätzen einnehmend und von 14. bis 15. Straße durchgehend, im fashionabelsten Theile von New York, ganz nahe an Union Square grenzend. Hier befinden sich die imposanten Verkaufsräume, die Central-Bureaux und die große prächtige Concerthalle mit 2400 Sitzplätzen. 150 Arbeiter und Angestellte werden in diesem Theile von der Firma Steinway & Sons beschäftigt.

Im Auslande eignet die Firma zwei Etablissements: Steinway Hall in London, 15 und 17 Lower Seymour Street bei Portman Square gelegen und eine fashionable Concert-Halle mit 700 Sitzplätzen enthaltend. Dieses Zweigetablissement ist das Central-Depot für Großbritannien, während für den continentalen europäischen Markt Steinway's Pianofabrik in Hamburg, 20, 21, 22, 23 und 24 Neue Rosenstraße, Ecke Ludwigstraße, St. Pauli, dient. In diesem Zweiggeschäft werden die von New York gesandten Steinway Pianos fertiggestellt und für das feuchte europäische Klima präparirt. Den stetig wachsenden Umfang dieses deutschen Filial-Etablissements veranschaulicht die Thatsache, daß 300 Arbeiter in demselben beschäftigt sind.

In allen amerikanischen wie deutschen Kreisen New York's und weit darüber hinaus ist Herr William Steinway beliebt und geachtet und genießt eine Popularität, wie sie fast keinem Anderen zu Theil ward. Er verdankt dieselbe seinen ausgezeichneten Eigenschaften des Geistes und Gemüths, der von Herzen kommenden und Herzen gewinnenden Freundlichkeit und Jovialität seines Wesens und der großmüthigen Hilfsbereitschaft, mit der er alle Zeit fremdes Leid und fremde Sorgen zu bannen weiß. So manche im Daseinskampfe verzweifelnde Existenz hat er wieder aufgerichtet und dem Leben zurückgewonnen. Von der großartigen Wohlthätigkeit, die Herr Steinway im Einzelnen und Stillen übt, hat kaum Jemand eine Ahnung, durch sein ganzes Wesen geht ein Zug generöser Großmuth und Hilfsbereitschaft.

Ungeachtet der anstrengenden und aufreibenden Thätigkeit, welche die Leitung der amerikanischen und europäischen Etablissements erfordert, findet Herr Steinway dennoch Zeit für alle gemeinnützigen, künstlerischen und socialen Bestrebungen. Mit der Geschichte des größten deutschen Gesangvereins, des Liederkranz, zu dessen Präsident er so oft erwählt ward, als es die Statuten desselben überhaupt zulassen, ist sein Name auf das engste verwebt und der Verein ist das "hobby" des Herrn Steinway. 25 Jahre lang hat er, mit einer herrlichen Tenorstimme begabt, die Soloparticen in den Liederkranz-Concerten ausgeführt und die älteren Mitglieder des Liederkranzes werden sich noch erinnern, welchen stürmischen Applaus William Steinway für seine gesanglichen Leistungen jedesmal einerntete. Bei der hundertjährigen Feier von Schiller's Geburt, die am 9. November 1859 in New York veranstaltet wurde, sang er das Tenorsolo in Beethoven's 9. Symphonie mit durchschlagendem Erfolge. Auch allen anderen Gebieten der Kunst ist Herr Steinway ein warmer und eifriger Förderer und das ganze Kunstleben unserer Stadt verdankt seinem machtvollen Impuls und seiner Unterstützung unendlich viel, speciell in musikalischer Hinsicht.

Wiewohl Herr William Steinway als Kind nach Amerika gekommen ist, hat er sich doch ein warmes Herz und treue Anhänglichkeit an die alte Heimath bewahrt. Deutsch in seinem Fühlen, deutsch in seinem Denken, ist er gleichwohl ein guter Sohn seines Adoptiv-Vaterlandes, auf dessen politische Entwickelung er in den letzten Jahren nachhaltigen Einfluß zu üben begann. Ohne sich engherzig zu einer Parteipolitik zu bekennen, richtete er sein Streben nur darauf, einer ehrlichen Regierung zum Siege und zur Herrschaft zu verhelfen. So war er 1871 ein Mitglied jenes berühmten Siebziger-Comité's, das dem unseligen Tweed-Ring ein jähes Ende bereitete und er war es auch, der am 29. Oktober 1886 im Cooper Institute einer der größten Massenversammlungen der Deutschen, die je tagten, mit außerordentlicher Schneidigkeit und großer Geschicklichkeit präsidirte, um die Wahl Abram Hewitt's als Mayor der Stadt New York durchzusetzen. Die Schlagfertigkeit William Steinway's bewährte sich hier auf das glänzendste. Wohl an 5000 Menschen, darunter viele Damen, füllten dicht zusammengedrängt alle Säle und Corridore. Es wurde nun eine Reihe von Beschlüssen zu Gunsten Hewitt's verlesen, über die William Steinway als Präsident der Versammlung abstimmen ließ. Dieselben wurden mit einem donnernden „Ja" angenommen, während eine kleine Anzahl von Anarchisten und Socialisten, welche sich eingedrängt hatten, laut „Nein" schrieen. Es entstand eine große Unruhe, welche indessen im Nu durch William Steinway's mächtige Stimme beschwichtigt wurde, der mit unerschütterlicher Ruhe erklärte: „Die Beschlüsse sind fast einstimmig angenommen. Allerdings hat eine ganz winzige Minorität „Nein" gerufen, doch ist dies ja nur ein genaues Spiegelbild dessen, was sich am nächsten

Dienstag, dem Wahltage, ereignen wird." Die ganze Versammlung brach in ein dröhnendes Jubelgeschrei und Gelächter aus, die zündenden Worte des Herrn Steinway hatten sofort die Atmosphäre geklärt und die ganze immense Versammlung lauschte nun ohne die geringste Störung den herrlichen Reden unserer berühmten Landsleute Carl Schurz und Ex-Gouverneur von Wisconsin, Eduard Salomon, sowie des Mayors-Candidaten Abram Hewitt. Für den politischen Scharfblick William Steinway's lieferte die gute, ehrliche und gerechte Verwaltung, die Herr Hewitt der Stadt gegeben hat, die glänzendste Bestätigung. Einen weiteren Vertrauensbeweis gab der demokratische National-Convent Herrn William Steinway dadurch, daß er ihn — der erste Deutsche, dem diese Ehre zu Theil ward — Anfang des Jahres 1888 einstimmig in das national-demokratische Comité als einzigen Repräsentanten des Staates New York und Delegat zur Convention in St. Louis erwählte, in der Grover Cleveland für einen zweiten Präsidentschaftstermin nominirt wurde. Mehrere Jahre hindurch war Herr William Steinway auch Präsident und Führer der Deutschen demokratischen Organisation von New York, bis ihn Mangel an Zeit zwang, sich zurückzuziehen, doch wird sein Rath bei jeder wichtigen Frage von allen politischen Organisationen eingeholt und ist immer von ausschlaggebender Bedeutung.

Entgegen dem amerikanischen Grundsatze, daß der Mann das Amt suchen muß, haben die verschiedensten wichtigen politischen Aemter William Steinway's werthvolle Arbeitskraft vergeblich zu gewinnen getrachtet. Unter Präsident Cleveland, einem Jugendfreunde William Steinway's, ward ihm das New Yorker Unterschatzamt angeboten, im Herbst 1889 die Nomination als Staatssekretär an Stelle von Fredl. Cook, und auch das Mayor-Amt von New York war zweimal in seinem Bereiche. Er vermochte es aber nicht über sich zu gewinnen, in die politische Arena als Aemterbewerber hinabzusteigen. Daß er erwählt worden wäre, unterliegt keinem Zweifel; die deutschen sowie die Mehrzahl der amerikanischen Bewohner New York's hätten von ihrer Parteistellung abgesehen und einmüthig ihr Votum für ihn abgegeben, um ihm in dieser Form ein beredtes Zeugniß ihrer Verehrung zu Theil werden zu lassen. Denn auch in den Kreisen der Amerikaner ist der Name William Steinway's über das ganze Land von weitester Popularität getragen. Dem Amerikaner imponirt die Geschäftsumsicht, die William Steinway auszeichnet, die stolze Höhe, zu der er von kleinsten Anfängen seine Firma emporgehoben, daß er dem amerikanischen Clavier die Superiorität über alle Fabrikate der ganzen Welt verschafft hat, und ihm imponirt die großmüthige Liberalität, die William Steinway bei jeder Gelegenheit bekundet.

Wie hoch die Ueberzeugung von der eminenten Befähigung William Steinway's, der absoluten Integrität seiner Gesinnung und seine persönliche Beliebtheit ist, dafür sei eine Bemerkung angeführt, die einer der hervorragendsten Führer der deutschen Republikaner zu dem Verfasser machte, als im Herbst 1888 der Name William Steinway's in Verbindung mit dem Mayors-Ticket genannt wurde. „Für William Steinway, wenn er für Mayor läuft, gehe ich selbst auf den Stump," erklärte der Herr enthusiastisch, der einer der schärfsten Republikaner ist.

Obgleich Herr William Steinway alle politischen Aemter consequent ablehnte, so hat er den communalen Interessen der Stadt New York mit Bereitwilligkeit gedient und zwar in einer Sache, welche für die gesunde Weiterentwickelung New York's von der folgenschwersten Bedeutung ist: der Lösung der Eilverkehrsfrage. Mayor Grant, ein warmer Verehrer William Steinway's, ernannte ihn zusammen mit August Belmont, John H. Starin, Woodbury Langdon und Orlando B. Potter im April 1890 zum Mitglied der Schnellverkehrs-(Rapid Transit)Commission. Einer definitiven Lösung dieses so schwierigen Problems zeigten sich die Restriktionen des betreffenden Gesetzes hinderlich, dennoch war William Steinway's Energie und Thätigkeit von so großem Erfolge begleitet und trug so wesentlich zur Anbahnung der im Winter 1891 durch die Staats-Legislatur zu erwartenden Lösung bei, daß Mayor Grant ihn am 23. Dezember 1890 abermals mit der Ernennung in die neue Commission ehrte, welche nun aus William Steinway (Präsident der Commission), John H. Starin, Eugene L. Bushe, Samuel Spencer und John C. Inman besteht. Die gesammte Presse der Stadt New York sprach sich im günstigsten Sinne über diese Ernennungen aus. Wir lassen hier Original und deutsche Uebersetzung des Annahmebriefes von Herrn William Steinway folgen:

NEW YORK, December 29, 1890.

Hon. Hugh J. Grant, Mayor of New York:

Sir—I avail myself of the earliest opportunity to acknowledge the receipt of your communication of the 27th inst., whereby I am officially informed of my reappointment as associate commissioner in virtue of the Rapid Transit act, Laws of 1875.

I am very busy with the management of my own affairs, but, having been a member of the last commission, which did a great deal of useful work available to the new commissioners, and having last summer carefully studied the existing underground railway systems at London and the viaduct railroad at Berlin, I have come to the conclusion that the necessities of the city, the high character of my associates, the expression of confidence by yourself as well as the bright prospects of the next Legislature removing the existing restrictions and obstacles of the present act, leave me no alternative.

I therefore accept the appointment with grateful appreciation of the honor conferred and with a deep sensibility of the duties to be performed.

Very respectfully your obedient servant,

WILLIAM STEINWAY.

New York, den 29. Dezember 1890.

Achtb. Hugh J. Grant, Mayor der Stadt New York.

Mein Herr. Ich benutze die erste Gelegenheit, mich zum Empfang Ihres Schreibens vom 27. d. Mts. zu bekennen, durch das Sie im Einklang mit dem Rapid Transit Gesetz von 1875 mir officiell die Mittheilung von meiner Wiederernennung als Mitglied der Eilverkehrs-Commission machen.

Zwar nimmt die Leitung und pflichtgemäße Besorgung meiner eigenen Geschäftsangelegenheiten meine Zeit vollauf in Anspruch, da ich aber ein Mitglied der letzten Commission war, deren Vorarbeiten eine gute Grundlage für die Arbeiten der neuen Commission darbieten; da ich weiterhin Gelegenheit hatte, während des letzten Sommers die Untergrundbahn in London und die Viaduft-Stadtbahn in Berlin sorgfältig zu studiren, so bin ich zu der Ueberzeugung gekommen, daß die dringenden Erfordernisse der Stadt, das hohe Ansehen meiner Herren Mitcommissäre und der mir von Ihnen gegebene Vertrauensbeweis um so weniger eine Wahl lassen, als die begründete Aussicht besteht, daß die dem jetzigen Gesetz anhaftenden Hemmnisse und Schwierigkeiten durch die nächste Legislatur beseitigt werden.

Ich nehme daher die Ernennung zu dem Amte an in dankbarer Anerkennung der mir erwiesenen Auszeichnung und im vollen Bewußtsein der mit demselben verbundenen Pflichten.

Ihr sehr ergebener

William Steinway.

Dieses Schreiben, klassisch in Form und Inhalt, legt beredtes Zeugniß ab für den hohen Gemeinsinn, der William Steinway auszeichnet, für die strenge Gründlichkeit, mit der er jede Sache angreift und für seine ernste Auffassung der Pflichten, die ihm als

Bürger und einem der bedeutendsten Steuerzahler New York's an der gesunden Weiterentwickelung der Stadt obliegen.

So beharrlich Herr Steinway nun auch alle öffentlichen Aemter zurückgewiesen hat, niemals wird sein Name und seine Mitwirkung fehlen, wenn es sich um wohlthätige und gemeinnützige Zwecke handelt, hier steht er im Gegentheil stets in vorderster Reihe. Zumeist wird er als Präsident an die Spitze aller im Dienste der Humanität stehenden Unternehmungen berufen, weil sein Name, sein organisatorisches Geschick und der Feuereifer, mit dem er jede Sache in die Hand nimmt und der auch alle Anderen unwillkürlich mit fortreißt, im Vorhinein Gelingen und Erfolg verheißen. Der großen „Fair" (Bazar) im Frühjahr 1889, welche die Mittel zur besseren financiellen Fundirung des Deutschen Hospitals liefern sollte und die einen Reinertrag von 113,000 Dollars bei nur 6000 Dollars Unkosten ergab, stand er als Präsident vor und hat den wesentlichsten Theil zu dem großen Erfolge derselben beigetragen.

Wie unbestritten und neidlos anerkannt William Steinway's führende Stellung in der Pianobranche ist, dafür spricht am beredtesten die lebhafte Genugthuung aller Berufsgenossen, als Mayor Grant ihn als Vertreter derselben in das Hunderter-Comité prominenter Bürger berief, welches die New Yorker Welt-Ausstellung für 1892 vorbereiten sollte. Als Mitglied des Finanz-Comité's entfaltete Herr Steinway eine rege Thätigkeit und es waren seine Vorschläge zur Aufbringung eines Garantiefonds von 5 Millionen Dollars, welchen er selbst mit einer Subscription von $50,000 eröffnete, auf die das Finanz-Comité sich schließlich einigte. William Steinway ist im seltenen Grade das zu eigen, was der Amerikaner sehr treffend mit "common sense" bezeichnet, er erkennt sofort den punctum saliens und weiß oft durch ein einziges treffendes Wort langathmige Debatten vielköpfiger Comités zu Ende zu bringen. Er besitzt eine sehr bedeutende Rednergabe, eine sonore, weittragende Stimme und seine Reden, die er stets unvorbereitet im vollkommensten Englisch oder Deutsch hält, sind immer von logischer Schärfe, Klarheit der Gedanken und zündendem Witz getragen. Sehr zu Statten kommt ihm dabei sein geradezu phänomenales Gedächtniß, das in New York sprüchwörtlich geworden ist und das ihn selbst nach einer langen Reihe von Jahren auf oft kleine Ereignisse mit einer Genauigkeit sich erinnern läßt, als wären sie erst unlängst passirt. Ebenso staunenswerth ist sein Erinnerungsvermögen für Namen und Gesichter und er braucht nur einmal Jemanden gesehen zu haben, um ihn sofort nach Jahren wiederzuerkennen.

Mit besonderem Eifer wacht Herr William Steinway über der Wohlfahrt der Tausenden von Angestellten seiner Firma und deren Familien, und die Einrichtungen und Wohlthaten, die er zu Gunsten derselben gestiftet, sind von wahrhafter Hochherzigkeit diktirt und getragen. Er hat in Long Island City, gegenüber der Stadt New York, eine eigene Stadt aufgebaut, die den Namen „Steinway" trägt und deren Mittelpunkt und Lebensnerv seine dort gelegenen großartigen Fabriken bilden. Für die Arbeiter derselben ließ die

Firma praktisch eingerichtete, gesunde Wohnhäuser aufführen, erbaute 1877 eine öffentliche Schule, in der 800 Kinder Unterricht erhalten können, und unterhält an derselben für die Pflege der deutschen Sprache und der Musik eigene tüchtige Lehrkräfte. Diesen Einrichtungen fügten Steinway & Sons 1881 ein großartig ausgestattetes Volksbad hinzu, und in Verbindung damit einen schönen Park mit Quelltrinkwasser, in dem die Angestellten unentgeltlich Erfrischung und Erholung finden können. Und jetzt hat die Firma eine große öffentliche Volks-Bibliothek und einen Kindergarten errichtet, die gesammten Unkosten selbst tragend. Alle diese Einrichtungen bekunden beredt, mit welcher humanen Sorgfalt Herr William Steinway auf das körperliche und geistige Wohl seiner Arbeiter und deren Familien Bedacht nimmt und wie väterlich er für dieselben sorgt.

Unendlich viel verdankt seiner Anregung und thatkräftigen Mitarbeit das Deutschthum hierzulande, und sein eifrigstes Streben war es, dasselbe immer hochzuhalten, zu Ehre und Ansehen zu bringen. Mit Recht darf er daher als einer der bedeutendsten geistigen Führer und Vertreter des deutschen Elementes in Amerika bezeichnet werden, dessen Name mit der Hebung und Entwickelung deutschen Einflusses, deutscher Interessen unvergänglich verknüpft ist.

Ebenso interessant und bedeutend als William Steinway's Lebens- und Entwickelungsgang ist seine Persönlichkeit, der gewissermaßen etwas fascinirendes zu eigen. Er bietet schon in seinem Aeußeren eine der fesselndsten Erscheinungen, die schnell herzliche Sympathie nicht nur zu erwecken, sondern auch zu erhalten versteht. Ueberall, wo seine populäre, etwas mehr als mittelgroße, kraftstrotzende Figur erscheint, wird er mit aufrichtiger und warmer Freude begrüßt. Ueber der mächtig breiten Brust erhebt sich der charakteristische, ausdrucksvolle Kopf, der von einem Paar sprechender brauner Augen belebt ist. In diesen Augen, die so gedankenvoll und zweckbewußt, und doch so klar und frohsinnig in die Welt schauen, wiederspiegeln sich William Steinway's reiche Charakter- und Herzenseigenschaften: sein scharfer Verstand, die Offenheit seines Wesens, sein weiches Gemüth und der liebenswürdige Frohmuth, der sein ganzes Sein durchpulst und sich auch jedem Anderen unwillkürlich mittheilt. Und doch hat selbst in diese geistig staunenswerth elastische Persönlichkeit die ernste Arbeit des Lebens ihre Runen eingezeichnet, wie einzelne tiefe Linien in der Stirne beweisen. Auffallend hoch und von edler Wölbung, zeigt die Stirn deutlich die Spuren anstrengender, tiefer Geistesthätigkeit eines Mannes, auf dem die Lasten und Sorgen für das Wohlergehen der Tausende seiner Angestellten und öffentlicher Wohlthätigkeitsbestrebungen ruhen. Das volle, dichte, blonde Haupthaar ist über den Schläfen stark zurückgewachsen und läßt die charakteristische Form der Stirne noch bestimmter hervortreten. Der Kopf sitzt auf einem mächtigen, gedrungenen Nacken und der ganze Bau des Körpers verräth eiserne Muskulatur und herkulische Kraft, von der William Steinway wiederholt Proben abgelegt hat. Dabei ist er von einer Kaltblütigkeit und Unerschrockenheit, die oft an Todesmuth grenzt und von der er 1858 in Coney Island ein Beispiel durch die Errettung seines verstorbenen Bruders Henry aus den Meereswellen

gab. Ein kurz geschorener Vollbart — leicht ins Grau spielend — umrahmt den fest
geschnittenen schmalen Mund, ein charakteristisches Merkmal aller Steinway's, wie denn überhaupt William Steinway außerordentlich an seinen verstorbenen Vater erinnert.
Doch er kann die herrlichen Worte Altmeister Göthe's:

> Vom Vater hab' ich die Statur
> Des Lebens ernstes Führen,
> Vom Mütterchen die Frohnatur
> Die Lust zum Fabuliren

beinahe ganz auf sich anwenden, denn ihm ist wie seinem seligen Bruder Theodor ein
außerordentliches Erzählertalent zu eigen. Wir sagen „beinahe ganz", denn in allen geschäftlichen Dingen kann man bei William Steinway in der That sagen „Ein
Mann, ein Wort". Es ist eine Lust und Freude, William Steinway aus dem
unerschöpflichen Born seiner Erinnerungen erzählen zu hören, wie er Alles mit köstlichem
Humor und schlagendem Witze zu beleben und wie er selbst die schwersten Themata —
denn er ist ein Mann von ebenso tiefem wie erstaunlich universellem Wissen — fesselnd
und anziehend darzustellen weiß.

Von innigstem Glücke gekrönt ist sein Familienleben; hier, in der reinen stillen Harmonie, findet er „die starken Wurzeln seiner Kraft", diesem sonnigen Heim dankt er die
Erhaltung der geistigen Elasticität und Frische und die seltene Arbeitsfreudigkeit, die ihm
eigen. Herr William Steinway ist zweimal verheirathet gewesen — aus seiner ersten
Ehe hat er zwei Kinder, einen Sohn, George A. Steinway, und eine Tochter, Paula T.,
seit 1888 sehr glücklich verheirathet mit Herrn Louis von Bernuth, einem Neffen des Herrn
Fritz von Bernuth von der großen Drygoods-Firma Hardt, von Bernuth & Co. Der älteste
Sohn beginnt bereits, sich eine geachtete und hervorragende Stellung in der Geschäfts-
welt zu erobern, er ist einer der Direktoren der Union Square Bank und im Geschäft
der Firma eine werthvolle Hülfskraft seines Vaters. Herr George A. Steinway ist seit
dem 17. April 1888 mit Fräulein Mathilde Roesler vermählt und seit dem 28. Januar
1889 glücklicher Vater eines reizenden Töchterchens, das William Steinway zu den
vielen Aemtern und Stellungen, die er schon inne hat, noch eine neue und zwar sehr
angenehme, die als Großvater, verschafft hat. Außerdem hat Herr William Steinway vier erwachsene Neffen als Theilhaber des Geschäftes: Henry W. T. Steinway,
Charles H. Steinway, Fred. T. Steinway und Henry Ziegler, die Alle regen Antheil an
der Geschäftsleitung nehmen und durch und durch erfahrene Fachmänner sind.

In zweiter Ehe ist Herr William Steinway mit einer Tochter des bekannten
Importeurs von Pianoforte-Materialien, Richard Rauft, vermählt, die ihm zwei Söhne
und eine Tochter geschenkt hat, deren heiteres Kindergeplauder das vornehme Haus am
Gramercy Park belebt.

Wohl manches Mal, wenn das hastig-geschäftige Treiben in den weiten Räumen von Steinway Hall in der 14. Straße allmälig zu verstummen beginnt und die scheidende Sonne ihre letzten goldenen Strahlen in die hohen Bogenfenster des großen Arbeits-Cabinets wirft, mag Herr William Steinway nach der anstrengenden Arbeit des Tages sich auf seinem Sessel zurücklehnen und einen Moment der Sammlung und Ruhe genießen. Da taucht dann wohl vor seinem geistigen Auge ein liebliches Bild der Erinnerung auf: er sieht sich zurückversetzt in ein weinumranktes Haus in dem kleinen romantischen Harzstädtchen und eine glückliche Familie in trauter Harmonie im Innern beisammen. Ein Knabe mit blondem Haar sitzt am Klavier und dem Instrument entquellen weiche, melodische Töne, während helle, klare Stimmen rothwangiger Mädchen keck und frisch ein Schumann'sches Lied schmettern . . .

<blockquote>
Aus der Jugendzeit, aus der Jugendzeit
Tönt ein Lied mir immerdar . . .
</blockquote>

Das ernste Auge des nun in Gott ruhenden Vaters blickt sinnend auf den Knaben, während der Mutter stilles Antlitz von Stolz, Freude und Glück leuchtet. Heute ist dieser Knabe der Chef der gewaltigen Firma, deren Namen und deren Fabrikate über alle Meere dringen, und schafft, hochgeehrt und geliebt von seinen Landsleuten, in seinem Adoptiv-Vaterlande am sausenden Webstuhl der Zeit. Daß aber die Bewohner seiner Heimathstadt seiner gedenken, dafür erhielt Herr William Steinway 1888, gerade „als die Weihnachtsglocken klangen" den schönsten und ehrendsten Beweis. Magistrat und Stadtverordnete von Seesen, von denen viele vor 40 Jahren seine Schulkameraden waren, verliehen Herrn William Steinway in Anerkennung seiner Verdienste und seiner stets bethätigten Opferwilligkeit für seine Vaterstadt einstimmig das Ehrenbürgerrecht. Möge die Sonne des Glücks auch fürderhin über William Steinway leuchten — zur Ehre, zum Stolz und zur Freude des deutschen Namens in Amerika.

Philip Bissinger.

on welcher weittragenden, ausschlaggebenden Bedeutung Leben und Wirken des Einzelnen auf die Gestaltung der Allgemeinheit begleitet sein kann, dafür bietet unter all' den hervorragenden Deutsch-Amerikanern, die mitgearbeitet haben an der heutigen einflußreichen Stellung des Deutschthums in Amerika, kaum ein Anderer einen so sprechenden Beleg, als Philip Bissinger. In einem langen, arbeitreichen Lebensgange hat dieser unerschrockene, nimmermüde Vorkämpfer für die Sache des Deutschthums manch harten Strauß ausgefochten gegen Unrecht und Bedrückung, gegen Fremdenhaß und politische Corruption, nicht achtend persönlicher Gefahr und Anfeindung, unbeirrt „von der Parteien Haß und Gunst." Wo immer es galt, Recht gegen Unrecht, die Sache der Armen gegen gewissenlose mächtige Corporationen zu vertheidigen, da stand Philip Bissinger in vorderster Reihe. Mit allen Institutionen, die der Förderung und den Interessen des Deutschthums in New York dienen, ist sein Name auf das engste verwebt, fast allen hat er den besten Theil seiner Arbeitskraft zugewendet und an ihrem Auf- und Ausbau mitgewirkt — rathend, helfend, reformirend. Ein solches Wirken, ganz in den Dienst des Guten, einer großen Sache gestellt, sichert Herrn Philip Bissinger einen Platz in den Herzen der gegenwärtigen Generation und darf dem nachwachsenden Geschlecht als ein leuchtendes Vorbild philantropischer Bestrebungen hingestellt werden.

Das kleine Städtchen Flehingen im Großherzogthum Baden nennt Philip Bissinger seine heimathliche Scholle, auf der er am 2. Juni 1827 geboren ward. Der Vater, ein biederer Landwirth, war nicht allzu sehr mit irdischen Glücksgütern gesegnet, ließ aber allen Kindern eine sorgfältige und aufmerksame Erziehung angedeihen. Philip, der

älteste von sechs Geschwistern, besuchte die Dorfschule, deren Unterricht natürlich nur ein limitirter sein konnte, und kam dann — kaum 14 Jahre alt — nach Pforzheim bei Theodor Lenz & Co. in die Lehre. Von der Natur mit regem Geiste und eifriger Lernbegier ausgestattet, erweiterten sich in dem berühmten gewerbreichen Industrieplatze Gesichtskreis und Kenntnisse des jungen Mannes schnell. Sein Lehrprincipal war ein gar gestrenger Herr und so große Mühe der junge Philip auch aufwandte, es glückte ihm nicht, je ein Wort der Anerkennung seinem Lehrherrn abzuringen. So tief verwundete dies seinen Ehrgeiz, daß er den Gedanken faßte, heimlich seine Lehrstätte zu verlassen; die ernsten Ermahnungen des Vaters und die inständigen Bitten der Mutter — unterstützt von einem silbernen Kronenthaler — ließen ihn indeß den Entschluß aufgeben und ruhig auf seinem Posten verharren. Ganz unerwartet schnell sollte auch sein eifriges Streben Anerkennung finden. Die Gestaltung der politischen Verhältnisse im Revolutions-Jahre 1848 wirkte so lähmend auf den Geschäftsgang ein, daß sich sein Prinzipal entschloß, nach Amerika zu gehen, um dort neue Absatzquellen für seine Fabrikate zu suchen. Nicht wenig erstaunte der junge Lehrling, als ihn sein Brodherr Sonntags zu Tisch einlud und ihm dann eröffnete, daß er in der Zeit seiner Abwesenheit die Leitung des Geschäftes ihm übertrage. Vergebens waren alle Einwendungen, der Hinweis auf seine Jugend und ältere Angestellte auf dem Comptoir — es blieb bei der Bestimmung und schon wenige Tage nachher segelte Jung-Philip's Lehrherr nach New York ab. Einmal vor die unabänderliche Thatsache gestellt, raffte der junge Bissinger seine ganze Entschlossenheit zusammen — sein Ehrgeiz spornte ihn an, sich das von seinem Princiçal bekundete Vertrauen redlich zu verdienen. Und es gelang ihm; der Chef drückte ihm nach seiner Rückkunft seine volle Zufriedenheit aus und übertrug ihm eine Buchhalterstelle. Der junge Bissinger wollte indeß, nachdem er so lange Jahre auf dem Comptoir gehockt hatte, auch einmal hinaus in die Welt, andere Menschen und Verhältnisse kennen lernen und da sich ihm in dem alten Geschäfte keine Gelegenheit dazu bot, nahm er eine sehr günstige Offerte als Reisender für das Haus Wilhelm Kämpff & Co., eines der größten in der Fabrikation von Juwelen, an. Von hier kam er, als sein Haus in Amerika eine Filiale zu etabliren wünschte, 1849 und zwar am 16. Dezember nach New York. Bereits am Tage nach seiner Ankunft miethete er ein Geschäftslokal, packte seine Waaren aus und machte sich dann auf den Weg, Käufer zu finden. Die erste Zeit mag dem unternehmenden jungen Importeur wohl doch einigermaßen hart angekommen sein, sobald er sich aber etwas in die Verhältnisse hineingelebt hatte, war er guten Muthes voll und arbeitete munter darauf los. Nach vier Jahren rastloser Arbeit durfte er sich rühmen, eine sehr gute Kundschaft zu besitzen und so etablirte er im Jahre 1853 in 13 John Street auf eigene Rechnung ein Geschäft, das er mit stetig wachsendem Erfolge bis auf den heutigen Tag fortgeführt hat. Die Firma Philip Bissinger ist eines der ältesten und angesehensten Häuser in der Juwelenbranche und genießt überall ein unantastbares Renommé.

Kaum hatte Herr Bissinger hier festen Boden unter den Füßen gewonnen, als er begann, am öffentlichen Leben regen Antheil zu bekunden. Er half das Deutsche Dispensary begründen und gehörte zu Denen, welche das Inslebenrufen eines Deutschen Hospitals befürworteten und thatkräftigst unterstützten. Das gemeinsame Wirken bei der Errichtung dieser philantropischen Institute trug wesentlich dazu bei, den Geist der Zusammengehörigkeit in den deutschen Kreisen New York's zu wecken und zu pflegen, und aus diesem Gefühle entsprang auch die Begründung einer Reihe überaus wichtiger, specifisch deutscher Unternehmungen, so die „Deutsche Sparbank", die „Germania Lebensversicherungs-Gesellschaft", die „German American Bank", die „Germania Feuerversicherungs-Gesellschaft" u. s. f. Schon lange hatte in den deutschen Kreisen New York's der Wunsch und Wille bestanden, ein großes deutsches Sparinstitut in's Leben zu rufen, das vornehmlich den Interessen der deutschen Bevölkerung dienen und mit derselben in der Sprache des Mutterlandes verkehren könne. Bei der in der Legislatur vorherrschenden nativistischen Gesinnung blieben mehrere Jahre lang alle angestellten Versuche zur Erlangung eines Charters fruchtlos, bis es 1859 gelang, den Freibrief zu erwirken. Nun traten die 25 Incorporatoren zusammen, schossen je $200 ein und eröffneten am 1. Juli 1859 im Cooper Institut in einem sehr bescheidenen Lokale den Geschäftsbetrieb der „Deutschen Sparbank." Da das geringe Betriebscapital es nicht zuließ, ein großes Bureaupersonal zu engagiren, so besorgten die Herren Incorporatoren theilweise die Officearbeiten selbst und speciell Herr Bissinger entfaltete eine sehr energische Thätigkeit. Beim ersten Jahresabschluß zeigte sich ein sehr erfreuliches Resultat: Die Bank hatte 1873 Depositoren mit einer Totaleinlage von $239,954.87. Das war mehr, weit mehr, als die Begründer geahnt und gehofft hatten, und der Vertrauensbeweis des Publikums, der darin lag, spornte sie zu noch größerer Energie an. Jedes neue Jahr wies wesentliche Fortschritte auf, doch die Blüthezeit der Bank brach an, als Herr Philip Bissinger im Juli 1864 an die Spitze trat. Anfangs hatte Herr Bissinger die Präsidentschaft beharrlich abgelehnt, endlich ließ er sich bestimmen, auf drei Monate die Leitung zu übernehmen, bis ein geeigneter Präsident gefunden worden. Diese drei Monate gingen um — und Herr Bissinger blieb an der Spitze; drei Jahre verflossen und fanden Herrn Bissinger noch im Interesse der Bank unermüdlich thätig und jetzt sind nahezu dreißig Jahre in's Land gegangen, und Herr Bissinger ist noch immer der Präsident der Deutschen Sparbank, die er nicht nur zu dem weitaus größten deutschen Sparinstitut, sondern zu der viertgrößten Sparbank in den Ver. Staaten überhaupt gemacht hat. Man sagt, Zahlen seien todt und uninteressant, und doch sprechen sie für Den eine sehr fesselnde Sprache, der in ihnen zu lesen vermag. Von ca. $240,000 Spareinlagen in 1859 ist die Summe gestiegen auf ca. $30,000,000 am 31. Dezember 1890, die Zahl der Depositoren von 1873 im Jahre 1859 auf die enorme Höhe von 70,642 im Finanzjahr 1890. Die ungeheure Arbeitslast und den Umfang des Geschäftsbetriebes veranschaulicht die Thatsache, daß im Rechnungsjahr 1890 die Zahl der neuen Conti 16,485, durchschnittlich 52 neue per Tag betrug, die Summe der erhaltenen Depositen ca. $9,390,000, die der zurückgezogenen ca. $8,112,000, während der Reservefonds von $42.24 in 1859 auf ca. $2,500,000 im letzten Rechnungsjahre gestiegen ist. Die den Depositoren gutgeschriebenen Zinsen beliefen sich für 1890 auf die colossale Summe von $838,112. Diese Zahlen bekunden die außerordentlich günstige und sichere Finanzlage der Deutschen Sparbank, ebenso die enorme Größe ihres Geschäftsbetriebes. Lange schon sind die ursprünglichen Räumlichkeiten im Cooper Institut zu eng geworden. 1861 erwarb die Bank das werthvolle Grundeigenthum Ecke 14. Straße und 4. Avenue, auf dem 1870 der jetzige Prachtbau von den Architekten Kendall und Fernbach aufgeführt wurde. Man glaubte diese Räume für alle Zeit ausreichend und doch hat der Geschäftsbetrieb der Bank sich so colossal entwickelt, daß die Geschäftslokalitäten erheblich erweitert werden müssen. Was die Deutsche Sparbank heute ist, die Rolle, welche sie als das sicherste und größte deutsche Finanzinstitut in Amerika spielt, und die Stellung, die sie unter den großen Geldinstituten des Landes überhaupt einnimmt, das Verdienst daran ist hauptsächlich Herrn Bissinger zu vindiciren — seiner eminenten Befähigung im Finanzwesen, seiner geschickten, conservativen Leitung und seiner aufopfernden, rastlosen Thätigkeit.

Eine zweite deutsche Institution, die Herrn Bissinger's Thatkraft viel von ihrer heutigen Stellung verdankt und an deren erfolgreicher Entwickelung er einflußvollen Antheil genommen, ist die 1784 gegründete Deutsche Gesellschaft der Stadt New York. Wenige Jahre nach seiner Hierherkunft und zwar in 1854 trat er derselben als Mitglied bei und nahm sogleich an den Arbeiten in Ausschüssen und Comités reges Interesse. Wiederholt ward ihm das Präsidium angeboten, doch lehnte Herr Bissinger in Rücksicht auf seine übrige anstrengende Thätigkeit dasselbe ab, bis er am 1. Mai 1865 dem Drängen seiner Freunde endlich nachgab. Mit ihm kam neues, frisch pulsirendes Leben in den Verwaltungs= rath. Herr Bissinger erkannte, daß eine Reihe wesentlicher Reformen Noth thaten, um der erfolgreichen Ausführung des Programms, das die Gründer der Gesellschaft gestellt, gerecht zu werden. Die immer wiederkehrenden Klagen von Eingewanderten über Benach= theiligung beim Kaufen von Dampfer= und Eisenbahnbillets, bei Geldangelegenheiten mit der alten Heimath rc. führten ihn auf den Gedanken, durch Errichtung einer Bankabtheilung eine Stelle zu schaffen, welche die Gewähr streng rechtlicher Geschäftsgebahrung in sich selbst bot und den Einwanderern vollen Schutz gegen Verluste und Uebervortheilungen zusicherte. Diese Institution konnte bei geschickter Leitung auch der Gesellschaft erhöhte Ein= nahmen zuführen, und Herr Bissinger erkannte in seiner Stellung als Präsident gut genug, daß der Gesellschaft eine umfangreichere, durchgreifendere Thätigkeit ermöglicht wäre, wenn neben den regelmäßigen Einkünften aus den Mitgliederbeiträgen eine neue Verdienst= quelle angereiht werden könnte, die eine stärkere Befriedigung der stetig wachsenden Ansprüche an die Gesellschaft zuließ. Die Bankabtheilung ward am 1. Mai 1868 mit einem vom Stammvermögen entliehenen Capital von $5000 eröffnet. Herr Bissinger reiste

selbst nach Europa, um Correspondenten in Deutschland, Oesterreich und der Schweiz zu
bestellen. Die ersten Bankhäuser in ca. 30 der bedeutendsten Städte vermochte er zur
Besorgung der Geschäfte für die Deutsche Gesellschaft heranzuziehen und noch heute sind
es fast ausnahmslos dieselben europäischen Firmen, welche die Vertretung in Händen haben.
Die Bankabtheilung hat sich als ein überaus glücklicher Griff und eine segensreiche Erweiterung der Deutschen Gesellschaft erwiesen und nachhaltig Gutes gestiftet.

Von gleich entscheidendem Einfluß war die rastlose Thätigkeit, die Herr Philip
Bissinger als Einwanderungs-Commissär entfaltete. So richtete Herr Bissinger
zunächst das Arbeitsbureau ein, dessen segensreiches Wirken bis auf unsere Tage reicht.
Wenn irgend etwas dem unversiegbaren Strome der neuen Einwanderung, die von Jahr
zu Jahr an unseren Gestaden landet, von bleibendem Werthe und unvergleichlicher Bedeutung gewesen, so ist es eben dieses Arbeitsbureau. Hunderttausenden, die fremd, freundlos
und hülflos im New Yorker Hafen landeten, hat es Arbeit und lohnenden Verdienst
zugewiesen und damit oftmals die Bresche zu späterer erfolgreicher Carrière gelegt. Uner-
meßlich ist der Segen, den die Errichtung dieses Zweiges gestiftet und noch heutigen Tages
stiftet. Und es sind nicht nur die versorgten Einwanderer selbst, welchen das Bureau zu
Gute gekommen, das ganze Land hat Vortheil aus der schnellen und planmäßigen Zuführung dieses werthvollen Arbeitskapitals gezogen.

Durch seine Stellung als Präsident der Deutschen Gesellschaft war Herr Bissinger
ex officio Mitglied der Einwanderungs-Commission und trat unentwegt mit Muth und Furcht-
losigkeit für Schutz und Schirm der armen Emigranten ein. Für die Klagen Aller, selbst der
Aermsten hatte Herr Bissinger freundliches Gehör, ihm galt nicht Person und Ansehen,
wenn er die Rechte der Schutzlosen zu vertheidigen hatte. Es waren speciell die Zustände
auf den Auswandererschiffen, deren Verbesserung Herr Bissinger sich angelegen sein ließ,
und er benutzte einige besonders eclatante Fälle auf den Schiffen „Leibniz" und „Lord
Brougham" von der Sloman-Linie, um die Aufmerksamkeit der Behörden in Washington
auf die schauderhaften Zustände in der Beförderung der Auswanderer zu lenken. Nicht
genug damit, reiste Herr Bissinger selbst nach Europa und führte bei der deutschen
Regierung Beschwerde — mit welchem Erfolge beweist die Thatsache, daß der mächtige und
einflußreiche Senator Sloman in Hamburg in Untersuchung gezogen und viele Verbesserungen
schaffende Bestimmungen erlassen wurden. Einer großen Reihe gewissenloser Agenten,
welchen sich die systematische Beschwindelung der Einwanderer nachweisen ließ, wurde die
Concession entzogen und in vielen Fällen gelang es ihm sogar, die zu Unrecht erhobenen
Beträge zurückzuerhalten. Kaiser Wilhelm I. verlieh Herrn Bissinger für diese unermüdliche Thätigkeit im Dienste der Humanität den Kronenorden III. Classe.

Für die Unerschrockenheit, mit der Herr Bissinger für das eintrat, was er einmal
als recht erkannt hatte, und für die zähe Beharrlichkeit, mit der er das Unrecht bekämpfte, seien hier zwei Ereignisse angeführt, die Wesen, Charakter und Denkart des verdienst-

vollen Mannes treffend kennzeichnen. Drei Eisenbahn-Systeme, die New York Central, die Erie und die Pennsylvania Eisenbahn waren derzeit in Castle Garden vertreten, um die Einwanderer direct vom Landungsplatze nach ihren Bestimmungsorten zu befördern. Wiederholt wurden Herrn Bissinger Beschwerden über Uebervortheilung von Seiten des Vertreters der Pennsylvania Bahn hinterbracht, die ihn veranlaßten, bei der Gesellschaft in Philadelphia die Zurückziehung des betreffenden Beamten zu verlangen. Man beachtete dieses Ersuchen garnicht und so verweigerte Herr Bissinger als Präsident des Castle Garden Comité's dem Vertreter der Pennsylvania Eisenbahn schließlich den Eintritt. Tom Scott, damals der allgewaltige Präsident der Bahn und der mächtigste Mann im Staate Pennsylvanien, kam selbst nach New York, um die Zulassung seines Angestellten zu erzwingen; natürlich dachte er mit dem "Dutchman," der ihm zu opponiren wagte, schnell fertig zu werden — er sollte sich aber irren. Er suchte Herrn Bissinger in dessen Office in John Street auf und verlangte kurzweg die Zurückziehung des Verbots. Mit gelassener Ruhe schlug Herr Bissinger dies ab, und je heftiger Tom Scott wurde, desto kälter — fußend auf sein gutes Recht — blieb Herr Bissinger. Von diesem unverhofften Widerstande auf's Aeußerste gereizt und im Vollgefühl seines Einflusses erwirkte Scott einen Haftbefehl und der Ring-Richter Barnard hatte wirklich den traurigen Muth, denselben zu erlassen. Als der Gerichtsbote Herrn Bissinger das Document behändigte, schleuderte dieser, vor Entrüstung aufwallend, es dem Ueberbringer in's Gesicht. Das war gewiß ein kühnes Beginnen, das indessen sehr ernste Folgen für Herrn Bissinger zu bringen drohte. Er selbst war auf seine Verhaftung gefaßt, doch hütete sich der Richter, die öffentliche Meinung in einem Falle, wo das Recht so offen auf Herrn Bissinger's Seite lag, herauszufordern — er verfügte nicht nur nicht die Verhaftung, sondern nahm jenen Mandamus zurück und Tom Scott, der Allgewaltige, mußte die Schlappe ruhig einstecken.

Noch ein anderer Fall, in dem Herr Bissinger außergewöhnlichen Muth bekundete, verdient hier angeführt zu werden. Die Organisation for Charity and Correction hatte gegen den Board of Emigration seit langen Jahren Forderungen geltend gemacht. Um die Sache beizulegen, wurden von beiden Seiten Schiedsrichter zur Abschätzung ernannt, deren Urtheilsspruch sich die Parteien bedingungslos zu unterwerfen bereit erklärten. Das Schiedsgericht fixirte die vom Emigrations-Comité zu zahlende Summe auf ca. $80,000, Grundschuld und $60,000 aufgelaufene Zinsen — zusammen auf $140,000, deren Bezahlung verweigert wurde. Diese Handlungsweise mußte natürlich die Schiedsrichter speciell arg verstimmen und Mayor Havemeyer, der einer derselben gewesen war, drückte Herrn Bissinger bei einem gelegentlichen Zusammentreffen seine gerechte Entrüstung darüber aus. Dies veranlaßte Herrn Bissinger, auf eigene Faust den Versuch zur Beilegung der Controverse zu machen. Er setzte sich mit General Bowen, dem Vorsitzenden des Board for Charity and Correction, in Verbindung und fand ihn zum Entgegenkommen bereit.

Wochenlang schwankte Herr Bissinger, die große Verantwortlichkeit für die Zahlung der hohen Vergleichssumme zu übernehmen, sein Rechtsgefühl besiegte indeß alle Bedenken der Klugheit und Vorsicht und er schickte an General Bowen einen Check über ca. $80,000, den ursprünglichen Grundbetrag der Forderung, zur vollen Begleichung der alten Forderung. Es läßt sich denken, welcher Stein ihm vom Herzen fiel, als man in der nächsten Sitzung des Board sein Vorgehen nicht nur guthieß, sondern Herrn Bissinger für seine energische Handlungsweise noch den warmen Dank der Versammlung ausdrückte. Hätte der Board of Emigration sein Verhalten nicht indossirt, so konnte Herr Bissinger für die ganze Summe verantwortlich gehalten werden und Vermögen und Existenz dabei verlieren.

Zunehmende Arbeitslast zwang Herrn Bissinger, am 23. Mai 1870 seine Resignation als Präsident der Deutschen Gesellschaft zu nehmen, in welcher Stellung er während einer aufopfernden fünfjährigen Thätigkeit so einschneidende und segensreiche Reformen eingeführt hatte. Der Verwaltungsrath nahm einstimmig eine Dankesresolution an, die seines unermüdlichen und fruchtbringenden Wirkens in rühmlichster Weise gedenkt und in warmen Worten anerkennt. Wenn Herr Bissinger auch von der unmittelbaren Leitung zurücktrat, so verblieb er doch im Finanzausschuß und lieh bei jeder Gelegenheit bereitwilligst seine Arbeitskraft und seine Dienste. Jener denkwürdigen deutschen Massen-Versammlung am 6. April 1874 im Cooper Institut, in welcher feierliche Protestbeschlüsse gegen die Vergewaltigung des deutschen Elementes in der Einwanderungs-Commission gefaßt wurden, präsidirte Herr Bissinger mit großem Takt und ging selbst nach Albany, um die Zurücknahme jener Beschlüsse durchzusetzen. Auch den communalen Interessen der Stadt hat Herr Philip Bissinger während einer mehrjährigen Thätigkeit als Park-Commissär, wozu ihn Mayor Havemeyer ernannte, in eifrigster und pflichtgetreuester Weise gedient, ebenso den Interessen des Gemeinwesens als ein Mitglied jenes 70er Comité's, welches die Tweed-Herrschaft stürzte.

Von anderen wohlthätigen Anstalten, denen Herr Bissinger seine Arbeitskraft gewidmet, ist besonders das New York Ophthalmic & Aural Institute zu erwähnen, zu dessen Incorporatoren er gehört. 16 Jahre lang bekleidete Herr Bissinger bei demselben die Stellung als Sekretär und ist gegenwärtig einer der Vice-Präsidenten.

Aus dem Privatleben Herrn Bissinger's ist noch nachzutragen, daß er unverheirathet geblieben ist und sein Wirken ganz und ausschließlich den Interessen der Allgemeinheit geopfert hat.

Wenn wir noch einmal zum Schlusse den langen Lebensgang des vortrefflichen Mannes überblicken, so finden wir, daß namentlich drei Momente auf sein Thun und Handeln bestimmend eingewirkt haben: unerschütterliches Rechtsbewußtsein, strengste Pflichterfüllung und selbstlose Hingabe an die Sache der Humanität. Diese drei Faktoren sind es, welche den Charakter Philip Bissinger's formen und ihn eine so nachhaltige Einwirkung auf die Gestaltung deutscher Institutionen in New York gewinnen ließen. Die Keime, die Herr Bissinger in der Deutschen Gesellschaft, in der Deutschen Sparbank, in der Verbesserung der Lage der Einwanderer mit seinem Wirken gelegt, sie haben reife Früchte gezeitigt, dem Allgemeinwohl unschätzbare Dienste geleistet, und sie werden Philip Bissinger's Namen auch einem kommenden Geschlecht in seinen Schöpfungen erhalten. Mit Recht darf bei Philip Bissinger das schöne Göthe'sche Wort gebraucht werden:

>Denn wer den Besten seiner Zeit genug gethan,
>Der hat gelebt für alle Zeiten.

Frederick de Bary.

in Handelsfürst im vollsten Sinne des Wortes darf Herr Fred't. de Bary genannt werden. Mit kühnem Unternehmungsgeist, bewunderungswerthem Scharfblick und eminentem organisatorischem Geschick baute er ein Welthaus auf, das das weite Gesammtgebiet der Vereinigten Staaten vollständig beherrscht, wies dem Geschäft vielfach ganz neue Bahnen und wirkte fördernd und befruchtend auf die Gestaltung desselben ein.

Der Lebensgang Fred't. de Bary's ist nicht still und kampflos gewesen, die Schule des Lebens, die er durchlaufen, hatte seine Widerstandsfähigkeit gestählt und seine Energie gereift. Geboren am 12. Januar 1815 in Frankfurt a. M. als der Sohn eines hochgeachteten Banliers, entstammt seine Familie jenen hugenottischen Edelleuten, welche die Aufhebung des Edictes von Nantes durch Ludwig XIV. aus Frankreich vertrieb. Ein Zweig der Familie ließ sich in Frankfurt a. M., der andere in Basel nieder. In der großen Finanz-krisis des Jahres 1837 verlor der Vater sein ganzes Vermögen und der junge Fred't. de Bary sah sich auf einmal aus einem Leben des Wohlstandes und des behaglichen Luxus in den Kampf um das Dasein versetzt. Aber ihm und seinen zahlreichen Geschwistern war jene zähe Energie eigen, welcher die Hugenotten in allen Ländern, in denen sie sich niederließen, so hohe Erfolge verdankten. Einer seiner Brüder ging nach Ostindien, zwei von ihnen nach Mexiko, während zwei andere — William und Albert — in die Weinfirma G. H. Mumm & Co. in Rheims eintraten. Der Seniorchef dieser Firma war Weinhändler in Frankfurt a. M., dessen Vater das Geschäft im letzten Jahrhundert begründet hatte. Aus sehr kleinen Anfängen war die Production auf ungefähr 100,000 Flaschen beim Beginn der Thätigkeit William de Bary's gestiegen. Das Geschäft wuchs, und in Anerkennung ihrer Kenntnisse und Leistungen wurden die beiden Brüder als Mitglieder der Firma

Fred'k. de Bary.

aufgenommen. 1849 erhielt Fred't. de Bary eine Anstellung als Clerk in dem Hause und zwei Jahre später, als die jährliche Production bereits 200,000 Flaschen erreicht hatte, ward er als Agent für die Vereinigten Staaten ausersehen, um hier das Geschäft zu creiren. Im September 1851 langte Fred't. de Bary in New York an und begann sofort den amerikanischen Markt auf das eingehendste zu studiren. Zu jener Zeit war Piper Heidsieck der einzige nennenswerth verbreitete Champagner. Fred't. de Bary ging mit großer Entschlossenheit und unermüdlichem Fleiß an's Werk, um die Marke G. H. Mumm & Co. zu popularisiren. Er studirte unablässig den speciellen Geschmack des Publikums und unternahm jedes Jahr Reisen, um selbst die nächsten Importen auszuwählen, die den Forderungen und Bedürfnissen des amerikanischen Marktes entsprachen. So zielbewußt begonnen, konnte der Erfolg nicht fehlen. Von Jahr zu Jahr wuchs die Nachfrage und der Mumm-Champagner gewann weite Beliebtheit und Popularität. Während früher ganz allgemein süße Weine begehrt wurden, war Fred't. de Bary der Erste, der einige Jahre nach seiner Ankunft die Importation von Dry Champagner inaugurirte. Daß er das Richtige damit getroffen, bewies die Thatsache, daß die Marke G. H. Mumm & Co. seit Jahren die unbestrittene Führerschaft auf dem Champagner-Markte übernommen hat. Im Jahre 1874 importirte die Firma Fred't. de Bary 36,663 Kisten von einer Gesammteinfuhr von 153,082, während ihr Maximal-Import in späteren Jahren sogar auf 86,930 Kisten gestiegen ist.

Zwei Sorten von G. H. Mumm & Co's Champagner kommen hierher — der „Extra Dry" und der „Dry Verzenay", der seinen Namen von einem Dorfe nahe bei Rheims, dem großen Centrum des Champagnerdistrikts, erhielt. Es giebt noch zwei andere Hauptpunkte für Champagner, Epernay und Ay, aber das Geschäft von Rheims ist fünfmal so groß, als das der beiden anderen Plätze zusammen. Die Champagner-Fabrikanten haben lokale Stationen an verschiedenen Punkten zur Empfangnahme der Trauben und für die erste Kelter. Da die Firma G. H. Mumm & Co. ungefähr zwanzig solche Stationen unterhält, bekommt sie ihre Trauben aus Hunderten von Dörfern und Ortschaften.

Der Wein wird im Herbst nach Rheims transportirt und nach der ersten Gährung im folgenden Mai in einem Gefäß von 15,000 Gallonen Inhalt gemischt, behufs Vorbereitung des Cuvée. Nachdem er in Flaschen abgezogen ist, liegt er im Keller bis zur zweiten Gährung, nach zwei Jahren wird der Satz entfernt. Um den Artikel zur Versendung bereit zu machen, sind mindestens 600 Manipulationen nöthig. Die Qualität hängt von zwei Bedingungen ab, die Geschäftsgeheimniß sind — von dem Mischen der verschiedenen Traubensorten, um einen einheitlichen Wein zu bekommen, und von dem süßenden Material, sowie anderen Ingredienzien, die ihm seinen speziellen Charakter geben. Bei der Gährung geht der Zuckergehalt in Kohlensäure über. Die Weine von Rheims werden dieses Gas aufweisen, noch nachdem sie 30 Jahre im Faß gehalten wurden. Diese Eigenthümlichkeit wurde im 18. Jahrhundert von dem Abt eines benachbarten Klosters entdeckt, der, wie die

Mönche überhaupt, einen sehr feinentwickelten Geschmackssinn besaß und so den Anstoß zur Schaffung einer großen Industrie gab.

Die Kellereien von G. H. Mumm & Co. fassen 10 Millionen Flaschen und sind die größten in Frankreich. Immense Vorräthe setzen sie in den Stand, ihre Verkäufe auch dann regelmäßig fortzusetzen, wenn die Weinlese arm ausfällt. In manchen Jahren haben sie überhaupt gar keine Trauben gekauft. Gegenwärtig setzt die Firma G. H. Mumm & Co. ca. 2⅓ Millionen Flaschen per Jahr um, von welchen ca. 1 Million nach den Vereinigten Staaten kommt.

Champagner ist nicht das einzige moussirende Getränk, welches Herr de Bary in den Vereinigten Staaten eingeführt hat.

Am rechten Rheinufer, inmitten einer malerisch schönen Scenerie, erhebt sich ein Hügel, auf dessen Gipfel die Apollinaris-Kirche steht, ein Gebäude im gothischen Styl, welches die Gebeine des heiligen Apollinaris birgt, des Schutzpatrons der Kirche und der benachbarten rebenbewachsenen Hügel des Ahrthales. Trotz des Schutzes des Heiligen wollten die Weinberge nicht gedeihen und im Jahre 1857 entschloß sich der Eigenthümer, den Gründen dieser Erscheinung nachzuforschen. Bei Bohrungen, die er vornehmen ließ, fand er den Boden sehr kohlensäurehaltig. Berathungen mit dem Chemiker Bischoff überzeugten ihn, daß diese Ausströmungen von einer Mineralquelle stammten, und nachdem eine Bohrung von 40 Fuß Tiefe gemacht worden, sprudelten die Wasser einer krystallhellen Quelle hervor, die unter dem Schutze des Heiligen als der Apollinaris-Brunnen berühmt geworden ist.

Das Wasser erwies sich von der höchsten Reinheit und als fähig, sein Mousseux länger zu bewahren, als irgend ein künstliches Mineralwasser. Ein kolossales Export-Geschäft entwickelte sich, welches jetzt durch die Apollinaris Company in London betrieben wird. Das unreine Trinkwasser in dieser Metropole, sowie in anderen englischen Städten verursachten eine ganz besondere Nachfrage in jenem Lande. Die zuerst bei der Quelle errichteten kleinen Geschäftshäuser haben jetzt weiten Gebäude-Complexen Platz gemacht; mehr als zwanzig Bottling-Maschinen, von denen jede täglich tausende von Flaschen füllt und verkorkt, sind fortwährend beschäftigt. Eine Treppenflucht führt hinab zu einem Hof, welchen ein Metall-Reservoir umschließt, in dem die von der Quelle ausströmende Kohlensäure gesammelt wird. Sie wird durch Maschinen verdichtet und das Wasser durch vier Hilfspumpen nach dem Flaschenraum geführt, während das starke Moussiren ohne Zuthat eines fremden Stoffes erhalten bleibt. Die Reinheit des Apollinaris-Wassers hat ihm seine große Popularität verschafft, denn die Untersuchungen der Social Science Association und der englischen Autoritäten hatten das Publikum überzeugt, daß nicht nur die künstlichen Mineralwasser oft in gefährlicher Weise unrein, sondern daß auch scheinbar durchsichtig klare Quellen mit Unreinigkeiten behaftet sind. Seine hervorragenden Eigenschaften brachen dem Apollinaris-Wasser schnell Bahn und 1875 wurden nach England 6 Millionen Flaschen versandt, im folgenden Jahr stieg der Absatz bereits auf eine Million Flaschen im Monat.

Im Juni des Jahres 1877 übernahmen Fred'l. de Bary & Co. die Agentur des Apollinaris-Wassers für die Ver. Staaten und Canada. Damals war es hier noch völlig unbekannt und es galt, Vorurtheile und Concurrenz zu überwinden. Nach und nach stieg der Verkauf, bis der Import sich auf vier Millionen Flaschen per Jahr bezifferte. 1882 gelang es endlich, das größte Hinderniß zu beseitigen, das sich dem Absatz des Apollinaris-Wassers entgegengestellt hatte. Es wurde die Frage erörtert, ob das Apollinaris-Wasser zollfrei eingehen sollte. Widersacher machten geltend, daß der Artikel nicht in seinem Naturzustande sei und also unter die künstlichen Produkte gerechnet werden müsse. Das Zollschatzamt hatte in verschiedenen Jahren zu Gunsten der Firma entschieden, als aber die Beschwerden fortgesetzt wurden, erklärte im Januar 1882 Secretär Folger nach gewissenhafter und eingehender Prüfung, daß keine Zuthat oder Manipulation existire, welche den Charakter des Wassers, wie es aus der Quelle fließe, ändere, daß die Comprimirung des entweichenden Gases den Artikel in seinen natürlichen Zustand zurückbringt und daß es also zum zollfreien Eingang berechtigt sei. Heute bildet der Apollinaris-Brunnen unter den Mineralwassern das unbestrittene Lieblingsgetränk des amerikanischen Publikums, und ihm diesen Erfolg gegeben zu haben, ist das eigenste Verdienst der Firma Fred'l. de Bary & Co.

Noch auf einem anderen Gebiete hat Herr Fred'l. de Bary bahnbrechend gewirkt und Großartiges geschaffen. Vor ungefähr 17 Jahren begleitete Herr de Bary eine kranke Tochter nach Florida, und nachdem er das Klima kennen gelernt und Grund und Boden geprüft hatte, kaufte er eine Strecke Land nahe Enterprise am St. Johns River, woselbst er eine elegante Winterresidenz errichtete, in der er seitdem jedes Jahr eine kurze Zeit Aufenthalt nimmt. Er wollte die Orange hier kultiviren, die allen traditionellen Beobachtungen gemäß nur auf hügeligem oder feuchtem Boden gezogen werden kann. Die Versuche, die er anstellte, hatten überraschenden Erfolg und er war der Erste, der Orangen in Piniewäldern zog. Sein Beispiel wurde in dem ganzen Distrikt befolgt und Herr de Bary besitzt jetzt eine große Pflanzung von 12,000 Bäumen. Im Jahre 1876 kaufte er das Dampfschiff „George M. Bird" und stattete es luxuriös als Vergnügungs-Yacht für den oberen St. Johns River aus. Das Schiff hatte aber zu großen Tiefgang, um in die Lagunen und Sümpfe eindringen zu können, wo ein ungewöhnlich reicher Wildstand ist, und Herr de Bary ließ es dann zur Bequemlichkeit des Publikums als Passagierboot zwischen Jackon und Lake Monroe laufen. Der Erfolg war so groß, daß Herr de Bary beschloß, andere Dampfer hinzuzufügen, die Linie zu einer permanenten zu machen und eine vollständige Verbindung zwischen Jacksonville und Enterprise, eine Distanz von ca. 200 Meilen, herzustellen. Inzwischen war aber Concurrenz entstanden. Im Jahre 1876 kaufte Col. H. T. Baya den Dampfer „Gazelle" und richtete eine Linie von Jacksonville nach Palatka, 75 Meilen Distanz, ein. Diese beiden großen Linien consolidirten sich sodann zu der „De Bary-Baya-Merchant's Line", und während noch vor einem Jahrzehnt die Dampfer nur zweimal wöchentlich Fahrten machten, laufen sie jetzt drei Fahrten täglich. Zwischen Jacksonville und Enterprise liegen 37 Landungsplätze und mit Recht wird diese herrliche Gegend von Reisenden und Geologen das „Italien von Amerika" genannt.

Es bleibt aus dem Familien- und Privatleben Herrn de Bary's noch zu erwähnen, daß er seit 1842 verheirathet ist; seiner Ehe entsproßen zwei Kinder: Adolph, der einzige Sohn, in dem sich der weitsichtige Blick, das organisatorische Geschick und der rastlose Fleiß des Vaters wieder verkörpert finden, ist Partner der Firma, während die einzige Tochter Eugenie in Stuttgart an Herrn Hugo von Mauch, einen Offizier in der deutschen Armee, sehr glücklich verheirathet ist.

Alle Bestrebungen, die auf Förderung des Allgemeinwohls gerichtet, waren stets der lebendigsten Theilnahme Fred'k. de Bary's mit Wort und That sicher. So trat er kurz nach seiner Hierherkunft der „Deutschen Gesellschaft" als Mitglied bei, gehört dem „Deutschen Hospital" und dem „Liederkranz" an und ist ein warmer Freund und Förderer von Kunst, Literatur und Wissenschaft.

Wiewohl Herr de Bary im 75. Lebensjahre steht und auf ein selten arbeitsreiches Leben zurückblickt, gönnt er sich dennoch nicht die wohlverdiente Ruhe, sondern leitet nach wie vor in schier wunderbarer geistiger Elasticität und Frische das große Geschäft, das er in vier Decennien aufgebaut hat. Einen Theil des Jahres bringt Herr de Bary regelmäßig in Europa zu, um persönlich die Auswahl der Importen zu überwachen und zu bestimmen, da er wie kein Anderer den Geschmack des amerikanischen Publikums kennt. Die Wintermonate überweist Herr de Bary gewöhnlich auf seiner Winterresidenz in Florida und erfreut sich an dem mächtigen Emporblühen und Gedeihen seiner Orangenanlagen, die sein „hobby" bilden.

Als interessant ist noch zu erwähnen, daß Herr de Bary 55 Mal bereits den Ocean gekreuzt hat, eine Zahl, auf die mancher Steamer-Capitain nicht zurückblicken kann.

Unendlich viel verdankt das Deutschthum Amerika's seinem machtvollen Impuls und sieht mit Stolz und Genugthuung auf ihn als einen seiner hervorragendsten Vertreter, der uns noch lange zur Freude und Ehre des Deutschthums hierzulande in rüstiger Schaffenskraft erhalten bleiben möge.

Hugo Wesendonck.

nter den Männern der großen Sturm- und Drangperiode von 1848 erregte ein junges Mitglied des Frankfurter Rumpfparlamentes allgemeines Aufsehen: es war ein junger rheinländischer Advokat, der von idealer Begeisterung für die freiheitlichen Ziele erfüllt war, aber ungleich vielen anderen Mitstreitern in dem großen Kampfe über diesen Idealen den praktischen, nüchternen Blick, ohne den traumhafter Idealismus in der prosaischen Wirklichkeit nur wesenloser Schein ist, nicht verlor. Dieser junge schwungvolle Advokat war Hugo Wesendonck, auf den heute nicht nur die Deutschen Amerika's, sondern auch die Amerikaner mit Stolz blicken und der einer der geistigen Führer der Deutsch-Amerikaner ist.

Geboren am 24. April 1817 in Elberfeld als der Sohn eines Färbereibesitzers, absolvirte er das Gymnasium seiner Vaterstadt und bezog — erst siebzehn Jahre alt — die Universität Bonn, um Jurisprudenz zu studiren. In Bonn war er einer der Mitgründer und Consenior des Corps Saxonia. Im Herbst 1836 bezog er die Universität Berlin und genügte hier zugleich seiner einjährigen Militärpflicht bei den Gardeschützen.

Nach Beendigung seiner Studien war Wesendonck vier Jahre als Auscultator und Referendar bei dem Landgericht zu Elberfeld thätig, absolvirte das Staatsexamen und fungirte dann sechs Jahre als Rechtsanwalt in Düsseldorf. Er leitete damals das Expropriations-Verfahren der Cöln-Mindener Eisenbahn-Gesellschaft im Kreise Düsseldorf gegen die widerstrebenden Grundeigenthümer mit Erfolg, und war der Anwalt der Gräfin Hatzfeldt in dem berühmten, von Lassalle inspirirten Ehescheidungsprozesse mit dem Grafen Hatzfeldt, dem Vater des jetzigen deutschen Botschafters am Hofe von St. James. Auch verfaßte er mit dem Dichter Wolfgang Müller von Königswinter die meisten der damals circulirenden Petitionen für Volksrechte an den Rheinischen Provinziallandtag. 1848 wurde er von dem Stadtrath in das Vorparlament und später von dem Wahlkreis Düsseldorf in das Frankfurter Parlament gewählt. Im Vorparlament befürwortete er die Erwählung eines Fünfziger-Ausschusses im Gegensatz gegen die Permanenz-Erklärung. Im Parlament schloß er sich der Linken an und stellte, durchdrungen von der Ueberzeugung, daß das Parlament ohne Macht nur eine Redegesellschaft sein würde, den Antrag, sämmtliche deutsche Heere den Eid der Treue gegen das Parlament leisten zu lassen. Er soll einmal scherzend geäußert haben, dieser Antrag sei der einzig gescheidte gewesen, der überhaupt im Parlament gestellt worden. Und in der That bekundet er deutlich den eminent praktischen Blick Wesendonck's, der sofort mit seinem scharfen, durchdringenden Verstande erkannte, wo der Schwerpunkt der Sache lag. Dem Antrage wurde zwar die Dringlichkeit zuerkannt, er verschwand aber dann in den Papierkorb. Wäre er angenommen worden, so hätten sich die Verhältnisse wahrscheinlich wesentlich anders gestaltet und er wäre von der folgenschwersten Bedeutung gewesen.

Im Frühjahr 1849 war Herr Hugo Wesendonck in Cleve Candidat für das Abgeordnetenhaus in Berlin, fiel aber, obwohl zwei andere freisinnige Candidaten gewählt wurden, durch, weil die damals mit den Demokraten verbündete katholische Geistlichkeit seine Ansicht, daß die Schule unter dem Staate oder der Gemeinde stehen müsse, nicht billigte und lieber zugab, daß ein emeritirter protestantischer, der conservativen Partei angehöriger Geistlicher gewählt wurde. Indessen wählten ihn kurz darauf die überwiegend katholischen Wahlmänner des Wahlkreises Coblenz. Das Berliner Abgeordnetenhaus wurde jedoch nach wenigen Wochen aufgelöst, und Wesendonck kehrte darauf in die Paulskirche zurück. Bei der Kaiserwahl hat er sich nicht betheiligt, und als in Folge derselben das Parlament sich nach und nach von den Conservativen lüftete, der Rumpf aber vom Militär umzingelt ward, stellte er den Antrag, das Parlament nach Stuttgart zu verlegen, welcher Antrag angenommen wurde. Nach kaum 6 Wochen wurde aber das Stuttgarter Parlament von den württembergischen Truppen gesprengt und dem von Uhland, Löwe-Calbe und Schott — dem Schwiegervater des die Sprengung befehlenden Staatsministers Römer — angeführten Zug der treugebliebenen Abgeordneten der Eingang mit gefälltem Bayonett verwehrt.

Wegen dieses Stuttgarter Parlaments wurde Wesendonck wegen Hochverraths angeklagt. Er entzog sich der Untersuchung, indem er nach Amerika ging, wurde aber in contumaciam zum Tode verurtheilt, obwohl alle in ähnlicher Lage befindlichen Abgeordneten, die sich gestellt hatten, freigesprochen wurden.

Von dem Augenblick an, wo Wesendonck Deutschland verließ, betheiligte er sich an keiner deutschen politischen Demonstration mehr, sondern schloß sich seinem Adoptivvaterlande mit warmer Liebe an. Da ihm die Advokatur überhaupt nicht mehr zusagte, wandte er sich in New York und Philadelphia commercieller Thätigkeit zu und gründete

1860, in Gemeinschaft mit Herrn Schwendler, die Germania-Lebensversicherungs-Gesellschaft, der er noch jetzt als Präsident vorsteht.

Der Plan, speziell für die Deutschen in den Vereinigten Staaten eine Lebensversicherungs-Gesellschaft zu gründen, hatte schon Jahre lang bei allen einsichtsvolleren Deutschen Platz gegriffen; ein derartiges Institut sollte einmal den Vortheil bieten, daß der Deutsche in seiner eigenen Sprache mit demselben verkehren konnte, sodann ließ sich aber auch mit Bestimmtheit erwarten, daß die Gesellschaft durch das Landsleuten geschenkte Vertrauen im Stande sein würde, die Deutschen im ganzen Lande zu sich heran zu ziehen und somit dem segensreichen Institute der Lebensversicherung immer mehr Anhänger zu gewinnen. Dieses Bestreben blieb indeß Jahre lang ohne Resultat, da es nicht gelingen wollte, tüchtige Kräfte zur Leitung des Unternehmens zu gewinnen.

Inzwischen entstand unter der Aegide der überaus segensreich wirkenden Deutschen Gesellschaft eine Deutsche Sparbank, welcher in kurzer Zeit die Depositen in überraschender Fülle zuflossen; auch reifte der Plan der Errichtung eines Deutschen Hospitals mehr und mehr seiner Verwirklichung entgegen. Man verlor daher die Errichtung einer Deutschen Lebensversicherungs-Gesellschaft nicht aus den Augen und es bedurfte nur des entschlossenen Eingreifens eines energievollen Mannes, um dem Plane Gestalt zu verleihen. Im Jahre 1859 hatte Herr Hugo Wesendonck seinen Wohnsitz von Philadelphia nach New York verlegt und ihm gelang es in kürzester Zeit, in Verbindung mit dem hochgeachteten Kaufmanne Herrn Friedrich Schwendler, die Gesellschaft zu constituiren. Der verstorbene deutsche Reichstagsabgeordnete Dr. Loewe-Calbe, damals in New York ansässig, übernahm die Stellung des Direktorial-Arztes.

Die vom Staate verlangte Caution von $100,000 und eine gleiche Summe für Organisationszwecke wurde sehr rasch eingezahlt und die Elite der deutschen Bevölkerung stellte sich im Verwaltungsrathe an die Spitze der Gesellschaft, darunter z. B. der Bürgermeister von New York, der Preußische Consul, die Chefs der bedeutendsten kaufmännischen und Bankfirmen, hochgeachtete Advokaten u. s. w. Die Statuten der Gesellschaft, die den Namen Germania Life Insurance Company erhielt, wurden am 16. April 1860 staatlich genehmigt; diese sowohl wie die Nebengesetze tragen der philantropischen Idee, aus welcher das Unternehmen hervorging, völlig Rechnung und stellten die Gesellschaft auf das Prinzip der Gegenseitigkeit.

Das Geschäft begann im Juni 1860. Rege Energie, aber auch strenge Sparsamkeit charakterisirten die Leitung, deren Aufmerksamkeit darauf gerichtet war, erst in der Stadt New York durch Erlangung einer namhaften Versicherungssumme festen Fuß zu fassen, ehe sie eine kostspielige Organisation im ganzen Lande ins Werk richtete. Als nach einigen Jahren dann die weitere Ausbreitung in die Hand genommen wurde, wuchs die Gesellschaft in überraschendstem Maaße. Das Hauptverdienst um die rasche Ausbreitung und an den erzielten glänzenden Resultaten muß in erster Linie der vortrefflichen Leitung nach zwar liberalen, aber doch höchst soliden Grundsätzen zugesprochen werden, welche es zu Wege brachte, daß die „Germania Lebensversicherungs-Gesellschaft" unter den Gesellschaften des Staates New York heute den vierten Platz in Bezug auf Versicherungen in Kraft, ihre Reserven und ihre Gesammt-Fonds einnimmt.

Von der Erwägung ausgehend, daß Vertheilung des Risico und der Kosten durch eine Ausbreitung des Geschäftes möglichst angestrebt werden müsse, beschloß der Verwaltungsrath in 1868, auch die Geschäfte nach Europa auszudehnen. Mit der Leitung des europäischen Geschäfts wurde Herr Hermann Rose betraut und die Concession am 25. Februar 1868 erlangt. Die europäische Abtheilung hat sich von Jahr zu Jahr vergrößert und nimmt heute — gleich dem Stammgeschäft — eine der ersten Stellen im Versicherungswesen ein.

Daß gerade eine von Deutsch-Amerikanern gegründete Gesellschaft es vermochte, in einem verhältnißmäßig kurzen Zeitraum unter den großen Lebensversicherungs-Gesellschaften des Landes sich eine so hochgeachtete und vorzüglich fundirte Position zu verschaffen, dankt die „Germania" einmal dem Umstande, daß sie in Bezug auf ihre Versicherungs-Bedingungen unstreitig die liberalste aller Lebensversicherungs-Gesellschaften ist, andererseits der zielbewußten genialen Leitung ihres Begründers und dem hingebungsvollen Fleiße ihrer Mitarbeiter, unter denen besonders Herr Hubert Cillis, der beliebte und geistvolle Vice-Präsident des „Liederkranz" hervorzuheben ist, der seit nahezu 25 Jahren bei der Gesellschaft den einflußreichen und verantwortungsvollen Posten als Actuar bekleidet.

Das Hauptgeschäft der „Germania" befindet sich in dem Prachtbau 20 Nassau Street, während der Hauptsitz des europäischen Geschäftes in Berlin, Leipziger Platz 12, ist. Daneben eignet die „Germania" noch einen Geschäftspalast in St. Paul, Minnesota, Ecke der 4. Straße und Minnesota Straße.

Mit vollberechtigtem Stolze darf Herr Hugo Wesendonck auf das große, von ihm geschaffene philantropische Werk blicken, das sprechendes Zeugniß ablegt von seinem eminenten organisatorischen Talent und seiner eisernen, zähen Willenskraft. Den Grundprincipien seiner politischen Gesinnung ist Herr Hugo Wesendonck sein ganzes Leben lang unentwegt treu geblieben und obwohl er die Gründung des Deutschen Reiches mit Enthusiasmus begrüßt hat und dessen machtvolle Entwicklung mit Interesse verfolgt, so hält er es doch für seine erste Pflicht, seinem Adoptiv-Vaterlande — so weit es von einem Nichtpolitiker erwartet werden kann — sein erstes Interesse zuzuwenden, und an dem großartigen Ausbau Deutschlands als warmfühlender und gesinnungstreuer, aber doch nur als Zuschauer theilzunehmen.

Ein schwerer Schicksalsschlag traf Herrn Hugo Wesendonck, als im September 1889 seine Gattin in Bad Ems — wo sie Heilung von einer schweren Krankheit gesucht hatte — verschied, die ihm 45 Jahre hindurch eine treue Lebensgefährtin und geistige Genossin gewesen war. Die edle Frau verdient, daß wir mit den tiefempfundenen, formvollendeten Gedenkworten, die Carl Schurz an ihrer Bahre sprach, ihr in diesem Werke ein Denkmal setzen. „Die letzten Jahre, so führte Herr Schurz aus, haben manche Todesnachricht von solchen gebracht, die im Jahre der Revolution 1848 an der Neuschaffung und Erhebung des deutschen Volkes betheiligt waren. Meist waren es Männer, die damals in voller Kraft und patriotischem Enthusiasmus ihr Selbst opferten. Wohl darf neben diesen auch einer edlen Frau von hoher Begabung gedacht werden, die damals dem Gatten in die Beschwerden des Exils mit zwei Kindern folgte, ausgezeichnet durch Herzensgüte und seltene Anmuth, die sie bis in ihre letzten Lebensjahre stets bewahrte. In Crefeld als Tochter eines angesehenen und einflußreichen Industriellen im Jahre 1824 geboren und im Jahre 1844 mit Hugo Wesendonck vermählt, brachte das junge Paar die ersten Jahre der Ehe in Düsseldorf zu, wo Hugo Wesendonck als Advokat prakticirte. Eine hübsche Zeichnung des berühmten E. F. Lessing aus dieser Zeit zeigt die Schönheit der jungen anmuthigen Frau und wurde als eine der Erinnerungen an den heiteren Kreis bewahrt, den die Künstlerschaft in jenen Tagen bildete, und woran sich das junge Ehepaar rege betheiligte. Als dann nach dem Ausbruch der Revolution der Gatte nach Frankfurt in das Reichsparlament gewählt ward, bildete die begabte Dame den Mittelpunkt für einen edlen Kreis, der am besten aus einem von jener Zeit bewahrten Album zu ersehen ist, in dem sich viele der Mitglieder mit Gedichten und Denksprüchen eingeschrieben haben. Neben den politischen Größen der liberalen Richtung erscheinen dort Moritz Hartmann, Müller von Königswinter, Freiligrath, Uhland, Carl Vogt und viele Andere.

Allein auf die Tage des Sturmes und Dranges folgten die Drangsale der Reaktion von 1849. Zunächst nach Düsseldorf zurückgekehrt, folgte Frau Wesendonck ihrem Manne, der nach Auflösung des Stuttgarter Parlaments in die Schweiz, dann nach Frankreich flüchten mußte, nach Paris, und bald suchten sie eine Heimath, wie so viele Andere, diesseits des Oceans. Nach kurzem Aufenthalt in New York lebte die Familie längere Jahre in Philadelphia, wo sich wieder rasch ein geselliger Kreis von Gesinnungsgenossen bildete. Das Wesendonck'sche Haus war stets bekannt als den Rittern vom Geiste gastlich geöffnet und als der Mittelpunkt regen geistigen Lebens. Im Jahre 1859 siedelten sie dann nach New York über, wo seitdem ihre Heimath verblieb.

Mit welch aufopfernder Energie Frau Wesendonck stets an öffentlichen Interessen Antheil nahm, wie offen Herz und Hand stets bei ihr waren, wenn es galt, Gutes zu thun und zu schaffen, wissen am Besten Die sich zu erinnern, welche mit ihr in zahlreichen Comités für wohlthuende Zwecke gearbeitet haben. Als ein besonders ehrendes Denkmal ihrer Thätigkeit ist hervorzuheben, daß sie Präsidentin des Frauen-Hülfsvereins war, als dieser es im Jahre 1862 unternahm, ein deutsches Hospital zu gründen. Der erste Anstoß zu diesem Etablissement, welches heute jeder Deutsche in New York mit Stolz betrachtet, kam damals vom Frauen-Hülfsverein; die ersten bedeutenden Fonds wurden von diesem gesammelt, und dem unermüdlichen Eifer von Frau Wesendonck als der Vorsitzenden, ist zum großen Theil der Erfolg zu danken. Unzählig sind die Fälle, wo sie ungesehen Leiden und Sorgen milderte, Trost und Hülfe gab; nie sprach Jemand ihr edles Herz an, ohne daß sie suchte, sich für Nothleidende zu verwenden, wo eigene Mittel nicht ausreichten.

Auch in den letzten Jahren ist wohl kaum einer unserer hervorragenden deutschen Landsleute, ob auf dem Gebiete der Wissenschaft, Literatur, Kunst oder politisch bekannt, nach New York gekommen, der nicht gastlich an dem Tische der Frau Wesendonck empfangen worden wäre und sich dort heimisch gefühlt hätte. Immer aber bewahrte sie neben den intellectuellen und geistigen Interessen häuslichen Sinn, eine ächte Mutter für ihre Kinder, eine treue liebende Gattin, kann sie als Ideal gelten von dem, wie wir uns die deutsche Frau denken. Von Allen geachtet, von einem reichen Kreis von Freunden geehrt und geliebt, wird die Erinnerung an sie in Vieler Herzen bleiben.

Nur schwer überwand Herr Hugo Wesendonck den tiefschmerzlichen Verlust seiner treuen Lebensgefährtin, die ihm in frohen und trüben Tagen eine verständnißvolle Genossin seines regen Geisteslebens gewesen ist. Von seinen beiden Söhnen lebt der eine, Otto, in Paris, während der andere, Herr Walter Wesendonck, Mitinhaber der bedeutenden Importfirma Wesendonck, Lorenz & Co. in New York ist. Unstreitig steht Herr Hugo Wesendonck in vorderster Reihe unter den Koryphäen des Deutsch-Amerikanerthums, an dessen machtvoller Entwickelung er so erheblich und befruchtend mitgewirkt hat.

Hermann Fleitmann.

ohl kaum ein zweites Gebiet der menschlichen Arbeit vermag uns die kulturelle Bedeutung des internationalen Verkehrs in überzeugenderer Weise zu kennzeichnen, als das der Textilindustrie. Ihre ungeahnte Entwicklung dankt diese den großen Errungenschaften dieses Jahrhunderts, welche immer neue aufblühende Zweige in ihr erspriessen ließen und bewirkten, daß der aus ihrem Schaffen resultirende Verkehr mehr und mehr die ganze Welt zu umschließen begann und so einen der wesentlichsten Faktoren des wechselseitigen Austausches der Gedanken der Kulturvölker wurde. Die vermittelnden Träger dieses Austausches sind die Importeure und es darf uns mit besonderer Genugthuung erfüllen, daß das deutsche Element in der Textilbranche eine prädominirende Stellung in der ganzen Welt einnimmt. Besonders hervorragend tritt dies in New York zu Tage, weitaus die Mehrzahl der großen Importhäuser befinden sich in deutschen Händen, ein überzeugendes Beweismoment für die deutsche Geschäftstüchtigkeit und Ueberlegenheit im Welthandel liefernd. Wohin man auch in dem Dry Goods=Distrikt, in Greene Street, Broome Street, dem mittleren Broadway, in Church=, Leonard=, Mercer=, Grand=, Thomas=, White Street und so fort die Blicke wenden mag, überall stößt das Auge auf deutsche Namen und gerade die größten Firmen der Branche, wie Oelbermann, Dommerich & Co., Fleitmann & Co., Fredl. Victor & Achelis, Auffmordt & Co., Hardt & Lindgens, Hardt, von Bernuth & Co., Schefer, Schramm & Vogel, Forstmann & Co., Passavant & Co. ꝛc. sind exclusiv deutsch.

Zu den ältesten und angesehensten Häusern des Importhandels gehört die Firma Fleitmann & Co. in Broome Street. Der Begründer und Senior=Partner derselben, Herr Hermann Fleitmann, ist ein Sohn der rothen Erde, eine echte Westfalen=

Natur mit all' ihrer Zähigkeit und Willenskraft, mit all' ihrem Fleiß und ihrer Intelligenz. Seit zwei Jahrhunderten bereits ist die Familie Fleitmann in Schwerte, jenem gewerbreichen Städtchen an der Ruhr, ansässig und wirksam, doch während fast alle Altvordern in der medicinischen Wissenschaft excellirten, betrieb der Vater des Herrn Hermann Fleitmann ein angesehenes kaufmännisches Geschäft. Am 27. Juni 1825 in Schwerte geboren, genoß Herr Hermann Fleitmann eine sehr sorgsame Erziehung, besuchte bis zum Jahre 1842 die Schulen seiner Vaterstadt, erhielt aber daneben noch Privatunterricht durch zwei treffliche Männer, die Herren Pastor Niepmann zu Schwerte und Lehrer Köster zu Wambeln bei Dortmund, die beide auf die Entwicklung des begabten und lernbegierigen Knaben weittragenden Einfluß gewannen. Entgegen dem Wunsche seiner Lehrer, welche ihn lieber einen gelehrten Beruf hätten aufnehmen sehen, war des jungen Mannes Neigung mehr einer kaufmännischen denn einer wissenschaftlichen Thätigkeit zugewandt, und so trat er Ende November 1842 als Volontär in das Haus Charles Verhulst & Co. in Brüssel ein, nachdem er schon vorher unter der erfahrenen und sorgfältigen Leitung des Vaters seine erste kaufmännische Vorbildung genossen hatte. Zwei Jahre lang blieb der junge Fleitmann an dieser Stätte der Wirksamkeit, eignete sich vorzügliche Kenntnisse in der französischen Correspondenz und Buchhaltung an und kehrte dann nach Deutschland zurück, um in Köln a. Rhein als Einjährig-Freiwilliger bei der 8. Artillerie-Brigade seiner Militärpflicht zu genügen. Für die ihm eigene unermüdliche Strebsamkeit spricht der Umstand, daß er während seines Dienstjahres vom 1. Oktober 1844 bis 1. Oktober 1845 in seinen Freistunden noch auf dem Comptoir des belgischen Hauses Lentz Detienne zu Deutz arbeitete, um sich in der französischen Sprache und Buchhaltung stetig zu vervollkommnen. Anfang 1846 übernahm Herr Hermann Fleitmann, obwohl erst 21 Jahre alt, die Stelle eines Bureau-Chefs in dem Hause Züst & Co., später Albert Wever & Co. in Elberfeld, wo er die ganze Buchhaltung, sowie die Kasse und die Correspondenz zu führen hatte. In dieser Stellung verblieb Herr Fleitmann bis Anfang 1848 und trat alsdann in gleicher Eigenschaft in das Haus J. C. van der Beck zu Elberfeld ein. Der vielseitige Fabrikbetrieb dieses Hauses, sowie seine ausgedehnten Handels-Interessen mit fast allen Ländern der Welt erweiterten wesentlich Gesichtskreis und Wissen des strebsamen jungen Mannes, und sie waren es auch, die in ihm den Wunsch weckten, selbst in die Welt hinauszuwandern und seines Glückes Schmied zu werden. Der erste Schritt, den der junge Fleitmann zur Ausführung dieses Vorhabens that, war, daß er Anfang 1849 eine Stellung in dem Commissionshaus Robinows & Marjoribanks in Glasgow als Correspondent und Buchhalter annahm, um sich in der englischen Correspondenz und Unterhaltungssprache weiter auszubilden. Nach einjährigem Verweilen in Glasgow kehrte er im März 1850 nach seinem Geburtsort Schwerte zurück und schiffte sich im Juni 1850 auf dem Havre Segelschiffe „Connecticut" nach New York ein, das er nach einer beschwerlichen Reise von 49 Tagen Anfangs Juli glücklich erreichte. Praktisch wie Herr Fleitmann veranlagt, hatte er schon vor seiner Abreise von Europa mit Häusern in Glasgow, Iserlohn, Elberfeld ꝛc. Verbindungen für den Verkauf der resp. Fabrikate jener Häuser angeknüpft. Sofort nach seiner Ankunft ging Herr Fleitmann auf Grund dieser Verbindungen zweck- und zielbewußt ans Werk, Verkäufe auf Lieferung mit New Yorker Häusern zu vermitteln. Die erste Office, die er noch im Juli 1850 unter der Firma „Hermann Fleitmann, Importer and Commission Merchant" eröffnete, lag Ecke John und Cliff Street. Dank seinem unermüdlichen Eifer, seiner kaufmännischen Routine und Tüchtigkeit machte das junge Import-Geschäft erfreuliche Fortschritte, die Zahl der europäischen Vertretungen und der Absatzquellen in Amerika mehrte sich stetig und bald stand die Firma unter den ersten ihrer Branche. Mancherlei Veränderungen erfuhr sie im Laufe der Zeiten, so ward der Firmenname am 1. Juni 1853 in Fleitmann & Weddigen, dann am 1. Januar 1855 in Fleitmann, Weddigen & Roesberg, am 1. Januar 1860 in Fleitmann, Weddigen & Wierß, am 1. Januar 1863 in Fleitmann & Wierß und schließlich am 1. Januar 1866 in Fleitmann & Co. umgeändert, den Namen, den sie heute noch trägt und der mit in allererster Reihe im Dry Goods Geschäft steht. Das Haus Fleitmann & Co. occupirt das fünfstöckige Geschäfts-Gebäude Ecke Broome und Wooster Street, unterhält Comptoire in Hamburg, Lyons und Zürich und seine jährlichen Umsätze beziffern sich auf viele Millionen von Dollars.

Im Jahre 1858 verlegte Herr Hermann Fleitmann seinen Wohnsitz nach Europa und zwar siedelte er sich in Düsseldorf an. Beim Ausbruch des Krieges eilte er jedoch nach New York, um in der gefahrvollen, unsicheren Geschäftszeit die unmittelbare Leitung des Hauses in seine Hände zu nehmen. Als Ruhe und Frieden wieder eingekehrt, ging Herr Fleitmann nach Europa zurück und ließ sich zuerst in Berlin, sodann in Cassel und später in Hamburg nieder, von hier die Geschäfte seines Hauses dirigirend. Nur alle 3 bis 4 Jahre weilt Herr Hermann Fleitmann jetzt den Winter über in New York und hat mit jedem Jahre mehr die Führung des Hauses auf seinen um 21 Jahre jüngeren Bruder, Herrn Ewald Fleitmann übertragen, der — gleichfalls von außergewöhnlichem kaufmännischem Geschick und eminent sicherem Geschäftsblick — zu einem sehr wesentlichen Theile an der Größe des Hauses mitgebaut hat. Herr Ewald Fleitmann, der auf Anregung seines Bruders Hermann 1864 nach Amerika kam, ist seit 1. Januar 1872 Partner in der Firma, während die beiden Söhne des Begründers, die Herren Friedrich Theodor Fleitmann und William Medlicott Fleitmann, am 1. Januar 1884 respective 1. Januar 1887 als Theilhaber aufgenommen wurden und sehr bedeutende commercielle Fähigkeiten zu entwickeln begonnen haben, in denen der Begründer mit Genugthuung die Gewähr für die gesunde weitere Entwicklung und den Ausbau seines Hauses auch in zukünftiger Zeit finden darf. Die Grundsätze, welche Herr Hermann Fleitmann bei der Schöpfung seines Geschäftes zur Norm machte, sie sind fort und fort das Leitmotiv gewesen, nach dem das Haus geführt wurde und in ihnen liegt das hohe Ansehen der Firma begründet, unter ihnen ist das Haus Fleitmann & Co. zu der stolzen Höhe emporgestiegen, die es heute in der Handelswelt einnimmt.

In dem Zeitabschnitt, zu welchem Herr Hermann Fleitmann seinen ständigen Wohnsitz in New York hatte, war er identificirt mit allen vornehmen deutschen Institutionen hierzulande und widmete denselben Zeit und Unterstützung. Der „Deutschen Gesellschaft" trat er im Jahre 1856 bei und gehörte 1858 zum Verwaltungsrath derselben. Für die Begründung der „Deutschen Sparbank" entfaltete Herr Fleitmann seinen vollen Einfluß und half wesentlich dazu mit, das deutsche Hospital ins Leben zu rufen und die zu seiner Existenz nöthigen Mittel herbeizuschaffen. Herr Fleitmann gehörte u. a. 1858 dem Comité des Verwaltungsraths der Deutschen Gesellschaft an, welches im Interesse des Hospitals das erste Concert mit gutem financiellem Erträgniß veranstaltete. Von rein geselligen Vereinigungen gehörte Herr Hermann Fleitmann dem „Deutschen Verein" während einer langen Reihe von Jahren als Mitglied an.

Ueber dem Privatleben des Herrn Hermann Fleitmann waltet ein reines und ungetrübtes Glück. Aus seiner ersten Ehe mit Fräulein Louisa Harriet Medlicott aus Bristol (England) sind ihm 5 Kinder beschieden, zwei Söhne, deren vorhin bereits als Theilhaber der Firma Erwähnung geschah, und drei Töchter, von welchen noch zwei am Leben sind — die älteste in New York an Herr Caspar Hilger im Hause Hardt, von Bermuth & Co., die jüngste in Deutschland an Herrn von Henk, Corvetten-Capitain der deutschen Marine verheirathet. Ein schwerer Trauerfall traf die Familie Fleitmann, als Ende Juli 1890 die zweitälteste Tochter, welche mit dem Consul Wilhelm Reiners, Mitinhaber der Firma André, Reiners & Co. in Hamburg, vermählt war, im blühendsten Alter von einem unerwarteten Tode ereilt ward.

Nach dem Tode seiner ersten Gattin vermählte sich Herr Hermann Fleitmann mit Frau Elisabeth Secor, Tochter des Herrn James B. Nicholson zu New York.

Es verdient noch erwähnt zu werden, daß der zweite Bruder des Herrn Fleitmann, Herr Dr. Theodor Fleitmann, der in Iserlohn und Schwerte ansässig, der bedeutendste deutsche Nickel-Industrielle ist und sich als Chemiker durch wichtige Erfindungen auf dem Gebiete der Nickel- und Cobalt-Industrie einen hervorragenden Namen errungen hat.

Henry R. Kunhardt.

In beiden Hemisphären ist der Name des Mannes, dessen Namen diese Zeilen tragen, bekannt und geachtet, und die Firma, deren Senior-Chef Herr Henry R. Kunhardt war, bis er sich am 1. Januar 1889 ganz von den Geschäften zurückzog, nimmt in den Vereinigten Staaten eine der ersten Stellen ein. Wie keine andere ist gerade sie auf das engste verknüpft mit der Entwickelung des deutschen Kulturlebens in der Union, denn seit fast einem Menschenalter hat sie die europäische Auswanderung nach allen Theilen der Ver. Staaten befördert. Nicht wenig hat die Firma Kunhardt & Co. an dem stetig wachsenden Verkehre zwischen Europa und Amerika mitgewirkt und fortgebaut an der machtvollen Entwickelung der Hamburg-Amerikanischen Packetfahrt-Actien-Gesellschaft, deren Generalvertretung bis 1889 in ihren Händen ruhte und zu deren Gründung der verstorbene Bruder des Herrn Kunhardt, Herr Geo. E. Kunhardt, bei einer zu diesem Zwecke unternommenen Reise nach Hamburg den ersten und nachhaltigen Anstoß gab. Schon früh kam Henry R. Kunhardt von seiner Vaterstadt Hamburg, woselbst er im Jahre 1826 geboren, nach der neuen Welt. Er ging 1846 zunächst nach Valparaiso, lebte dann kurze Zeit auf den Sandwich-Inseln, reiste von hier 1848 nach San Francisco und kam, ausgerüstet mit trefflichen Kenntnissen und Erfahrungen, 1850 nach New York. 1853 trat er in das Geschäft seines Bruders (Ed. Beck & Kunhardt) ein, dessen Firmenname 1857 in Kunhardt & Co. verändert wurde. 1860 ward Herr Henry R. Kunhardt durch den Tod seines Bruders alleiniger Inhaber der Firma, die mit allen Theilen der civilisirten Welt Verbindungen unterhält und eine der ersten Stellen in ihrer Branche einnimmt. Am 1. Januar 1885 nahm Herr Kunhardt die ältesten Mitarbeiter des Geschäftes und seinen Sohn Henry als Theilhaber in die Firma auf, aus der er selbst sich zum Beginn dieses Jahres zurückzog.

In rastlosem, eisernem Fleiße, unterstützt von ungewöhnlichem kaufmännischen Scharfblick und einer seltenen Kenntniß des Handelsmarktes hat sich Herr Henry Kunhardt eine der ersten und geachtetsten Stellungen in kommercieller und socialer Beziehung errungen. Uebte er auch mittelbar keine Entscheidung in der Leitung der Hamburg-Amerikanischen Packetfahrt-Actien-Gesellschaft aus, so ist doch der gewaltige Aufschwung, den die Compagnie genommen und die glänzende finanzielle Lage derselben — ihre Actien stehen höher, als die irgend einer anderen Linie der Welt — zu einem sehr wesentlichen Theile dem Geschick und der Thatkraft des Herrn Henry R. Kunhardt zuzuschreiben. Daneben ist die Firma eines der hervorragendsten und ältesten Commissionsgeschäfte, speziell mit Westindien, und betreibt einen sehr ausgedehnten Exporthandel. Ihr diesen Erfolg, diese Ausdehnung und diese achtunggebietende Stellung gegeben zu haben, ist das eigenste Verdienst Herrn Henry Kunhardt's.

Am politischen Leben hat Herr Kunhardt niemals activen Antheil genommen; die einzige öffentliche Stellung, welche er bekleidete, war das Amt als Hamburgischer Consul, als der er von 1862 bis zur Auflösung des selbständigen Consulats fungirte. Um so reger war sein Wirken an vielen gemeinnützigen und wohlthätigen Institutionen, die in ihm jederzeit einen opferfreudigen Helfer fanden. Speciell die „Deutsche Gesellschaft" verdankt Herrn Kunhardt's energischem Eingreifen unendlich viel zu einer Zeit, als unter der Präsidentschaft von Wilhelm Jellinghaus (1858—62) die Mitgliederzahl erheblich herabzugehen und das Interesse an dem Institut in den besten deutschen Kreisen einzuschlummern begann. Als nach dem Rücktritt von Jellinghaus Herr Eduard von der Heydt 1862 zum Präsidenten erwählt ward, wurde Herr Kunhardt mit dem Amte des Schatzmeisters betraut. Um das Interesse für die „Deutsche Gesellschaft" neu zu beleben, ließ sich Herr Kunhardt die Mühe nicht verdrießen, die ausgetretenen Mitglieder persönlich zu besuchen und zum Wiedereintritt zu veranlassen, während er eine große Anzahl der verbliebenen Mitglieder zu einer sehr wesentlichen Erhöhung der Jahresbeiträge zu bestimmen wußte und damit die finanzielle Leistungsfähigkeit und den Wirkungskreis des Instituts bedeutend erweiterte.

In gleicher Weise verdankt das „Deutsche Hospital" seinem wohlthätigen Sinne viele großherzige Spenden. So unterhält die Firma Kunhardt & Co. seit langen Jahren ein Freibett im Hospital, das schon vielen unbemittelten und kranken Deutschen zu Nutzen gekommen ist und ihnen Hülfe und Heilung gebracht hat. In Anerkennung all' der werkthätigen Unterstützung, welche das Deutsche Hospital Herrn Kunhardt verdankt, ernannte der Aufsichtsrath bei der Neuwahl im Frühjahr 1889 einen seiner Söhne, Herrn Henry Kunhardt jr., zum Mitgliede seiner Körperschaft.

Im Privatleben hat ihm sein ausgezeichneter Charakter, erfüllt von wahrhafter Vornehmheit der Gesinnung, gewinnender Liebenswürdigkeit und edelster Humanität, die allgemeinen Sympathieen und überall Freunde erworben, und Herrn Henry Kunhardt zu einem der hochgeachtetsten und beliebtesten Bürger New York's gemacht.

Edward Lauterbach.

ine Zierde des New Yorker Barreaus darf mit Fug und Recht Herr Edward Lauterbach genannt werden und diese Thatsache kann uns mit um so höherer Freude und Befriedigung erfüllen, als Herr Lauterbach, wenn auch nicht selbst in Deutschland geboren, so doch von Abstammung dem deutschen Elemente beizuzählen ist. Die Wiege seiner Eltern stand im Königreich Bayern und zwar in Kronach. Dieser ihrer Heimathsstadt sagten die Eltern im Jahre 1842 Valet und wandten sich, muthiger Hoffnung voll, der Neuen Welt zu, wo sie sich in New York niederließen. Hier ward ihnen am 12. August 1844 ein Sohn, Edward, geboren. Der junge Edward erhielt seine erste Erziehung in den öffentlichen Schulen seiner Vaterstadt und graduirte 1864 am College der Stadt New York. Neigung und Begabung wiesen ihn auf die juristische Carrière hin und er trat Zwecks Vorbereitung und Ausbildung für diese Laufbahn in das Bureau der wohlbekannten Advokatenfirma Townsend, Dyett und Morrison. Die eminente Befähigung, die er hier bald bekundete, veranlaßte 1866 ein Mitglied der Firma, Herrn Morrison, sich mit Herrn Lauterbach zu associiren und eine eigene Firma zu etabliren, in die außer diesen beiden Herren noch ein einstiger Schulkamerad Herrn Lauterbach's, Herr Siegmund Spingarn, aufgenommen ward. Die angesehene und leitende Stellung, zu der sich die Firma Morrison, Lauterbach & Spingarn sehr schnell aufschwang, hat sie ununterbrochen während einer Zeitperiode von fast zwanzig Jahren aufrecht zu erhalten gewußt, bis der Tod des Herrn Spingarn die Theilhaberschaft auflöste.

Kurze Zeit nach diesem Ereigniß verband sich Herr Lauterbach mit Ex-Gouverneur Hoadly von Ohio und Herrn Edgar M. Johnson von Cincinnati und begründete die Advokaten-Firma Hoadly, Lauterbach & Johnson, welche sogleich eine der ersten Stellungen in der Juristenwelt der Metropole sich eroberte und heute zu den bedeutendsten, größten und angesehensten des ganzen Landes zählt. Zu dieser beneidenswerthen Position hat Herr Lauterbach in ganz erheblichem Maße beigetragen, denn gerade in diesem Wirkungskreise bot sich seinem reichen Wissen, seinem scharfen Verstande und seinem eminenten organisatorischen Geschick die rechte Stätte, die sein Können in glücklichster Weise entfaltete und förderte. Persönlich ist Herr Lauterbach in einer Reihe sehr wichtiger juristischer Fälle hervorgetreten, in deren Führung er stets von außerordentlichem Erfolge gekrönt war. So war er es, der den Anstoß zu den Prozessen gegen die Western Union Telegraph Company gegeben hat, in denen er als Anwalt engagirt war und die Klage des Receiver Farnsworth gegen diese gigantische und mächtige Corporation führte — mit welcher Sachkenntniß und welchem Geschick beweist die Thatsache der Erlangung eines Zahlungsurtheils in Höhe von 300,000 Dollars, welche die Western Union für die Besitzergreifung der Drähte des „Bankers and Merchants System" als Entschädigung entrichten mußte.

Von welch' einschneidender und weittragender Bedeutung das Eingreifen des Herrn Lauterbach begleitet ist, das illustrirt am treffendsten seine Verbindung und Mitarbeit bei der Lösung eines Problems, das ganz speciell in den letzten Jahren die Bewohner New York's beschäftigt hat: die Entfernung aller Telegraphenstangen und die Construktion unterirdischer elektrischer Leitungen in der Stadt New York. Die ganze Gesetzgebung nach dieser Richtung hin ist zu einem großen Theile sein Werk, wie er im Uebrigen auch Präsident der Compagnie ist, welche mit der Ausführung dieser wichtigen Verbesserung betraut ist. In gleicher Weise hat sich Herr Lauterbach mit regem Eifer auf die Lösung des Problems eines unterirdischen Bahn-Systems geworfen, das den stetig wachsenden Verkehr in den Straßen New Yorks entlasten und ein Schnellverkehrsmittel schaffen soll, ein Problem, welches mit gebieterischer Nothwendigkeit eine Lösung erheischt und geradezu eine Lebensfrage für die gesunde Weiterentwickelung der Stadt New York bildet.

Hat Herr Lauterbach schon auf diesen Gebieten hervorragendes geleistet und durch seine Initiative diese Fragen in Fluß gebracht, so ist doch noch auf einem anderen Felde seine Thätigkeit von bemerkenswerthem Einflusse geworden, das ist die Reorganisation großer Corporationen, die in Folge mangelhafter Leitung oder durch andere widrige Einflüsse in ihrer Existenz bedroht sind. Seine ganz außergewöhnliche Geschicklichkeit nach dieser Seite bekundete er in dem Falle der Philadelphia und Reading Eisenbahn, als die Angelegenheiten derselben in einem höchst traurigen und zerfahrenen Zustande waren. Es gelang seinen Bemühungen, widerstreitende Interessen in Einklang zu bringen und die Corporation, die dem Bankerotte nahe schien, zu hoher Prosperität zu bringen. Noch in verschiedenen anderen gleich wichtigen Angelegenheiten, bei denen es sich um bedeutende Gesellschaften und große Kapitalien handelte, hat sich dieses sein specielles Geschick glänzend bethätigt und er hat, indem er durch seine Thatkraft bedrohte Unternehmungen vor dem Untergange und viele Personen vor dem Verluste ihres Vermögens bewahrte, der öffentlichen Wohlfahrt wichtige Dienste geleistet. Eine der hervorragendsten Sanirungen, die Herrn Lauterbach zu danken ist, war die Reorganisation der Brooklyner Hochbahn. Als die Sache in seine Hände gelegt ward, befand sich das Unternehmen in einer anscheinend so hülflosen Verfassung, daß die Aktionäre schon ihr investirtes Geld verloren gegeben hatten und die Bahn unrettbar dem Untergange geweiht schien. Es gelang indeß Herrn Lauterbach, durch seinen Scharfsinn und geschickte Geschäftsleitung das Wrack wieder flott zu machen und auf eine höchst prosperirende Basis zu bringen. Gegenwärtig ist Herr Lauterbach in der Organisirung des Union Elevated Railway-Systems in Brooklyn engagirt, die er zweifellos zu einem gedeihlichen Abschluß bringen wird.

Von anderen bedeutenden Unternehmungen, an denen Herr Lauterbach betheiligt ist, sei noch erwähnt die Dritte Avenue Pferdebahn in New York, deren Verwaltungsrath er als Direktor und Anwalt angehört. Er hat es kürzlich durchgesetzt, daß diese Bahn ihren Betrieb in ein Kabel-System umändern darf und der Stadt für dieses Privilegium werthvolle Zugeständnisse eingeräumt. Außer in anderen Pferdebahn-Gesellschaften ist Herr Lauterbach noch Direktor in ausgedehnten südlichen Eisenbahn-Systemen und anderen industriellen Unternehmungen, bei denen er überall gleichzeitig als juristischer Berather fungirt. Ueber die engeren Grenzen seines Berufes hinaus, in dem er sich das schöne Ziel gesteckt hat, bestehende Schwierigkeiten niemals zu vergrößern, sondern dieselben vielmehr durch Vereinigung der widerstreitenden Interessen zu heben, hat Herr Lauterbach die in seiner ausgedehnten Rechtspraxis gewonnenen Erfahrungen auch dauernd der Allgemeinheit nutzbringend zu machen versucht, indem er den Erlaß geeigneter Gesetze anregte und befürwortete. Nach dieser Richtung sind seine Bemühungen, eine einheitliche und allgemeine Eisenbahn-Gesetzgebung für den Staat New York zu schaffen, in den letzten Jahren ebenso umfassend als erfolgreich gewesen. Gleichermaßen hat sein Interesse an Fragen, welche die amerikanische Handelsschifffahrt berühren — Herr Lauterbach ist selbst Direktor und Vice-Präsident der Pacific Mail Steamship Company — ihn dazu geführt, gesetzgeberische Maßnahmen zu veranlassen, welche alle im ausländischen Postdienst engagirten Schiffe von lokaler und staatlicher Besteuerung befreien und auch die binnenländische Schifffahrt von drückenden Abgaben und Lasten, die ihre freie und kräftige Entwickelung unterbinden, erleichtern.

Wenn man das hier in kurzen Strichen gezeichnete Thätigkeitsgebiet überblickt, so wird ersichtlich, daß Herr Lauterbach ein Mann von außergewöhnlicher Arbeitskraft und Leistungsfähigkeit sein muß. Und dennoch umfaßt es noch nicht alle Seiten seiner Thätigkeit. Nur Wenige giebt es noch, die ihr Wirken so in den Dienst des Allgemeinwohls gestellt haben, wie es Herr Lauterbach in edelstem Humanitätsdrange thut. Abseits seines anstrengenden Berufslebens ist Herr Lauterbach noch unausgesetzt thätig in allen Werken der Erziehung und Wohlthätigkeit und sein Name ist mehr oder minder hervorragend liirt mit allen jüdischen Wohlthätigkeits-Anstalten in New York. Lange Jahre hindurch war er Direktor des Heims für alte und schwache Juden und ist gegenwärtig Direktor der Hebrew Benevolent & Orphan Asylum Society. Ebenso hat er lange Zeit den gemeinnützigen und erzieherischen Zwecken des Ordens B'nai seine Kräfte gewidmet und speciell an der Erbauung des Heims für betagte und schwache Mitglieder dieses Vereins, das in Yonkers errichtet ward, werkthätiges Interesse genommen. Als Präsident des Comités für geistige Fortbildung gab Herr Lauterbach die Anregung zur Schaffung der Maimonides Bibliothek, welche jetzt mit den besten Instituten dieser Art in New York auf einer Rangstufe steht und viel Gutes und Segenbringendes gestiftet hat und noch stiftet.

Und wie sein Fleiß, seine Geschicklichkeit, sein Eifer und sein unbestechlicher Charakter Herrn Lauterbach die höchste Achtung der Richterbank und der Bar verschafft haben, so hat sein Wirken auf humanitärem Gebiete ihm die Liebe, Anerkennung und Verehrung aller Gesellschaftsklassen erworben und gesichert.

Georg Gemünder.

ahrhundertlang hat es gewährt, bis die Meisterschaft, welche die italienischen Violinbauer im 16. und 18. Jahrhundert erreicht hatten und die nach ihrem Tode dem Verfall anheimfiel, wieder errungen ward. Schon war man allgemein geneigt, die Kunst des Violinbanes als unwiederbringlich verloren zu betrachten, denn trotz lebhafter Anstrengungen und Bemühungen wollte es in der weiten Zeitspanne eines Säculums Niemandem glücken, jene hohe Stufe der Vollendung zu erobern, welche die berühmten italienischen Meister erreicht hatten. Der genialen Veranlagung und dem ernsten Streben eines Deutschen war es beschieden, den Standpunkt zu erringen, nach welchem so lange Zeit vergeblich gestrebt wurde. Ja, nach dem allgemeinen und übereinstimmenden Urtheile der größten Violinkünstler unsers Zeitalters hat Georg Gemünder nicht nur Alles das erreicht, was Stradivarius und Andere geleistet haben, sondern er hat sie, indem er ein besseres akustisches Prinzip für Tonerzeugung entwarf, noch übertroffen. Denn wo die großen italienischen Meister mit ihrer Wissenschaft geendet haben, da hat Georg Gemünder begonnen und es zu größerer Vollkommenheit gebracht, so daß der geniale Violin-Virtuos August Wilhelmj mit Recht Georg Gemünder den größten Geigenmacher aller Zeiten nennt.

Unter welchen Kämpfen, Enttäuschungen und Anfeindungen freilich Georg Gemünder diese Stellung sich errungen hat, dafür kann nichts beredter sprechen als der schmerzliche Ausruf von ihm, der seinen Beruf so über Alles liebt: „Wahrlich, ich würde mich zu dieser Kunst, so schön und interessant sie auch ist und mit so großer Begeisterung ich mich derselben auch widme, nicht entschlossen haben, wenn ich im Anfang die Erfahrung besessen, die ich jetzt habe." Kein anderes Gebiet existirt, auf dem arrogante Vielwisser — oder richtiger gesagt: Nichtswisser — sich so breit machen, wie gerade auf diesem, wo Unwissenheit und Anmaßung ihre lautesten Triumphe feiern. „Es ist unbestreitbar," sagt Georg Gemünder darüber in dem hochinteressanten Circular, das er seiner „Kaiser-Violine" zur Wiener Weltausstellung 1873 mit auf den Weg gab, „daß kein Kunsterzeugniß in der Welt so wenig zu beurtheilen verstanden wird, als die Violine. Dieses wundervolle Instrument ist bis jetzt für die musikalische Welt noch immer ein Räthsel geblieben. Ein Glück, daß dasselbe die menschliche Sprache nicht versteht, wodurch es dem Wirrwarr von Urtheilen und Meinungen entgeht, welche über dasselbe gefällt werden."

Gemünder hat kennen gelernt, daß die Tonwissenschaft anmaßender Violinisten und Dilettanten auf keiner Grundlage beruht und ihr Vorurtheil nur von einem Herkommen sich datirt, welches durch den Verfall der Violinfabrikation seit dem Tode der berühmten italienischen Violinbauer entstanden ist und daß alle Versuche zum Bessern mißlungen sind. So hat sich denn nach und nach ein Vorurtheil und eine Antipathie gegen neue Violinen entwickelt, wider die Georg Gemünder einen rastlosen und erbitterten Kampf zu bestehen hatte. Manche Dilettanten und selbst bedeutende Tonkünstler haben diese Aversion bis zu wahrhaftem Fanatismus ausgebildet und verwerfen neue Violinen ungeprüft und bedingungslos, weil, wie sie wohlfeil motiviren, es sich in so langer Zeit erwiesen hat, daß neue Violinen nicht konstruirt werden können, die den Ton haben wie die alten italienischen. Georg Gemünder hat aber vor aller Welt den Beweis für die Unhaltbarkeit dieses Urtheils geliefert. Zur Ausstellung in Wien schickte er 1873 eine Imitation Guarnerius, um der Welt zu beweisen, daß er Violinen machen kann, die den Ton haben, nach welchem man so lange vergeblich strebte. Und was war das Resultat? Fachkenner erklärten die von ihm ausgestellte „Kaiser-Violine" für ein aufgefrischtes Original, nicht allein in ihrer äußeren Erscheinung als echter Guarnerius-Charakter, sondern auch wegen ihrer wundervollen Tonqualität und leichten Ansprache. Solche Vorzüge in einer neuen Violine zu finden, hatte man schon längst allgemein für eine Unmöglichkeit gehalten, weil man seit hundert Jahren danach strebte und alle Versuche mißlungen waren. Dies mag der musikalischen Welt zum Beweise dienen, daß Georg Gemünder das Problem thatsächlich gelöst hat, ein Problem, dessen Lösung man für eine Unmöglichkeit hielt. Und in dieser Beurtheilung der Fachkenner liegt der höchste moralische Sieg, den Georg Gemünder erringen konnte, und das größte Lob, welches je ein Violinmacher erreicht hat; es ist zugleich das vernichtendste Verdikt über das Vorurtheil, welches gegen neue Violinen besteht. Denn wenn neue Violinen für echte gehalten werden, so unterliegt es keinem Zweifel, daß die Kunst nicht als verloren zu betrachten ist, sondern es darf im Gegentheil die frohe Hoffnung daran geknüpft werden, daß die Erfahrungen und Fortschritte eines Säculums sie, wie einen Phönix aus der Asche, neuer und schöner erstehen lassen werden.

Der Lebensgang des Meisters, nicht frei von harten Erfahrungen und bitteren Kämpfen, war von früh an und allezeit dem großen Ziele zugewendet, die verfallene Kunst zu neuem, frischen Leben zu erwecken. Ingelfingen, ein kleiner romantischer Ort im Königreich Württemberg, darf sich rühmen, der Welt diesen seinen größten Sohn geschenkt zu haben. Georg Gemünder wurde hier am 13. April 1816 als der Sohn eines Instrumentenmachers geboren, der in seiner Kunst ungewöhnliche technische Kenntnisse besaß. Dennoch war es nicht der Wunsch des Vaters, den Sohn seinen Beruf erlernen zu lassen, sondern er hätte lieber einen Schulmeister aus ihm gemacht. Die starke natürliche Neigung des Knaben ließ sich indeß nicht zurückdämmen und so mußte der Vater wohl oder übel ihn in seinem Geschäft aufnehmen. Mit Lust und Liebe und regem Eifer arbeitete der junge Georg in der erwählten Kunst und eignete sich auch treffliche Kenntnisse in seinem Fache an, so weit dies in den begrenzten Verhältnissen seines Heimathortes überhaupt möglich war. Gelegenheit zu weiterer Ausbildung bot sich ihm, als er, nach dem Tode des Vaters auf sich selbst angewiesen, sein Glück in der Fremde zu suchen beschloß. Kurz entschlossen schnürte der angehende junge Künstler sein Ränzel und begab sich, guter Pläne und Hoffnungen voll, auf die Wanderschaft. Er arbeitete zuerst in München, ging dann nach Preßburg, von hier nach Pest und Wien, wieder nach München zurück und kam schließlich nach Straßburg. Sein Herzenswunsch war es, bei dem derzeit berühmtesten europäischen Geigenmacher, bei Vuillaume in Paris, eine Stellung zu finden und es glückte ihm durch die Vermittelung eines Freundes, seine Lieblingsidee verwirklicht zu sehen. Die Thätigkeit bei Vuillaume war von einschneidender Bedeutung für Gemünder's Entwickelung, denn er fand hier die reichste Gelegenheit zur Ausbildung und Vervollkommnung, die er entsprechend zu benützen verstand. Vuillaume erkannte mit scharfem Blicke sehr schnell das eminente natürliche Talent und die große Begabung seines Schülers und war bemüht, ihn dauernd an sich zu fesseln. Aber in dem jungen Gemünder wohnte ein Stück jenes altgermanischen Wandertriebes und trotz der verlockendsten Anerbietungen ergriff er nach vierjähriger Thätigkeit bei Vuillaume wieder den Wanderstab, um nach Amerika zu gehen. Zwar rieth Vuillaume ab und sagte ihm: „Gehen Sie überall hin, nur nicht nach Amerika, da wird die Violinmacherkunst nicht verstanden;" aber Gemünder beharrte auf seinem Vorhaben und langte im November 1847 in Springfield, Mass. an.

Nach einem zusammen mit seinen Brüdern gemachten Versuche zu einer Concert-Tournée, die aber an der Unehrlichkeit des Impresario scheiterte, reiste er mit 25 Dollars, welche er noch hatte borgen müssen, nach Boston, Mass., und etablirte sich hier als Violinmacher. Die Violinen, die er selbst verfertigte, verkaufte er für 50 Dollars und machte die Reparaturen zu niedrigen Preisen, sich recht und schlecht durchschlagend. Im Jahre 1851 schickte Gemünder ein Quartett, nach Stradivarius, nebst einer Violine, nach Jos. Guarnerius und Nic. Amati's Fabrikate zur ersten Weltausstellung nach London und erhielt einen ersten Preis. Der Früchte dieses ersten bedeutenden, öffentlichen Erfolges ging er indeß dadurch verlustig, daß er sein Geschäft von Boston, wo er seinen genügend großen Wirkungskreis vor sich zu haben glaubte, nach New York verlegte. Aber sein eminentes Können und sein unermüdliches Streben wußte sich dennoch schließlich Bahn zu brechen und lenkte die Aufmerksamkeit und Bewunderung der hervorragendsten Violinkünstler, wie Spohr, Vieuxtemps, Thalberg, Ole Bull, Wilhelmj und Anderer auf ihn. Wo er auch immer seine Erzeugnisse während der letzten 35 Jahre ausstellte, überall trug er die höchsten Preise und Anerkennungen davon, so in London 1851, in New York 1853, in Paris 1855 und 1867, in Baltimore 1859, in New York 1870, in Wien 1873, in Amsterdam 1883, in Nizza 1883 und 1884 und in London 1884 und 1885.

Das ernste Ringen und Streben seiner Künstlernatur ließ ihn nicht mit dem Errungenen sich bescheiden, sondern trieb ihn an, immer Besseres zu schaffen, bis er die höchste Staffel der Vollendung erreicht hatte. Es ist wahrlich keine kleine Aufgabe, eine Violine zu machen, die nicht nur in ihrem Ton, sondern auch in ihrer äußeren Erscheinung einer italienischen Violine der alten großen Meister gleichen soll. Gemünder hat mit nimmermüdem Eifer alle Charaktere und Constructionen der italienischen Meister-Geigen studirt und eine umfangreiche Praxis darin erreicht, Violinen zu kopiren, wie die Meister sie geschaffen haben, und eine Auffassung erlangt, durch welche er in der Construktion für Ton alle guten Eigenschaften vereinbart hat. So hat er eine Kunst, die schon hoffnungslos verloren schien, nicht nur zu neuem Leben erweckt, sondern zu einer Höhe der Vollendung gebracht, die sie sonst in früheren Zeiten nicht innegehabt hat.

Draußen in Astoria, dessen Gestade rings das schäumende Meer umspült, spinnt der Künstler — umgeben von seinen zwei Söhnen Hermann und Otto, die dem Vater treue Genossen seines Strebens sind und auf die ein Theil seiner genialen Veranlagung übergegangen — in still-behaglicher Einsamkeit seinen Lebensfaden, und von hier sendet er seine melodienreichen Kinder, denen er mit so vieler Liebe Leben und Gestalt verlieh, hinaus in die weite Welt, damit sie die Liebe zur schönsten der Künste, der Musik, wecken und pflegen. Aber wie berühmt und von wie stolzem Klange auch immer der Name Georg Gemünder geworden ist, volle Gerechtigkeit und ungetheilte Anerkennung wird ihm ein Epigonengeschlecht erst zu Theil werden lassen, wenn die bahnbrechende Bedeutung seines Wirkens dem Urtheil des Tages entrückt ist und seine Erzeugnisse als die Fortpflanzungen, welche einst die großen italienischen Meister geschaffen haben, bewahrt und bewundert werden. Amerika aber darf stolz darauf sein, den besten Geigenbauer der Neuzeit zu besitzen, und wir Deutsch-Amerikaner haben erst recht Ursache dazu, da derselbe unser Landsmann ist.

Charles Graef.

chen, die alte Kaiserstadt, ist die Geburtsstätte von Herrn Charles Graef. Hier ward er am 22. Februar 1833 geboren und kam im Jahre 1848 mit seinen Eltern und Geschwistern via Antwerpen nach New York. Die Familie ließ sich zunächst in Bay Ridge bei Herrn Arnold Graef, Onkel des Herrn Charles Graef, nieder und betrieb der Vater Herr Heinrich Anton Graef dortselbst eine Blumenzüchterei, wobei ihn seine Söhne unterstützten.

Im Jahre 1849 verlegte der Vater seinen Wohnsitz nach Brooklyn und der junge Charles suchte und fand eine Stelle in einem französischen Cognac-Importgeschäft, welche er nach 2 Jahren aufgab, um einen Posten in einem deutschen Weinimporthaus bekleiden zu können, wo er sich nach und nach bis zum Theilhaber heranarbeitete. Im Jahre 1871 etablirte Herr Charles Graef für alleinige Rechnung und unter seinem eigenen Namen ein Weinimportgeschäft, das in kurzer Zeit trotz alt eingeführter und starker Konkurrenz zu dem bedeutendsten in seiner Branche gelangt ist. Das Haus ist heute das größte Champagner-Importgeschäft Amerika's und sein jährlicher Umsatz erreicht die bedeutende Höhe von über 3 Millionen Dollars.

Die Firma hat die alleinige Vertretung für die Vereinigten Staaten der bekannten Champagner-Marke Pommery & Greno, des Rheinweinhauses Henkell & Co., des Bordeauxhauses Journu frères, Kappelhoff & Co. und der Apollinaris Company Limited, London.

Im Jahre 1866 heirathete Herr Graef eine reizende Amerikanerin, Namens Grace M. Thompson, Tochter des Herrn Alfred Thompson von Brooklyn, welche Stadt er bis zum Jahre 1883 zu seinem Wohnsitz machte. In 1883 zog die Familie, Vater, Mutter, zwei Söhne und eine Tochter, nach New York, woselbst sich Herr Graef Ecke Park Avenue und der 57. Straße ein Haus erwarb. Auf seinen häufigen Reisen fand er — unterstützt von dem guten Geschmack seiner Gemahlin — öfters Gelegenheit, hübsche Gemälde, Kunstgegenstände, Raritäten 2c. anzuschaffen, welche jetzt in geschmackvoller Weise in seinem Hause aufgestellt sind.

Leider verlor Herr Graef im Februar 1889 seine Gattin und betrauert er den unersetzlichen Verlust der liebenswürdigen und talentvollen Frau, welche täglich und stündlich vermißt wird, tief.

Marc Eidlitz.

Mit der Geschichte der Baukunst in New York ist der Name von Marc Eidlitz auf das engste verknüpft. Eine Reihe der schönsten und bedeutendsten Bauwerke, welche New York zur höchsten Zierde gereichen und in architektonischer Beziehung einen bedeutsamen Platz einnehmen, verdankt die Metropole seiner soliden, unter strenger Aufsicht geleiteten Arbeit, welche dem Kennerauge sofort verräth, daß hier nicht bloß um des allmächtigen Dollars willen gearbeitet wurde, sondern weil der Baumeister den Ehrgeiz darein setzte, sein Bestes zu leisten und durch geschmackvolle und gewissenhafte Ausführung das gediegene Werk des Architekten zur vollen Geltung zu bringen.

Prag, die Hauptstadt Böhmens, ist die Geburtsstätte von Marcus Eidlitz; hier wurde er am 31. Januar 1826 als der Sohn unbemittelter Eltern geboren und mußte sich, nachdem er bis zu seinem 12. Lebensjahre die öffentliche Schule besucht, schon so frühzeitig dem Broderwerbe zuwenden, in Fabriken und Geschäftshäusern von der Pieke auf dienen, bis es seinem Fleiße im Laufe der Zeit gelang, sich in der kaufmännischen Branche zu einer einträglichen Position emporzuarbeiten. Im 21. Jahre wurde er durch den plötzlichen Tod des Vaters bestimmt, seine Stellung aufzugeben und — auf Veranlassung des bereits in Amerika weilenden Bruders Leopold — als Begleiter von Mutter und Geschwistern auszuwandern.

Leopold Eidlitz hatte bereits einen geachteten Namen als Architekt in New York erworben und auf dessen Anrathen entschloß sich der jüngere Bruder, das Maurerhandwerk zu erlernen, obwohl er sich zu einer vierjährigen Lehrzeit verpflichten mußte. Es mag ihm wohl sehr schwer geworden sein, aus der vergleichsmäßig leichten kaufmännischen Sphäre, in der er bisher gewirkt, in das rauhe Handwerksleben überzugehen, allein sein fester

Wille ließ ihn muthig auch das Schwerste überwinden und unverzagt das einmal vorgesteckte Ziel im Auge behalten. Nach dem er zwei Jahre harter Dienstzeit hinter sich hatte, löste sich die Firma seiner Lehrherren auf und der junge Mann sah sich veranlaßt, einen andern Meister zu suchen, um seinen Lehrtermin zu vollenden; er war so glücklich, seinen neuen Chef durch seine gewissenhaften Leistungen derart zu befriedigen daß derselbe ihm noch vor Ablauf des bestimmten Termins mit der Ausführung eines Baues betraute. Von da ab leitete er mehrere größere Bauten, darunter eine Kirche Ecke 5. Avenue und 19. Straße, wo sich gegenwärtig das Geschäftslokal der Firma Arnold, Constable & Co. befindet, die Greenwich Savings Bank an 6. Avenue, sowie auch mehrere Privathäuser und die Metropolitan Bank, welche vor dem Aufbau des Equitable Life Gebäudes an der Ecke von Broadway und Pine Street gestanden.

Ermuthigt durch sein gutes Glück und in jugendlichem Vertrauen auf seine Thatkraft hatte er bereits im Jahre 1852 gewagt, sich zu verheirathen und eine bescheidene Häuslichkeit zu gründen, was ihm zum natürlichen Sporn wurde, für sich und die Seinen eine bessere Existenz zu erringen, sich zu einer seinen Fähigkeiten entsprechenden Stellung emporzuschwingen. Der bisherige Erfolg in seinem Fache hatte nicht verfehlt, ihm warme Gönner zu erwerben und seinen Namen vortheilhaft bekannt zu machen und bereits im folgenden Jahre erhielt er von Herrn William Colgate, dem Gründer des Hauses Colgate & Co., den Auftrag zum Bau eines Missionshauses in der 20. Straße und führte seinen Contrakt zur vollsten Zufriedenheit aus. Von diesem würdigen Herrn mehrfach auf das wohlwollendste empfohlen, wurde hierdurch wesentlich der Grundstein zu seiner Carrière gelegt und das rasche Aufblühen des Geschäftes ließ nicht lange auf sich warten. Dem jungen Bauunternehmer flossen reichliche Aufträge zu und schon im Jahre 1857—58 übernahm er den Bau des Broadway Tabernacle, Ecke 6. Avenue und 34. Straße, noch heute eine der größten bestehenden Kirchen, ferner das Geschäftslokal für die Herren Lord & Taylor, Ecke Broadway und Grand Steet, nebst mehreren Privatbauten. Sein Renommé war nun fest begründet und das Geschäft dehnte sich in rascher Folge aus, er konnte jetzt größere Contrakte eingehen und die vorzügliche Ausführung seiner Aufträge, sowie seine Zuverlässigkeit in Verbindung mit den erworbenen praktischen Kenntnissen, verschafften ihm einen ausgedehnten Kreis bedeutender Kunden, darunter die Familien Astor, Roosevelt, Goelet, Arnold & Constable und die Herren Ottendorfer, J. P. Morgan und A. Iselin. Es würde eine lange und stattliche Liste erheischen, all die Gebäude hier aufzuzählen, bei deren Errichtung Herr Eidlitz thätig gewesen, doch mögen hier einige der hervorragendsten erwähnt sein: Das deutsche Hospital und der zu demselben von der unvergeßlichen Frau Anna Ottendorfer gestiftete Frauen-Pavillon, sowie auch das deutsche Dispensary- und Bibliothek-Gebäude in der 2. Avenue, der Baldwin Pavillon des Frauenhospitals in Lexington Avenue, das St. Vincent's Hospital in 11. Straße, das Dispensary vom Lenox Hospital an Madison Avenue und das Home of the Sisters of Bon Secours in Lexington Avenue.

Von Kirchen und anderen öffentlichen Gebäuden die Church of the Incarnation, Madison Avenue und 35. Straße, Temple Emanuel, Ecke 5. Avenue und 43. Straße, das von Herrn J. P. Morgan gestiftete St. George's Clergy House in der 16. Straße, Astor Library, Harmonie-Club in 42. Straße, Eden Musée, Steinway Wareroom und Steinway Hall und das Metropolitan Opera House, eines der größten Opernhäuser der Welt und das erste feuerfeste Theater in New York. Von Bank- und Officegebäuden: Seamans Bank for Savings, Gallatin National Bank, Eagle Fire Company, Astor Building — alle in Wall Street gelegen — und Schermerhorn Building in Broadway, sowie auch eine Anzahl von eleganten Wohnhäusern, darunter die Häuser der Herren Robert L. Stuart, Sinclair, Ogden, Goelet, Dr. Jacobi, Charles Moran, Dr. Langmann, A. D. Juilard, Max Nathan, alle in der 5. Avenue und an dieselbe grenzenden Straßen gelegen, sowie auch das prachtvolle Haus von Herrn Peter Doelger an der 100. Straße und Riverside drive.

Unter den jüngsten Leistungen sei zum Schluße noch die Isabella Heimath, 190. Straße und 10. Avenue genannt, von Herrn Oswald Ottendorfer in hochherziger Weise aus eigenen Mitteln gestiftet, während die Errichtung des Clubhauses für den Deutschen Verein an der 59. Straße von Herrn Eidlitz soeben in Angriff genommen wurde. Unbestritten nimmt Herr Eidlitz heute eine der ersten Stellungen im Baufache ein, die er sich in fast einem Menschenalter ausdauernder Arbeit und rastlosen Fleißes errungen. Für das, was er auf diesem Gebiete zur Verschönerung New York's beigetragen, sprechen die steinernen Zeugen, die seinen Namen späteren Generationen überliefern werden. Bemerkenswerth ist die Thatsache, daß die Amerikaner ihm vom Anbeginn seiner Laufbahn mit größtem Vertrauen entgegenkamen und ihm den ersten dornenvollen Weg in seiner Carrière wesentlich ebnen halfen.

Auch außerhalb des Rahmens seines engeren Berufslebens ist sein Wirken nachhaltig empfunden worden und speziell an gemeinnützigen Bestrebungen hat Herr Eidlitz fortdauernd lebhaften Antheil genommen. Unter denjenigen Instituten, denen seine Mitarbeit zu gute gekommen, steht in erster Reihe die deutsch-amerikanische Schule der 19. Ward, an deren Schulrath er sich mehrere Jahre betheiligte. Unter seiner Administration als Präsident wurde der Bau des geräumigen Schulhauses in der 52. Str. geplant und ausgeführt.

Auch alle Bestrebungen, welche auf eine Förderung des Gewerbelebens, besonders in seinem eigenen Beruf hinzielten, fanden allezeit in ihm einen warmen Befürworter und Freund. Herr Eidlitz ist Vorsitzender des Executiv-Committees der "Mason Builders Society of New York" und als Repräsentant obiger Gesellschaft wurde er einer der Gründer der "National Association of Builders", die im Jahre 1887 in Boston in's Leben gerufen wurde. In den hierauf folgenden Conventionen in Chicago, Cincinnati und Philadelphia fungirte er als Director und Vorsitzender des Legislativ-Committees und befürwortete hauptsächlich die Gründung von Versicherungs-Gesellschaften für verunglückte Arbeiter, sowie die Errichtung von gewerblichen Fachschulen in den größeren Städten.

In einen besonders innigen Connex mit dem hiesigen Deutschthum brachte Herrn Eidlitz die jahrelange Thätigkeit im Direktorium der Germania Bank, der ersten deutschen Geschäfts-Bank in der oberen Stadt, welche im Jahre 1869 gegründet wurde.

Der erste Präsident derselben war Herr Christian Schwarzwaelder, dessen Name mit der Geschichte dieses Institutes auf das innigste verflochten ist und der sich große und bleibende Verdienste um die Entwickelung desselben erworben.

Es ist allgemein anerkannte Thatsache, daß die Bank mit ihrer Liberalität gegen kleine Depositoren dem deutschen Element in der oberen Stadt bedeutenden Vorschub geleistet und viel Gutes gestiftet hat. Die Direktoren der Germania Bank, die über ein Kapital von 200,000 Dollars und einen Ueberschuß von nahezu 400,000 Dollars verfügt, sind ausnahmslos Deutsch-Amerikaner, deren Namen in der ganzen Stadt wohlbekannt und geachtet sind; zu ihren Depositoren gehören nicht nur Deutsche, sondern auch viele Amerikaner, und ihre Depositen belaufen sich auf mehr als 3 Millionen Dollars; die Bank bezahlte seit ihrem Bestehen über eine Viertel Million in Dividenden an ihre Actionäre. Herr Eidlitz war seit dem Jahre 1873 Direktor und in den letzten 10 Jahren Vice-Präsident derselben; als nach dem im November 1888 erfolgten Ableben des hochverdienten Herrn Christian Schwarzwälder eine Ergänzungswahl vorgenommen werden mußte, ward Herr Eidlitz einstimmig als Präsident erwählt und hat seither der Bank in dieser Stellung mit bestem Erfolge vorgestanden. Bei der Leitung seines umfangreichen Geschäftes wird Herr Eidlitz durch seine beiden Söhne Otto Marc und Robert J. unterstützt. Der Erstere ist absolvirter Civil-Ingenieur und bereits seit 1884 Theilhaber der Firma, welche seit jenem Jahre in Marc Eidlitz & Son umgewandelt ward. In letzter Zeit trat auch der jüngere Sohn, nachdem er seine architektonischen Studien in Europa vollendet hatte, in den Verband ein, und Herr Eidlitz darf sich der zuversichtlichen Hoffnung überlassen, daß das Werk eines halben Menschenalters, das mit Liebe und Sorgfalt gepflegte Geschäft auch fürderhin den ehrenvollen Platz zweifellos behaupten wird.

Diese Genugthuung ist einem Manne zu gönnen, welcher sich als Mensch in und außerhalb seiner Berufssphäre die höchste Achtung zu erringen wußte. Die Einfachheit und Liebenswürdigkeit seines Wesens, die Uneigennützigkeit und Liberalität seiner Gesinnung, sowie seine aufrichtige Herzensgüte sind die hervorragenden Grundzüge seines Charakters, welche ihm auch im Privatleben warme Verehrer und treue Freunde erworben haben.

Charles A. Stadler

Charles A. Stadler.

u der nicht allzu großen Zahl von Deutsch-Amerikanern, die thatkräftig in die Gestaltung unseres politischen Lebens eingegriffen haben, gehört mit in erster Linie Senator Charles A. Stadler. Mit seltener Fähigkeit und unermüdlichem Eifer ist Herr Stadler allen nativistischen und temperenzlerischen Anstürmungen unerschrocken gegenübergetreten und hat dadurch den Interessen des Deutschthums große und bleibende Dienste geleistet.

Charles A. Stadler wurde im Sturm- und Drangjahre 1848 zu Germersheim, einer kleinen aber als Festung bedeutenden Stadt der weingesegneten Rheinpfalz geboren und kam als dreijähriges Kind mit seinen Eltern nach den Vereinigten Staaten. Seine Ausbildung erhielt er in den öffentlichen Schulen New York's und wandte sich dann dem Kaufmannsstande zu, in dem er sich schnell eine angesehene und einflußvolle Stellung eroberte.

Im öffentlichen Leben wurde sein Name weiteren Kreisen zuerst durch seine vortrefflichen Argumente zu Gunsten einer Ermäßigung des Einfuhrzolles auf Hopfen und Malz vor dem zuständigen Congreß-Comité und später durch seine Bemühungen im Interesse der „Liga für persönliche Freiheit" bekannt. Von jeher Demokrat, steht Herr Stadler gleichwohl in manchen politischen Fragen auf neutralem Boden, aber in der Frage, welche das Deutschthum unseres Staates seit längerer Zeit bereits in ganz außergewöhnlichem Maße beschäftigt, hat er bei jeder sich bietenden Gelegenheit kerngesunde Ansichten kundgegeben. Seine Bestrebungen als Verfechter deutscher Ideen brachten ihm im Herbst 1887 die Nomination für den Staatssenat ein und die deutschen Wähler seines Distrikts bezeugten ihm ihre Anerkennung für seine Verdienste durch thatkräftigste Unterstützung, welche zu seiner Erwählung führte.

In der Legislaturperiode 1888—1889 that sich Herr Stadler durch seine energische Thätigkeit und sein unerschrockenes Eintreten für Beschützung der persönlichen Freiheit glänzend hervor und erwarb sich dadurch in allen Kreisen der Bevölkerung Freunde. Besonders hat er sich durch seine geschickte Befürwortung der Vorlagen, durch welche dem deutschen Vereinsleben ein größerer Spielraum gesichert worden wäre, Anspruch auf die Dankbarkeit der deutschen Kreise in reichstem Maße erworben.

Bei einer anderen Gelegenheit hat der Senator in einer längeren Rede den Versuch bekämpft, mittelst der Curtis-Bill die deutschen Vereine zu drangsaliren. Bekanntlich enthielt diese Bill eine Bestimmung, nach welcher alle „Clubs", ohne Unterschied der socialen Stellung, eine Wirthschaftslicenz herausnehmen und allen Verordnungen betreffs des Wirthschaftsbetriebes unterworfen sein sollten. Es wäre das ein Schlag direkt gegen das deutsche Vereinswesen gewesen und Senator Stadler hat sich für die Energie, mit welcher er der Bill entgegentrat und deren Annahme vereitelte, den begründetsten Anspruch auf den Dank aller deutschen Bürger ohne Unterschied der Partei erworben.

Ausdruck fand diese Anerkennung seines verdienstlichen Wirkens, als im Herbst 1889 Herr Charles A. Stadler von Tammany Hall wiederum als Senats-Candidat des 9. Distrikts aufgestellt wurde. Seine Wiederwahl konnte vielleicht dadurch in Frage gestellt erscheinen, daß County-Demokratie und Republikaner einen gemeinsamen Candidaten gegen Tammany Hall ins Feld schickten. „Niemand wird wohl zu leugnen wagen," urtheilt die N. Y. Staatszeitung in einer Parallele zwischen Charles A. Stadler und seinem Gegencandidaten Wm. J. Boyhan, „daß Herr Stadler, der mit jeder Faser seines Wesens im Deutschthum wurzelt, dem er entstammt ist, sich als fähiger Wortführer und Verfechter liberaler Anschauungen erwiesen hat, während sein countydemokratischer Gegner aus Mangel an Gelegenheit in dieser Beziehung noch nichts geleistet, und wäre ihm die Gelegenheit geboten, aus gänzlichem Mangel an Verständniß für die Sache wohl auch Nichts leisten würde. Einen unerfahrenen und unerprobten Candidaten aber einem Manne vorzuziehen, der sich als Vertreter seines Distrikts und des Deutschthums so glänzend bewährt hat, wie Senator Stadler, das wird der Durchschnittswähler deutscher Zunge sich schwerlich einfallen lassen. Er würde es auch dann nicht, wenn man ihm nicht zumuthete, wie es hier geschieht, daß er angesichts einer Wahl, in welcher die Frage der persönlichen Freiheit die Hauptrolle spielt, seine Grundsätze einer verächtlichen Opportunitätspolitik opfere."

Diese Ueberzeugung prägt sich klar in allen Kundgebungen aus, in denen Senator Stadler um abermalige Uebernahme des Amtes ersucht ward. Besonders bemerkenswerth ist ein Manifest, das eine Reihe angesehener Bürger wie William Steinway, Louis Kämmerer, C. M. vom Bauer, William Wicke, Geo. C. Clausen, Max Ams, J. G. Gillig, Richard Katzenmeyer, Alfred Reichelt, Jacob Ruppert und Frank A. Ehret im November

1889 an die Wähler des 9. Senats-Diſtrikts erließen. „Eine der wichtigſten Aufgaben," heißt es darin, „welche den Vertretern großer Städte zufällt, iſt die Wahrung der Communal-Intereſſen gegenüber den unausgeſetzten Angriffen der Vertreter der Landbevölkerung. Nicht nur, daß dieſe keinerlei Verſtändniß für die Bedürfniſſe einer Großſtadt hat, ſie ſcheint auch von der Idee beſeſſen zu ſein, daß der Städter eigentlich nur da ſei, um den Landbewohner jedweder Steuerpflichtigkeit zu entheben, indem er ſelbſt alle Laſten übernimmt. In dieſem Punkte und in allen eine möglichſt ſelbſtändige Städteverwaltung (Home rule) betreffenden Fragen hat Senator Stadler eine höchſt rühmenswerthe Stellung eingenommen.

In dieſem Beſtreben hat er indeſſen, wie ſeine im Senat gehaltenen Reden beweiſen, nie das Gemeinwohl der Bevölkerung des ganzen Staates außer Acht gelaſſen. Ehrlich, gewiſſenhaft und einſichtsvoll hat er ſich in allen legislativen Fragen an die Wünſche und Bedürfniſſe ſeiner Mandatgeber gehalten, ohne dabei im mindeſten gegen die berechtigten Forderungen der ganzen Wählerſchaft des Staates zu verſtoßen."

Als Mitglied des Senates hat ſich Herr Stadler im Laufe von drei Legislaturperioden namentlich durch ſeine ſegensreiche Thätigkeit in den wichtigſten Ausſchüſſen hervorgethan, wobei ihm ſeine gründliche Kenntniß der Gewerbs- und Handelsintereſſen, ſowie der mit dieſen zuſammenhängenden Verkehrsfragen ſehr zu Statten kam. In dieſer Weiſe machte er einen ungemein günſtigen und nachhaltigen Einfluß geltend in den höchſt wichtigen Ausſchüſſen für Handel und Schiffahrt, für das Eiſenbahn-Verkehrsweſen, für das Verſicherungsweſen und in den nicht minder bedeutenden Comités für Innere und Militär-Angelegenheiten. Wer mit dem Gang legislativer Geſchäfte vertraut iſt, der weiß, daß die ſchwierigſten Aufgaben des Geſetzgebers in den Ausſchüſſen gelöſt werden müſſen, denn dort vollzieht ſich Alles, was die endgültigen Entſchließungen des geſetzgebenden Körpers überhaupt ermöglicht. Freilich können ſolche Leiſtungen des Geſetzgebers der Natur der Sache nach nicht zu allgemeiner Kenntniß und Würdigung gelangen; es iſt aber eben aus dieſem Grunde um ſo anerkennenswerther, wenn ein Repräſentant des Volkes mit Ernſt und Gewiſſenhaftigkeit ſich ſolchen Arbeiten widmet. Während Herrn Stadler's Amtstermin tauchten unzählige hochwichtige Fragen auf, welche vor das Forum des einen oder des anderen der vorgenannten Ausſchüſſe gelangten und es muß daher für jeden Leſer von Intereſſe ſein, es feſtgeſtellt zu wiſſen, wie unſer Senator ſich dieſen Fragen gegenüber verhalten und in wie weit er zu deren Löſung beigetragen hat. Wir finden da zunächſt, daß er gegenüber allen Vorſchlägen zur Erweiterung des Eilverkehrs-Syſtems und Vervollkommnung der öffentlichen Verkehrswege eine dem fortſchrittlichen Geiſt der Handelsmetropole vollauf entſprechende Stellung eingenommen und weſentlich zur Verwirklichung geplanter Verbeſſerungen beigetragen hat. Er war es, der Namens des Handels- und Navigations-Comité's die Vorlage zur Herſtellung einer Brücke über den Northriver günſtig einberichtete. Bekanntlich wird dieſe Brücke eines der rieſigſten Bau-

werke seiner Art werden und einen Verkehrsweg für Hunderttausende schaffen, deren
Wohnsitze im Nachbarstaate liegen. Zwei Jahre lang opponirte er dieser Vorlage, weil
nach den ursprünglichen Bauplänen die Herstellung eines Pfeilers mitten im Strombett
nöthig gewesen wäre, was nach übereinstimmender Meinung aller Sachverständigen eine
Beeinträchtigung der Schifffahrt verursacht haben würde. Als dieser Uebelstand durch
zweckmäßigere Dispositionen Seitens des Brückeningenieurs beseitigt war, trat Herr
Stadler mit ganzer Energie für die Vorlage ein und trug wesentlich zu deren endgültiger
Annahme bei. Ein anderer von Stadler eingereichter und bis zu seiner endgültigen
Annahme mit Geschick und Nachdruck verfochtener Gesetzentwurf war derjenige, laut welchem die
das Einlaufen der Schiffe nach Sonnenuntergang verbietende Quarantäneverordnung in der
Weise abgeändert wurde, daß Schiffen, auf denen keine ansteckenden Krankheiten vorgefunden
werden, auch nach Sonnenuntergang und bis zum Eintritt völliger Dunkelheit das
Passiren der Quarantäne gestattet werden muß. In gleicher Weise wirkte er für alle
Verkehrsvorschläge und hat sich namentlich durch seine Stellungnahme bezüglich der
selbständigen Verwaltung der Straßenbau=Angelegenheiten des annektirten Distrikts der
Stadt New York verdient gemacht. Dem Ausschusse des Senats, welcher die Berechtigung
des Verlangens nach einem Separatkommissär für besagten Stadttheil zu untersuchen hatte,
gehörte Herr Stadler als Mitglied an und da er mit den Ortsverhältnissen innig
vertraut war, gab seine Meinung in allen entscheidenden Momenten den Ausschlag, wie
denn überhaupt der ganze Bericht, welchen der Ausschuß schließlich zu Gunsten eines
Separatkommissärs einreichte, zum großen Theil ihm zu verdanken ist.

Es würde zu weit führen, wollte man hier eingehend alle Fälle erörtern, in welchen
der Senator mit gleich großem Erfolge für ähnliche Forderungen des Fortschritts eintrat.
Bemerkenswerth ist indessen, daß Herr Stadler mit seltenem Scharfblick in das Wesen solcher
Vorschläge eindrang und sofort zu erkennen vermochte, wo es sich um ein wirkliches
Bedürfniß, um eine dem Gemeinwohle nützliche Sache handelte und wo nur der Eigennutz
und die Bereicherungssucht einzelner Personen oder Gesellschaften bestimmend auftraten. Ein
eclatantes Beispiel dieses dem Gesetzgeber so unentbehrlichen Unterscheidungsvermögens lieferte
Herr Stadler, als er durch seine Vorstellungen und seine Stimme den berüchtigten Plan
vereitelte, welcher darauf abzielte, die ganze Uferstrecke Staten Islands einer Eisenbahn=
gesellschaft gewissermaßen zu schenken. Die Baltimore= und Ohio=Eisenbahngesellschaft
hatte zu diesem Zwecke die verfänglichsten Argumente ausarbeiten lassen und es durch
Bearbeitung der öffentlichen Meinung dahin gebracht, daß man in gewissen Kreisen wirklich
glaubte, es würde durch die Ausführung des Planes ein großer Vortheil für die Gesammtheit
erzielt. Daß ihr Projekt trotzdem fehlschlug, ist Stadler's Verdienst.

Von dem Umfang der Arbeiten, welche allein im Handels= und Navigations=Ausschusse
vollzogen werden, kann man sich nur dann eine richtige Vorstellung machen, wenn man
weiß, daß alle auf Wasser= und Landwege, Brücken und Landungsvorkehrungen bezüglichen

Dinge dort erledigt werden, während im Ausschusse für innere Angelegenheiten der ganze weitverzweigte und complizirte Städteverwaltungs-Apparat seine gehörige Berücksichtigung findet. Welchen Ruf sich Herr Stadler in all' diesen Beziehungen und namentlich als unparteiischer, verständiger, dem Fortschritt huldigender Mann zu erwerben wußte, geht am deutlichsten aus der Thatsache hervor, daß der Senat ihn bei den Berathungen über alle auf die Stadt New York bezüglichen Fragen, die Weltausstellung und andere Dinge, zum Vorsitzenden der Plenarsitzungen wählte. Als eine besondere Auszeichnung, welche das in ihn gesetzte Vertrauen im schönsten Lichte zeigt, ist auch die Thatsache zu betrachten, daß die Legislatur ihn erwählte, den Staat bei der New Yorker Centennial-Feier zu vertreten.

Was man in seiner Partei von ihm hält, dafür zeugt seine Erwählung zum Mitglied des Vollzugsausschusses des Staats-Comité's und außerdem der Umstand, daß der Gouverneur ihn stets, wo es sich um das Deutschthum oder städtische Fragen handelt um Rath angeht, und was mehr sagen will, diesen Rath auch befolgt.

Das ist — allerdings in nur flüchtigen Umrissen — das Bild eines Senators, auf den wir alle Ursache haben stolz zu sein — eines Mannes, der übrigens erst am Anfang seiner politischen Laufbahn steht, dem aber, falls er das politische Gebiet nicht verläßt, ein hervorragender Platz in der politischen Geschichte des Staates New York sicher ist.

Joseph M. Ohmeis.

on den zahlreichen deutschen Vereinen, welche die Pflege der Musik auf ihr Banner geschrieben, nimmt der Beethoven Männerchor in New York eine der hervorragendsten Stellen ein. Die Bekanntschaft mit einer Reihe der besten Tonstücke verdanken wir ihm und er hat außerordentlich viel gethan für die Erhaltung und Festigung des Gefühls der Zusammengehörigkeit unter den Deutschen Amerika's. Aus einem knappen Häuflein sangesbeflissener Jünglinge hat sich der Verein in einem Zeitraum von dreißig Jahren zu einer Achtung gebietenden Stellung in der Musikwelt emporgeschwungen. Das Werk, das eine kleine Zahl musikliebender Freunde vor mehr als einem Vierteljahrhundert begonnen, es hat herrliche Früchte gezeitigt und ist heute zu einer der festesten Stützen des deutschen Liedes, des deutschen Gesanges in Amerika geworden.

Es war am 16. August 1859, erzählt der Chronist des Vereins, als acht sangeslustige junge Leute den Beethoven Männerchor gründeten. Das erste Vereinslokal befand sich in Joseph Dölger's Wirthschaft in der 3. Straße und der erste Dirigent war ein Herr Spoth, zur damaligen Zeit Organist in einer hiesigen Kirche. Sein Nachfolger wurde nach kurzer Zeit Ferdinand Amend, allein auch seine Thätigkeit war nicht von langer Dauer und ein junges Mitglied des damals groß dastehenden Vereins Teutonia Männerchor, Carl Träger, übernahm dann die musikalische Leitung des aufstrebenden Vereins. Das war für den Beethoven Männerchor ein Augenblick des Glückes, denn, selbst ein tüchtiger Sänger, allgemein beliebt und begabt mit Energie und glühender Liebe zur Musik war Carl Träger bald Herz und Seele des Ganzen und der Verein wuchs tagtäglich mehr, zur großen Freude Aller derer, die schon den Kopf geschüttelt und bange Ahnungen gehabt hatten. Da kam das verhängnißvolle Jahr 1861. Der Süden hatte sich losgesagt, Fort Sumter war gefallen,

Jos. M. Ohmeis

von allen Seiten eilten die unionstreuen Bürger herbei, um dem Rufe des Präsidenten Folge zu leisten, und die deutschen Turner und Sänger waren in inniger Begeisterung für die Sache des Adoptiv-Vaterlandes mit die Ersten, die sich um die föderale Fahne schaarten.

Auch von dem jungen Beethoven Männerchor zogen eine Anzahl Mitglieder in's Feld, und die Zurückgebliebenen litten unter der Ungunst der Verhältnisse, der Verein wurde vernachlässigt und die Kasse leer. Und da zeigte sich wieder Carl Träger's Liebe zum Verein im schönsten Lichte. „Ob Gehalt oder nicht," sagte er, „ich bin und bleibe Euer Dirigent, haltet seft zusammen, es werden auch wieder bessere Zeiten kommen." Sein Beispiel elektrisirte die Uebrigen, die Singstunden wurden gut besucht, bald trat der Verein, so klein er war, vor die Oeffentlichkeit, gab Concerte, meistens für die Wittwen und Waisen seiner im Kriege gefallenen Mitglieder; der allgemeine Beifall, den die Sänger fanden, führte ihnen immer mehr und mehr Genossen zu und der Verein entwickelte sich in schönster Blüthe.

Eine neue Epoche, glänzender als sie irgend einer der Gründer des Vereins geahnt hatte, brach an, als am 26. Dezember 1869 Joseph M. Chmeis zum Präsidenten erwählt ward. Wie er dieses Amt verwaltete, mit welcher selbstlosen Hingebung er sich den Interessen des Vereins widmete, davon giebt die neue Halle, die gleich in den ersten Tagen seines Präsidiums geplant, ausgeführt und schon in demselben Jahre eröffnet wurde, beredtes Zeugniß. Viel, ja das meiste an seiner heutigen hervorragenden Stellung verdankt der Beethoven Männerchor der unermüdlichen, emsigen Thätigkeit des Herrn Chmeis.

Geboren am 10. August 1823 in Ober-Erlenbach, einem kleinen Städtchen des Großherzogthums Hessen, woselbst sein Vater die Stellung eines Oekonomen bekleidete, kam der junge Chmeis 1853 nach Amerika herüber und übernahm eine Stelle in der Block'schen Restauration in Fulton Street, nahe Broadway. Durch Fleiß und Tüchtigkeit hatte er sich bald das volle Vertrauen seines Prinzipals erworben und schon nach einigen Jahren machte derselbe ihn zum Associé in seinem Geschäfte. Im Jahre 1865 übernahm er die Restauration selbst, verkaufte dieselbe jedoch schon nach einem Jahre, um in Grundeigenthum zu spekuliren. Zeit und Gelegenheit waren dem schaffenstüchtigen Manne günstig und in kurzer Zeit gehörte er zu den wohlhabendsten Deutschen New York's. Im Mai 1869 betheiligte er sich an der Gründung der Germania Bank, deren mehrjähriger Direktor und Vice-Präsident er war.

Am 15. Oktober 1867 wurde Herr Chmeis Mitglied des Beethoven Männerchor, dessen Interessen er sich mit so hingebendem Eifer widmete, daß der Verein ihn Ausgang des Jahres 1869, wie erwähnt, mit der Erwählung zum Präsidenten ehrte. Von diesem Zeitpunkte an datirt die Periode stetigen Fortschrittes, mächtigen Emporblühens des Beethoven Männerchor und getreu seinem Programm ist er seither unentwegt ein fester und starker Hort deutscher Art und Sitte, deutschen Frohsinns und Lebensgenusses, des deutschen Liedes und Gesanges im neuen Vaterlande gewesen.

Nachdem Herr Ohmeis vom Jahre 1876 bis 1882 Ehrenpräsident des Beethoven Männerchor gewesen, steht er seit dieser Zeit wieder als Präsident an der Spitze des Vereins. Die tiefe und allgemeine Liebe und Achtung, die Herr Ohmeis bei allen Mitgliedern genießt, fanden ihren beredten Ausdruck in der großartigen Ovation, die ihm am 10. August 1883 anläßlich der Feier seines 60. Geburtstages dargebracht wurde, und bei dem fünfundzwanzigjährigen Stiftungsfeste, das der Beethoven Männerchor 1884 mit großem Pompe feierte. Es schien, als wäre da eine Familie zusammengekommen und die ganze Feier trug den Stempel einer echten und rechten Familienszene. Und in der That, der Beethoven Männerchor ist auch eine große Familie, deren verehrtes und geliebtes Haupt „Papa Ohmeis" ist, wie er in ganz New York genannt wird.

Die zähe Willenskraft, mit der Herr Ohmeis seinen Ideen Gestaltung verleiht und die einen so hervorstechenden Zug seines Characters bildet, documentirte sich bei verschiedenen Anlässen, so z. B. als er den Gedanken anregte, dem unsterblichen Meister im Reiche der Töne Ludwig van Beethoven ein Monument im Central Park zu New York zu errichten. Als einer seiner Freunde ihn zweifelnd fragte, woher er die Mittel zu dem Denkmal nehmen wolle, da antwortete Herr Ohmeis schlagfertig: „Ich und der Verein haben noch so viele Kunstfreunde, daß ich im Stande wäre, die Fonds in einer Stunde herbeizuschaffen." Und er hielt Wort, die Mittel kamen in kurzer Zeit zusammen, das Denkmal ward von Künstlerhand fertiggestellt und bildet eines der schönsten Monumente New Yorks.

Die gleiche Energie entfaltete Herr Ohmeis, als es sich darum handelte, Mittel für die Errichtung des St. Joseph's Hospital zu New York, das unheilbare Kranke ohne Unterschied der Confession aufnimmt, zusammenzubringen. Er entwarf mit dem Dirigenten des Beethoven Männerchor ein auserlesenes Programm zu einem Wohlthätigkeits-Concert, dessen gesammte, außerordentlich hohe Kosten er ganz allein deckte. Der Apell verhallte nicht ungehört und er hatte die Genugthuung, dem Comité des Hospitales, das sich an 143. Straße und St. Ann's Avenue befindet, 3000 Dollars zur Verfügung stellen zu können.

Herr Ohmeis steht heute im 68. Lebensjahre und erfreut sich seltener geistiger und körperlicher Frische und Rüstigkeit. Gerade und bieder in seinem Character, ist sein Wesen von so aufrichtiger, gewinnender Herzlichkeit durchweht, sein ganzes Wirken von so selbstlosen, uneigennützigen Motiven bestimmt, daß er unter den Deutschen New York's einer der geachtetsten und populärsten Männer ist.

Nichts kann den trefflichen Character des hochverdienten Mannes besser kennzeichnen, als ein kleiner Vers, den ein Mitglied des Vereins ihm zu seinem 60. Geburtstage widmete:

Ein Freund zu jeder Zeit,
Zum Helfen stets bereit,
Glänzt er wie Keiner durch Bescheidenheit.

Gustav Schwab.

Guſtav Schwab.

s war an einem regentrüben Auguſt-Tage des Jahres 1888, als von den Dächern der Deutſchen Geſellſchaft, des Deutſchen Conſulats, der Produktenbörſe, von dem Hauptgebäude des Deutſchen Hoſpitals und vielen anderen öffentlichen Gebäuden die Flaggen auf Halbmaſt wehten. Und gar bald verbreitete ſich die Trauerkunde, daß der unerbittliche Senſenmann wieder das Leben eines der verdienſtvollſten Deutſchen Amerika's hinweggemäht hatte: Guſtav Schwab's, des warmherzigen Freundes aller Bedrängten, des unermüdlichen Vertreters des „Norddeutſchen Lloyd".

Guſtav Schwab war einer jener ſeltenen Männer, die ihre größte Freude in der Arbeit finden; deren Streben ausſchließlich auf die Förderung des allgemeinen Wohles gerichtet iſt und die unter Hintanſetzung ihrer perſönlichen Wohlfahrt ihre Kräfte philantropiſchen Zielen weihen. Auf den verſchiedenſten Gebieten entfaltete er eine dem Deutſchthum Amerika's ſegenbringende Thätigkeit, und ſeine Mitwirkung an einer gemeinnützigen Sache war gleichbedeutend mit dem Erfolge derſelben.

Uns Deutſchen war er beſonders werth und theuer: denn ſo weit die deutſche Zunge klingt und der Sinn für Poeſie vorhanden, iſt der Name Guſtav Schwab von vertrautem Klang. Und würdig des hochgeachteten Namens, den er überkommen, hat ihm auch der Sohn des Dichters hier in der neuen Welt ehrenvolle Geltung und Achtung verſchafft, wenn auch auf einem anderen Gebiete, als es dasjenige iſt, in dem ſeine Voreltern ſich ausgezeichnet haben.

Der Großvater von Guſtav Schwab — Johann Chriſtoph Schwab — war Profeſſor der Philoſophie und Mathematik in Stuttgart und erhielt von Friedrich dem Großen im Jahre 1784 einen Ruf als Mitglied der Königlichen Akademie der Wiſſenſchaften und

Professor der Militärschule in Berlin; doch bestimmten ihn die engen und herzlichen Beziehungen, die er zu seinem Hofe unterhielt, den ehrenvollen Antrag abzulehnen und in Stuttgart zu bleiben. Hier wurde der Dichter Gustav Schwab geboren, der jener Gruppe süddeutscher Poeten angehörte, deren Mittelpunkt Ludwig Uhland war. Schwab errang sich durch seine Poesieen sehr schnell eine angesehene Stellung unter den zeitgenössischen Dichtern und wurde einer der populärsten Schriftsteller seiner Zeit. Seinen gemüthvollen, von edler Kraft, Tiefe und Reinheit der Gedanken durchströmten Dichtungen haben wir Alle mit andächtiger Begeisterung gelauscht und es giebt kaum eine deutsche Familie, in der nicht eine seiner Schriften zu finden ist.

In diesem kunstsinnigen Heim wurde am 23. November 1822 Gustav Schwab geboren und empfing hier seine ersten Eindrücke. Es kann nicht Wunder nehmen, daß dieselben von nachhaltigem Einfluß auf die Gestaltung seines Charakters gewesen sind und bestimmend auf seinen ganzen Lebensgang gewirkt haben. Seine Neigung wandte sich indeß nicht der Literatur und Dichtkunst, sondern der großen commerciellen Thätigkeit zu, und er trat, nachdem er in seinem siebzehnten Lebensjahre das Gymnasium seiner Vaterstadt absolvirt hatte, auf das Anrathen von Freunden der Familie in Bremen in das berühmte Handelshaus H. H. Meier & Co. ein. In diesem großen Schiffs- und Commissionsgeschäfte machte er — der damaligen Sitte gemäß — eine sechsjährige Lehrthätigkeit durch. Nach Beendigung derselben verließ er 1844 Bremen, um nach Amerika zu gehen, wo er in der Firma Oelrichs & Krüger in New York Stellung nahm, die mit dem Hause H. H. Meier & Co. im engsten Connex stand. Einige Jahre später etablirte Gustav Schwab ein eigenes Geschäft unter der Firma Wichelhausen, Recknagel & Schwab, welches bis 1859 bestand. In diesem Jahre ward er als Theilhaber in die Firma Oelrichs & Co. aufgenommen, der kurz nach seinem Eintritte die Agentur des „Norddeutschen Lloyd" übertragen wurde. Der Einführung und dem Ausbau des amerikanischen Geschäfts des „Norddeutschen Lloyd" wandte Gustav Schwab seine volle Energie und seine seltene Thatkraft zu und erzielte hier außerordentliche Erfolge. Der bedeutende Aufschwung, den die Auswanderung und das Importgeschäft über Bremen genommen, ist in nicht geringer Ausdehnung den rastlosen Anstrengungen Gustav Schwab's zuzuschreiben.

Ungeachtet seiner anstrengenden und aufreibenden geschäftlichen Thätigkeit fand Gustav Schwab dennoch Zeit, gemeinnützigen Bestrebungen seine Kräfte zu widmen. Bei allen wohlthätigen und philantropischen Werken stand er im Vordergrund und wirkte durch sein Beispiel fördernd und befruchtend auf seine Umgebung. Nachdem er mehrere Jahre (1852—1853) als Direktor und für eine kurze Zeit (1854—1855) als Präsident der Deutschen Gesellschaft der Stadt New York, der er 1844 als Mitglied beigetreten war, fungirt hatte, nahm er ein thätiges Interesse an der Begründung und dem Ausbau des deutschen Hospitals, dem u. A. durch seine Vermittlung die großartige Stiftung des

Freiherrn von Diergard in der Höhe von 850,000 zufiel. Selbst das zunehmende Alter und die mit dem stetigen Anwachsen seiner Firma vermehrte Berufslast konnte seine Arbeitslust nicht eindämmen und er übernahm die mühevolle Stellung als Schatzmeister der Gesellschaft, die er mit seltenem Erfolge vom April 1878 bis März 1887 ununterbrochen verwaltete. Sein Pflichtbewußtsein war so groß, daß er nur durch die energischen Bemühungen seiner Familie sich bestimmen ließ, diese Vertrauensstellung in jüngere Hände zu legen.

Derselbe Wunsch, seine Kräfte dem Allgemeinwohle zu widmen, brachte ihn mit den verschiedensten öffentlichen Instituten in Verbindung. So war er eines der prominentesten Mitglieder der Handelskammer, in der seine staunenswerthe Arbeitskraft reichliche Bethätigung fand und sein Rath hochgeschätzt war. In allen wichtigen nationalökonomischen Fragen ist seine Stimme entscheidend gewesen und drang weit durch das ganze Land. Im Jahre 1884 wurde er Mitglied des Erziehungsrathes und bekleidete diese Stellung bis zum Ablauf seines Amtstermins am 1. Januar 1887. Er war ferner der älteste Direktor und Vice-Präsident der „Merchant National Bank", Mitglied des „Board of Managers" der Produktenbörse, Direktor der „Central Trust Co.", der „Hamburg-Bremen Fire Insurance Co.", der „Washington Life Insurance Co.", der „Orient Mutual Insurance Co.", Präsident der „Suburban Rapid Transit Co." und anderer Institute. Der protestantischen Episkopalkirche gehörte er als Mitglied an und war zugleich Warden der St. James-Kirche in Fordham.

Vollberechtigt war der Stolz, mit welchem alle Deutsch-Amerikaner auf Gustav Schwab blickten. Seine Thätigkeit beschränkte sich nicht nur auf merkantile, maritime und finanzielle Kreise, er kam auch seinen Pflichten als Mensch in einer Weise nach, die seinen Namen mit allen philantropischen und wohlthätigen Werken eng verwebte. Er stand vor uns als ein Vorbild treuester Pflichterfüllung, edelster Humanität, hingebungsvollen Fleißes und rastloser Schaffensfreudigkeit. Strenge Rechtlichkeit und Aufrichtigkeit, eine von Herzen kommende und Herzen gewinnende Liebenswürdigkeit, innige Theilnahme für alles fremde Leid und stete Hilfsbereitschaft — das waren die Charakter-Grundzüge des unvergeßlichen Mannes, die ihm einen großen Kreis treuer Freunde erworben hatten.

Ruhe und Erholung, die sich Gustav Schwab bei seiner regen und umfangreichen Betheiligung am öffentlichen Leben allerdings nur selten gönnen konnte, fand er in seinem innigen Familienleben. Seit 1850 verheirathet, lebte er in glücklichster Ehe mit einer Tochter von L. H. von Post, die ihm drei Töchter und sieben Söhne geschenkt hat. Die beiden ältesten Söhne, Gustav H. und Hermann C. Schwab sind Theilhaber in der Firma ihres Vaters und bauen in seinem Geiste fort an der Entwickelung des großen Hauses. Herr Gustav H. Schwab, der ganz in die Fußstapfen seines edlen Vaters tritt, ward nach dem Tode von Carl Hansell zum Präsidenten der „Deutschen Gesellschaft" gewählt.

Sein schönes Heim in Fordham Heights, am Westchester Ufer des Harlem, wohin sich Gustav Schwab in ländliche Weltflucht zurückgezogen hatte, war stets allen Besuchern und dem großen Kreise seiner persönlichen Freunde gastfreundlich geöffnet und eine Pflegstätte von Kunst und Wissenschaft. Zu Beginn des Jahres 1888 begann ein schweres Geschick die Gesundheit des braven Mannes zu bedrohen, und die Krankheit nahm einen so gefährlichen Charakter an, daß jede Hoffnung auf Genesung entfiel. Aber selbst in seiner Leidenszeit verließ Gustav Schwab keinen Moment das Interesse an seinen Schöpfungen. Sein nimmermüder Geist war bis zum letzten Augenblick beschäftigt, Gutes zu stiften und der Allgemeinheit zu dienen. Sein Hinscheiden war ein friedliches; er starb am Morgen des 21. August 1888, umgeben von sämmtlichen Mitgliedern seiner Familie, mit einem sanften Lächeln auf den verklärten Zügen. Die tiefergreifende Begräbnißfeier fand in der St. James-Kirche statt, die kaum Raum bot für die schier endlose Zahl der Leidtragenden. Deputationen der Handelskammer, der Rheder-Association, der Produkten-Börse, der Deutschen Gesellschaft, des Deutschen Hospital-Vereins, der verschiedenen commerciellen und financiellen Korporationen und sonstigen Gesellschaften, denen der Verstorbene angehört hatte, waren erschienen, um dem todten Freunde und Mitarbeiter die letzte Ehre zu erweisen.

Die „Deutsche Gesellschaft", deren Mitglied Gustav Schwab fast ein halbes Jahrhundert gewesen, nahm in einer Extra-Versammlung des Verwaltungsrathes die folgenden Trauerbeschlüsse an: „Nachdem es Gott gefallen hat, unser Mitglied Gustav Schwab von seinem schweren Leiden zu erlösen und aus diesem Leben zu rufen, geziemt es der Deutschen Gesellschaft der Stadt New York, hier auszusprechen, daß Herr Schwab während seiner langen und erfolgreichen Thätigkeit in dieser Stadt mit warmem Herzen und großer Energie für das Gute, Edle, Gemeinnützige thätig gewesen und dadurch ein leuchtendes Vorbild für Alle geworden ist. Besonders sind die hilfsbedürftigen Deutschen durch das thatkräftige Eingreifen des Herrn Schwab unterstützt worden, und die Deutsche Gesellschaft, welcher er 44 Jahre lang als Mitglied angehört hat und deren Präsident er im Jahre 1835 war, darf es hier aussprechen, welch' starke Stütze sie in ihrer schweren Aufgabe an dem Verstorbenen jederzeit gehabt hat.

Der Verwaltungsrath der „Deutschen Gesellschaft".

E. Steiger, Sekretär.   Julius W. Brunn, Vice-Präsident."

Der Beileidsbeschluß, den der Vorstand des Deutschen Hospitals und Dispensary annahm, lautete: „Durch den Tod unseres langjährigen Kollegen und Freundes Gustav Schwab erleidet das hiesige Gemeinwesen einen nicht zu ersetzenden Verlust. Der Verstorbene verkörperte in liebenswürdigster Weise Ehrenhaftigkeit, Gerechtigkeit und Nächstenliebe. Als langjähriges Mitglied des Verwaltungsrathes und Schatzmeister des Hospitals opferte er für unsere Anstalten, auf welche er stolz war, in liberalster Weise Zeit und Geld, so daß ein Gedeihen von Hospital und Dispensary vielfach seinen Bemühungen zuzuschreiben war, und diese Anstalten einen wahren Freund, weisen Rathgeber und schwer zu entbehrende Stütze in ihm verlieren. Das Bewußtsein, daß das Leben und Wirken eines so edlen Mannes unauslöschliche Spuren hinterlassen wird, dürften den Anverwandten des Verblichenen, denen wir unser innigstes Beileid hiermit aussprechen, in den Stunden der Trauer ein Trost sein.

Dr. Aug. Caillé, Sekretär.   Theodor Kilian, Präsident.

Nun ruht Gustav Schwab aus von seinem arbeitsvollen, thatenreichen Leben; das Gute, das er gethan und gefördert hat, sichert seinem Namen ein ehrenvolles, unvergängliches Andenken.

Randolph Guggenheimer.

eit Jahren drängen nativistisch angehauchte Kreise gegen den Fortbestand der deutschen Sprache in Amerika und leider ist von Seiten der Deutsch-Amerikaner diesen Bestrebungen nicht der nöthige energische Widerstand entgegengesetzt worden. Lauheit und Unverstand haben die feindlichen Angriffe nicht abzuwehren sich bemüht und dadurch ein kostbares Gut achtlos preisgegeben, über dessen Werth erst nach seinem unwiederbringlichen Verlust die Erkenntniß dämmerte. Selbst in den bestgebildeten Kreisen der Deutsch-Amerikaner gehen die Meinungen über die Berechtigung der Beibehaltung der deutschen Sprache weit auseinander und es wird vielfach geleugnet, daß ihr in diesem Lande eine Zukunft blühe. Man weist darauf hin, daß bereits in zweiter, sicher aber in dritter Generation die deutsche Sprache verloren gehe und daß ohne den befruchtenden Einfluß der neuen Einwanderung der Sprache bereits jeder Boden hier entzogen wäre. Nur kurzsichtige Beschränktheit kann dieses Urtheil abgeben. Wenn wir allerdings müßig zusehen, wie man uns dieses Schatzes zu berauben trachtet, wenn wir selbst nicht muthvoll und treu für seine Erhaltung einstehen und unsern Kindern nicht einimpfen, welches Kleinod sie in der Sprache ihrer Väter überliefert bekommen, wie wollen wir uns dann wundern, daß Amerikaner mit verbissenem Fremdenhaß die Existenzberechtigung derselben nicht anerkennen? Welchen Einfluß Vorbild und Erziehung in diesem Kampfe um unsere Muttersprache für die nachwachsende Generation besitzt, das beweist Lebensgang und Wirken eines Mannes, dem New York unendlich viel verdankt hinsichtlich der Beibehaltung des deutschen Sprachunterrichtes in den Schulen: Herr Randolph Guggenheimer. Wenngleich in Amerika geboren, gilt er mit Recht als einer der mannhaftesten und muthigsten Vorkämpfer und Verfechter der deutschen Sprache. Sein Wirken mag jenen verneinenden und

absprechenden Elementen als Beispiel dienen, daß keineswegs in zweiter Generation jedes
Interesse an der Erhaltung unserer Muttersprache erstirbt, daß im Gegentheil hier oft die
beredtesten und glühendsten Verfechter derselben erwachsen. Bestimmenden Einfluß übt
Vorbild, Anlage und Erziehung, denn gerade die Kindesseele mit ihrer tiefen Empfänglich-
keit für neue Eindrücke ist die bildsame Form, in die wir das Samenkorn des Guten und
Edlen pflanzen müssen.

Im Juli des Jahres 1848, als der Völkerfrühling die europäischen Staaten durch-
brauste, ward Guggenheimer in Lynchburg, Va., geboren. In zartester Jugend des Vaters
beraubt, glaubte die Mutter Frauenerziehung nicht als genügend, um die frühentwickelte
Begabung des Knaben sorgsam auszubilden und sandte ihn zu Bekannten nach New York,
wo der junge Randolph die öffentlichen Schulen und später eine Pension besuchte.
Von hier kam er auf die University of New York, um Rechtswissenschaft zu studiren
und begann nach Beendigung seiner Studien sofort eine selbstständige juristische Thätigkeit. Dank der außergewöhnlichen juristischen Kenntnisse und unterstützt von seiner be-
stechenden Persönlichkeit erwarb er sich schnell eine bedeutende und vornehme Clientel
und brachte seine Firma zu hoher Blüthe. Im Jahre 1882 nahm Herr Guggenheimer
seine beiden Brüder, die Herren Isaac Untermyer und Samuel Untermyer, als Partner
auf — gleichfalls Herren von bedeutenden juristischen Kenntnissen und außerordentlich
gewiegte Advokaten. Speciell in Grundeigenthums-Angelegenheiten und großen commerciellen Transactionen nimmt die Firma eine der ersten Stellen ein und hat beispielsweise
die Unterhandlungen angeknüpft und geleitet, welche zum Ankauf einer Anzahl der bedeutendsten amerikanischen Brauereien durch ein Syndikat englischer Kapitalisten führten.
Die Hauptoffice der Firma befindet sich jetzt in dem Prachtbau der Bank of America,
Ecke von Wall und William Street, während eine Zweigoffice für die obere Stadt an
55. Straße und III. Avenue unterhalten wird.

Eine bedeutungsvolle öffentliche Thätigkeit von einschneidender Tragweite begann Herr
Randolph Guggenheimer zu entfalten, als er im Januar 1887 von Mayor Grace
in den "Board of Education" berufen ward. Hier erwies er sich vor Allem als eine
der festesten Stützen des deutschen Sprachunterrichtes, für dessen Beibehaltung er unentwegt
mit muthigem Eifer eintrat. Aber auch auf einer Reihe anderer reformbedürftiger Gebiete
unseres Schulwesens entfaltete er eine fruchtbringende Thätigkeit und bemühte sich unablässig, Verbesserungen und Umgestaltungen einzuführen. So suchte er namentlich den
Uebelstand abzustellen, daß eine große Zahl von Kindern in New York aus Mangel an
genügenden Schulräumen gänzlich des Unterrichts entbehrt, weil die Neubauten weiterer
in Aussicht genommener Schulen noch nicht vollendet sind. Er brachte in dieser Ange-
legenheit im November 1889 in der Schulcommission eine Resolution ein, laut welcher das
Aufnahmsalter vom fünften auf das sechste Lebensjahr festgesetzt wird, und in den Wards,
wo der Uebelstand herrscht, die bereits in die Schule aufgenommenen Kinder der untersten

Klasse von 9 bis 12 Uhr, und die Aufnahme suchenden von 1 bis 3 Uhr Unterricht erhalten.

In Anjehung des bedeutungsvollen und pflichteifrigen Wirkens war es nur eine verdiente Anerkennung von Seiten des Mayor Grant, daß er Herrn Randolph Guggenheimer bei Ablauf seiner Dienstzeit für einen neuen Termin als Schulcommissär ernannte und dadurch einer stetigen Verbesserung des Schulwesens die Wege ebnete.

Es erheischt indeß die Pflicht der Gerechtigkeit zu erwähnen, daß Initiative und Ansporn zu der reformirenden Thätigkeit des Herrn Guggenheimer oftmals und zu einem erheblichen Theile von seinem Schwiegervater, Herrn Julius Katzenberg, ausgehen. Dieser Herr, ein durch und durch erfahrener Schulmann und zugleich einer der besten Pädagogen in Amerika, der in einer lebenslangen lehrerischen Wirksamkeit am besten Gelegenheit hatte, die unserm Schulsystem anhaftenden Mängel zu durchdringen, hat selbst viele Jahre der Stadt als Schulcommissär gedient und nun in seinem Schwiegersohn einen würdigen Nachfolger in seinen Bestrebungen und Anschauungen gefunden, dessen erfahrener Rathgeber er fortgesetzt geblieben ist.

Am geselligen, politischen und socialen Leben nimmt Herr Randolph Guggenheimer thätigen Antheil; eine große Reihe gemeinnütziger Anstalten besitzen an ihm einen eifrigen Förderer auf dem weiten Gebiete, Gutes zu stiften und wohl zu thun. Ebenso ist er Mitglied verschiedener Gesang- und geselliger Vereine und hat außerdem mehrere Jahre hindurch als Mitglied des demokratischen General-Comités am politischen Leben theilgenommen.

Ueber seinem Familienleben waltet die Harmonie eines reinen Glückes. Seine Gattin Eliza, eine feingebildete, kunstsinnige Dame von bezaubernder Liebenswürdigkeit, ist ihm eine verständnißvolle Gefährtin in seinem regen Geistesleben, während drei reizende Kinder — ein Mädchen von 13 Jahren und zwei Knaben im Alter von 12 und 10 Jahren — das häusliche Glück krönen.

August Belmont.

nter denjenigen Bankfirmen, die jederzeit einen heilsamen Einfluß auf die glückliche und prosperirende Entwicklung des Landes ausgeübt, steht ein deutsches Bankhaus, dasjenige von August Belmont & Co. obenan. Der Begründer desselben, August Belmont, war aus Rheinhessen und zwar aus dem lieblichen Städtchen Alzey gebürtig, wo er am 6. Dezember 1816 das Licht der Welt erblickte. Sein Vater war ein angesehener Kaufmann daselbst, der sich in behaglichen Verhältnissen befand, während seine Mutter mit der Frau von Anselm Meyer Rothschild, dem Begründer des weltberühmten Hauses, verwandt war. Nachdem er eine gute Erziehung genossen, kam der junge Belmont im Alter von dreizehn Jahren durch den Einfluß und die Verwendung seiner Mutter in das Rothschild'sche Bankgeschäft und mußte hier von der Picke auf anfangen. Noch oft erzählte August Belmont in späteren Tagen, wie er die Comptoirs ausfegen, die Schreibtische und Bureau-Utensilien abstäuben und Botengänge aller Art verrichten mußte. Wie es in Deutschland üblich, erhielt er während seiner Lehrzeit keine Bezahlung, aber er arbeitete ebenso willig und zuverlässig wie der bestbezahlte Buchhalter und hielt Augen und Ohren jederzeit offen. Gründliche Menschenkenner, wie die Rothschilds waren, erkannten sie sehr bald die ungewöhnliche Befähigung und strenge Zuverlässigkeit des jungen Belmont und machten ihn zu ihrem Vertrauens-Clerk. Wenige Jahre später ward er von ihnen dazu auserwählt, eines der Mitglieder des Hauses als Sekretär nach Frankreich und Italien zu begleiten, wo ihm die Unterhandlungen zum Abschlusse von Anleihen mit der päpstlichen, sowie der neapolitanischen Regierung übertragen wurden. Ebenso wie seine Erziehung auf dem Lande in Belmont die Liebhaberei für Pferdesport und die Jagd geweckt hatte, so wurde nun in Italien der Kunstsinn bei ihm angeregt,

welchem er sein ganzes Leben hindurch treu blieb und der seinen Namen so berühmt gemacht hat. Nachdem er vier Jahre im Interesse seiner Firma in Neapel thätig gewesen, und sich das Vertrauen derselben in ihn im weitesten Maße befestigt hatte, erhielt er im Jahre 1837 den Auftrag, sich nach Havana zu begeben, um dort wichtige Geschäfte für sein Haus abzuschließen. Ehe er New York auf seinem Wege nach Havana erreichte, brach die Panik von 1837 herein, und so hielt Belmont es für das Beste, in New York zu bleiben, um die Interessen seines Hauses wahrzunehmen. Unter Zustimmung der Rothschilds eröffnete der damals erst 21jährige August Belmont als Agent derselben in einem kleinen Bureau in Wall Street, das er von dem alten Girard gemiethet hatte, das Bankgeschäft, welches — Dank des rastlosen Eifers, der Tüchtigkeit und Ehrenhaftigkeit seines Leiters in kurzer Zeit eines der ersten nicht allein in New York, sondern auch in den Vereinigten Staaten wurde und seinen wohlerworbenen Ruf in den 53 Jahren seines Bestehens stets fleckenlos aufrecht erhielt.

Ein geistig so regsamer Mann, wie August Belmont es war, beschränkte er sich aber nicht allein auf seine geschäftliche Thätigkeit. Nach Ablauf der gesetzlichen fünf Jahre, um Bürger zu werden, begann er bald auch, regen Antheil an der Politik, und zwar als Mitglied der demokratischen Partei, zu nehmen. Im Jahre 1844 war er von der österreichischen Regierung zum General-Consul in New York ernannt worden, legte aber wegen seiner Freundschaft mit Ludwig Kossuth und seiner Sympathien für Ungarn diese Stelle 1849 als mit seinen politischen Ansichten unvereinbar nieder. In dasselbe Jahr fällt auch seine Vermählung mit einer Tochter des Commodore Perry, einer Nichte des berühmten Seehelden Oliver Hazard Perry. Diese Verbindung mit einer der ältesten amerikanischen Familien konnte nicht verfehlen, dem bereits zu beträchtlichem Vermögen gelangten Manne eine noch festere Stellung unter den eingeborenen Amerikanern zu verleihen. Mit dem größten Eifer betheiligte sich Belmont an der Präsidenten-Wahl von 1852, und als der demokratische Candidat Pierce gewählt worden war, ernannte er August Belmont zum Gesandten für Holland, welches Amt er bis zum Jahre 1859 versah. Sehr interessante Aufschlüsse über seine Thätigkeit in dieser Stellung, sowie seinen späteren Verkehr mit hervorragenden Staatsmännern dieses Landes, sowie Englands und Frankreichs giebt — so sagt die N. Y. Staatszeitung in einer biographischen Skizze über August Belmont — ein von Herrn Belmont lediglich für den Privatgebrauch dem Drucke übergebenes Buch, welches eine Anzahl von Briefen Belmont's an die erwähnten Herren, Briefe dieser, sowie eine Anzahl politischer Reden, die er gehalten, enthält. So mag eines Briefes Belmont's an den damaligen Staatssekretär Marcy Erwähnung geschehen, in welchem er aus dem Haag berichtet, daß er dem einfachen bürgerlichen Kleide des amerikanischen Bürgers am holländischen Hofe Anerkennung verschafft habe. Eine der wichtigsten Amtshandlungen Belmont's als Gesandter war aber, daß es seinen fortgesetzten Bemühungen gelang, die holländische Regierung zu bewegen

die bisher stets verweigerte Anstellung amerikanischer Consuln in ihren Colonien zu
gestatten. Vom Haag aus knüpfte Belmont auch mit den vorerwähnten Staatsmännern Beziehungen an, welche er später, zur Zeit des Secessionskrieges so gut zu
verwerthen verstand.

In dem heftigen Wahlkampfe des Jahres 1860 begann Belmont aber erst, seine
eigentliche Rolle in der amerikanischen Politik zu spielen. In fast keiner größeren politischen Versammlung seiner Partei fehlte er. Er trat mit Eifer für die Erwählung von
Stephen A. Douglas ein, der ebenso gegen die südlichen Secessionsgelüste, wie gegen den
Fanatismus der nördlichen Abolitionisten Stellung genommen hatte. Der Nationalconvent
in Baltimore erwählte August Belmont zum Vorsitzenden des National-Comités.
Aber alle seine Bemühungen im Interesse seines Candidaten waren ohne Erfolg, die
Spaltung unter den Demokraten war erfolgt, die Südländer hatten J. C. Breckenridge
als Candidaten aufgestellt und dieser sowohl wie Douglas unterlagen gegen Abraham
Lincoln. Dies machte Belmont's Lage, der als Vorsitzer des National-Comités eine
hervorragende Stellung in seiner Partei einnahm, zu einer äußerst schwierigen. Selbst
ein entschiedener Gegner der Secession und treuer Anhänger der Union, waren ihm
dennoch die Prinzipien der demokratischen Partei zu sehr ans Herz gewachsen, um ihnen
untreu werden zu können, und ein Anschluß an die republikanische Partei war daher für
ihn eine Unmöglichkeit. Zudem widerte ihn Vieles in dieser eben zur Macht gekommenen
Partei an, aber auch in seiner Partei gab es viel Zank und Hader. Alles dies hinderte
Belmont aber nicht, all' seinen Einfluß aufzubieten, um jene Südstaaten, welche
Anfangs noch schwankten, von der Secession abzuhalten. Eine Reihe Briefe, welche er
damals an John Forsyth von Alabama, Gouverneur Johnson von Georgia, Gouverneur
Aiken von Süd-Carolina und andere Südländer schrieb, enthielten gewichtige Argumente
gegen die Lostrennung und für die Beibehaltung der Union. Warnend erhob er seine
Stimme vor der Secession, welche einen blutigen Bürgerkrieg erzeugen müsse. Außer mit
diesen seinen Parteigenossen setzte Belmont sich auch mit gemäßigteren Republikanern,
wie William H. Seward, Thurlow Weed und Gouverneur Sprague von Rhode Island
in Verbindung und drang in sie, durch einen Ausgleich der drohenden Katastrophe
vorzubeugen.

Bekanntlich blieb dies ohne Erfolg. Der Bürgerkrieg brach aus, und Belmont
war um zu Gunsten einer möglichst energischen Durchführung desselben. Er half u. A.
das erste deutsche Regiment in dem Staat New York aufbringen, das er am 15. Mai
1861 mit einer Fahne beschenkte. Aus dieser Zeit stammen auch mehrere Briefe an
Lincoln und Seward und vor Allem zahlreiche Briefe an das englische Parlamentsmitglied
Lionel Rothschild, an Nathaniel und James Rothschild in Paris, an Lord Dunfermline
und Lord Rokeby, in welchen er diese Herren mit den Verhältnissen unseres Landes
vertraut machte, entschieden gegen die Anerkennung der Südstaaten als kriegsführende Macht

protestirte, auf die financielle Schwäche des Südens und die Nachtheile hinwies, welche die europäischen Länder, insbesondere England, durch die Theilung der Union erleiden müßten. Durch diese Correspondenzen kam Belmont auch in direkte Berührung mit dem damaligen englischen Premier Lord Palmerston und mit dem französischen Minister Thouvenel. Mit Ersterem hatte er 1861 in London eine längere Conferenz, über die er brieflich an Seward berichtete. Zwei Jahre später war er in Paris, wo er sich alle Mühe gab, die Regierung zu Gunsten der Nordstaaten umzustimmen.

Im Jahre 1864 eröffnete August Belmont den demokratischen Nationalconvent in Chicago mit einer Rede, in welcher er allerdings gegen die republikanische Administration loszog, aber auch seine Anhänglichkeit an die Union betonte. Ebenso wurde der Nationalconvent von 1868 in New York, in welchem Horatio Seymour nominirt wurde, von ihm eröffnet. Als aber vier Jahre später Horace Greeley die demokratische Präsidentschafts-Nomination erhalten hatte, trat August Belmont vom Vorsitze des National-Comités zurück, und wenn er auch in den späteren Wahlcampagnen gelegentlich in Versammlungen präsidirte und Reden hielt, so nahm er doch nicht mehr so thätigen Antheil am politischen Getriebe wie früher.

Was nun Herrn August Belmont's Familienleben betrifft, so war dieses ein sehr glückliches. Seiner Ehe entsprossen fünf Kinder, wovon vier noch am Leben sind, nämlich Perry Belmont, von 1881 bis 1887 Mitglied des Congresses und unter Cleveland Gesandter in Spanien, Oliver Hazard Belmont und August Belmont jun., der zusammen mit Herrn Walter Luttgen Theilhaber des Bankhauses August Belmont & Co. ist, sowie Frau S. S. Howland. Der jüngste Sohn August Belmont's, Raymond, starb am 31. Januar 1887 durch einen unglücklichen Zufall. Beim Scheibenschießen im Keller des Familienhauses hatte er sich eine tödtliche Verletzung beigebracht. August Belmont's Haus in Fifth Avenue, äußerlich ziemlich unscheinbar, birgt in seinem Innern eine wahre Fülle der herrlichsten Kunstschätze. Eine der schönsten Bilder-Gallerien dieses Landes — mit Meisterwerken von Knaus, Rosa Bonheur, Meissonier, Schreyer u. v. A. — und zahllose andere Kunstgegenstände, wie sie von dem reichen und kunstverständigen Manne in allen Theilen der Welt sein ganzes Leben hindurch gesammelt wurden, sind dort zu finden. Daneben war August Belmont auch einer der besten Pferdekenner des Landes. Sein Stolz war es, amerikanische Vollblutpferde zu züchten, welche den Kampf mit Pferden anderer Länder erfolgreich aufnehmen könnten. Aus seinen Gestüten in Babylon, Long Island und in Lexington, Ky., sind viele der berühmtesten Renner hervorgegangen, welche die Belmont'schen Farben auf dem amerikanischen Turf zu hoher Ehre gebracht haben. Zwanzig Jahre hindurch war August Belmont Präsident des American Jockey Club, bis er dieses Ehrenamt in 1887 niederlegte. Für seine Erfolge auf dem „grünen Rasen" sprechen am besten die hohen Gewinne von $128,000, die er 1889, und von $170,000, die er 1890 einheimste. Gemäß einer Bestimmung in seinem Testamente wurde nach seinem

Tode der Rennstall aufgelöst, der auf die hohe Entwickelung der amerikanischen Vollblut-Pferdezucht von so einschneidender Bedeutung gewesen.

Im socialen Leben New York's war August Belmont's Auftreten von völlig umgestaltender Tragweite. Während vordem das sociale Leben in der Metropole monoton und nüchtern war und sich nur sehr schwach bethätigte, war August Belmont es, der die New Yorker Gesellschaft europäisirte und in ihr Geschmack und Verständniß für verfeinerten Lebensgenuß weckte. August Belmont verstand die große Kunst zu leben und das enorme Einkommen aus seinem Bankgeschäft, das auf jährlich $500,000 geschätzt ward, auf wahrhaft vornehme Weise auszugeben. Die Bälle und Diners, die er veranstaltete, gehörten zu den gesellschaftlichen Ereignissen allerersten Ranges und waren von so fürstlicher Pracht, daß sie selbst die Festivitäten der Astor's und Vanderbilt's in den Schatten stellten. Seit 1850 hat August Belmont die unbestrittene Führerrolle im socialen Leben New York's eingenommen und auf die Bereicherung und Veredelung des Geschmacks den durchgreifendsten Einfluß ausgeübt. Obwohl kein Clubmann im eigentlichen Sinne des Wortes, gehörte doch August Belmont selbstredend allen besseren Clubs an, und hatte bei den meisten die einflußvollsten Ehrenstellungen inne. Er gründete zusammen mit John van Buren den Manhattan Club und in 1871 den Knickerbocker Club, war prominent im Union Club und einer der Gründer der Academy of Music in Irving Place, des ersten Opernhauses in den Vereinigten Staaten.

Ein hervorstechender Zug in August Belmont's Charakter war seine chevalereste Gesinnung und sein ritterlicher Muth, von dem er im Jahre 1841 eine bemerkenswerthe Probe abgelegt hat, deren hier Erwähnung geschehen mag. Ein junger Südländer, Edward Hayward hatte in Niblo's Garten eine unhöfliche Bemerkung über eine Dame gemacht, was Belmont ihm verwies. Hayward antwortete in flegelhafter Weise und Belmont schickte ihm eine Forderung zu. In Maryland traten sich die Duellanten gegenüber. Hayward feuerte zuerst und verwundete Belmont an der Hüfte. Die Wunde heilte bald, doch behielt Belmont für Lebenszeit als eine Erinnerung an diesen Zweikampf einen etwas schleppenden Gang.

Ein plötzlicher Tod setzte dem reichbewegten und erfolggekrönten Leben August Belmont's sehr unerwartet den Schlußstein. Bei einer im November 1890 im Madison Square Garden abgehaltenen Pferde-Ausstellung, bei welcher Herr Belmont als Preisrichter fungirte, zog er sich eine leichte Erkältung zu, die sich ganz unvermuthet verschlimmerte und schließlich in Lungenentzündung überging. Umgeben von seiner ganzen Familie, in deren Schooß er mehr als vierzig Jahre hindurch ein so sonniges und tiefes Glück genossen hatte, schloß August Belmont am Morgen des 24. November für immer die Augen.

Fassen wir nochmals Wesen und Wirken des unvergeßlichen Mannes kurz zusammen, so ist unbestreitbar, daß August Belmont nicht nur eine der hervorragendsten und interessantesten, sondern unbedingt die vielseitigste Erscheinung im deutsch-amerikanischen Leben gewesen ist. Als Finanzier hatte er wenige, die ihm gleich, und keinen, der ihm überlegen war, und sein Name war mit strengster Solidität identisch. Auf die Politik des Landes hat er einen Einfluß ausgeübt, wie ihn außer Carl Schurz kein Deutscher je gehabt, und er hat sein ganzes Leben lang an den Prinzipien wahrer Demokratie treu und unentwegt festgehalten. In sozialer Hinsicht nahm er eine leitende Stelle ein, und was das gesellschaftliche Leben New York's heute ist, dankt es in vornehmster Reihe August Belmont's geläutertem Geschmack. Als Kunstfreund von wahrhaft tiefem und feinem Verständniß war August Belmont es, der die erste bedeutende Privat-Gemäldegallerie in diesem Lande schuf und dadurch veredelnd und bildend auf die amerikanische Gesellschaft eingewirkt hat. Den Rennsport hat August Belmont durch seine Mitarbeit auf die Höhe erhoben, die er heute einnimmt, und auch hier wahrhaft schöpferisch gewirkt.

Es ist zwar wahr, daß August Belmont, wenn er auch gewisse vortreffliche Züge vom Deutschen beibehielt, nicht sehr im Deutschthum wurzelte, aus dem er hervorgegangen. Doch — sagt Paul Löser in einem warmen Nachrufe in der N. Y. Staatszeitung — war es ihm, der aus seiner Jugendzeit nur wenig erfreuliche Erinnerungen in dieses Land herübergebracht haben mag, in dem seine Begabung sich um so ungehemmter entfalten konnte, und in dem er durch seinen Ehebund sich um so enger an das eingeborene Element anschloß, nicht zu verargen, daß er die Fühlung mit dem Deutschthum verlor. Wenn es ihm auch selten vergönnt war, so bewegte er sich doch sehr gerne in deutscher Gesellschaft und konnte dort einer der Heitersten sein.

Der überaus erfolgreichen Laufbahn August Belmont's haftet auch nicht der geringste Makel an, und diese Laufbahn war durchaus geeignet, ehrlichem, gewissenhaftem Streben Erfolg zu verheißen und in dieser Hinsicht auf Andere ermuthigend einzuwirken. August Belmont's Andenken verdient deshalb für alle Zeiten hoch in Ehren gehalten zu werden.

Isidor Straus.

Isidor Straus.

nter denjenigen Deutsch-Amerikanern, die sich ganz durch eigene Kraft aus bescheidensten Anfängen zu einer achtunggebietenden, maßgebenden Stellung im commerciellen Leben emporgearbeitet haben, nimmt Herr Isidor Straus eine der ersten und bedeutendsten Stellen ein. Er hat er verstanden, in wenigen Decennien ein Welthaus im vollsten Sinne des Wortes aufzubauen und ihm gebührt, zusammen mit seinen Associés das Verdienst, das Geschäft in Porzellan-, Glas- und Bronce-Waaren auf seine heutige Höhe erhoben zu haben.

Herr Isidor Straus ist aus Rheinbayern gebürtig, woselbst er am 6. Februar 1845 das Licht der Welt erblickte und seine erste Kindheit verlebte. Im Jahre 1852 entschloß sich der Vater, Herr Lazarus Straus, zur Auswanderung nach Amerika und ließ sich nach seiner Ankunft in der neuen Welt in Talbotton, Georgia, nieder, hier ein kleines Geschäft begründend. Der junge Straus erhielt eine ebenso sorgfältige als gediegene Erziehung in dem renommirten Collinworth-Institut und war bestimmt, die Militär-Akademie in Westpoint zu besuchen, als 1861 der Krieg ausbrach und diesen Plan vereitelte. Auch der junge Straus ward von der patriotischen Aufwallung ergriffen und bot sich mit gleichgesinnten jugendlichen Kameraden als Soldat an. Man hatte aber nicht einmal genug Waffen, um alle kampffähigen Männer auszurüsten und so mußte er sich bescheiden, den folgenschweren Ereignissen als Zuschauer mit lebendigstem Interesse zu folgen. Da die Mehrzahl der Clerks in dem Geschäfte seines Vaters in den Krieg gezogen war, sah sich der Sohn gezwungen, während dieser Zeit dem Vater in dem Geschäfte hülfreich zur Seite zu stehen.

Fast zwei Jahre hindurch blieb er auf diesem Posten thätig und legte hier den Grundstein zu seiner kaufmännischen Ausbildung. Sein Streben war indeß darauf gerichtet, sich zu vervollkommnen und die Welt zu sehen, und als sich ihm im Jahre 1863 eine

Gelegenheit bot, nach dem Auslande zu gehen, nahm er, von dem Wunsche nach weiterer Ausbildung beseelt, diese Chance mit Freuden an. Die Exporting & Importing Company sandte nämlich in diesem Jahre einen Agenten nach England, um dort Schiffe zu bauen, und Herr Straus schloß sich dem Bevollmächtigten dieser Firma als Assistent an. Die Zeit dieses Aufenthaltes in England nutzte der strebsame junge Mann nach Kräften aus und als er nach Beendigung des Krieges nach den Vereinigten Staaten zurückkehrte, konnte er sicher sein, bei seinen außergewöhnlichen geistigen Fähigkeiten und der Gediegenheit seiner Kenntnisse eine gute Carrière zu machen. Bei seiner Rückkunft nach Amerika hörte Herr Straus zufällig, daß seine Familie sich in Philadelphia aufhielt. Der Vater hatte nämlich 1861 das Geschäft von Talbotton nach Columbus, Georgia, verlegt, doch ereilte ihn hier das Unglück, daß all' sein Hab und Gut in den Wirren des Krieges durch General Wilson verbrannt ward. Herr Lazarus Straus wandte sich daher nach Philadelphia in der Absicht, sich hier niederzulassen, als die Rückkehr des Sohnes dieses Vorhaben umstieß. Herr Isidor Straus, der die Bedeutung New York's als weltgebietendes Handels-Emporium erkannte, bestimmte den Vater, nach New York zu gehen, und dieser Umstand bildet einen entscheidenden Wendepunkt in der Geschichte der Familie. Herr Straus sen. folgte dem Rathe des Sohnes, zog nach New York und begründete hier die Firma L. Straus & Sons als Importeure und Händler in Steingutwaaren, die sich später auch auf feine Porcellane und alle verwandten Artikel ausdehnte. Schier wunderbar war der Aufschwung, den die Firma nahm, deren Verbindungen sich täglich ausdehnten, bis sie sich zu dem heute weitaus größten Geschäft in dieser Branche aufschwang, nicht nur der Vereinigten Staaten, sondern der ganzen Welt. Freilich, welche Unsumme von Fleiß, Ausdauer, geschäftlicher Tüchtigkeit und Intelligenz dazu gehörte, Stein an Stein zu fügen und dem Geschäft diese weltweite Ausdehnung zu geben, das wissen nur seine Begründer zu sagen. Ein jeder der Inhaber hat sein redlich Theil zu der heutigen Größe der Firma beigetragen und nur durch diese harmonische Ineinanderarbeit, durch die seltene Ergänzung von Fähigkeiten und Geschick war dies Resultat zu erzielen.

Trotz der Arbeitsfülle, die auf Herrn Isidor Straus als Partner dieses großen Geschäftes lastete, trat er im Jahre 1888 zusammen mit seinem Bruder, Herrn Nathan Straus, als Theilhaber in den großen Bazar R. H. Macy & Co. ein. R. H. Macy & Co. ist allen New Yorkern zu wohlbekannt, als daß es nöthig wäre, hier noch etwas über die Firma hinzuzufügen, deren majestätisches Geschäftshaus an der 6. Avenue den ganzen Block zwischen 13. und 14. Straße einnimmt und welche ihres Gleichen nicht in New York hat. Das Geschäft mit der ungeheuren Zahl seiner Angestellten, der Ausdehnung seiner Lokalitäten und der Mannigfaltigkeit seiner Verkaufsartikel gleicht fürwahr einer Stadt im Kleinen. Herrn Straus' organisatorisches Geschick, die Schärfe seines Urtheils, seine bedeutenden Mittel und seine geschäftliche Umsicht bieten die Gewähr, daß die Firma auch fürderhin ihren vornehmen Rang zu behaupten wissen wird.

Wie es sich bei der Vertretung so ausgedehnter geschäftlicher Interessen von selbst versteht, nimmt Herr Straus im Finanzleben New York's eine sehr einflußreiche Stellung ein. Er ist Direktor der Hanover National Bank, der New York County National Bank und gehört der Handelskammer an. Die hervorragendsten politischen und socialen Clubs zählen Herrn Straus zu ihren Mitgliedern, so der Manhattan Club, der Reform Club, Free Trade Club und zahlreiche andere.

An einer Reihe gemeinnütziger Institutionen ist Herr Straus betheiligt und bekleidet Ehrenämter; so ist er Vice-Präsident des Manhattan Hospital und Schatzmeister des Montefiore Home, um deren Entwickelung und Prosperität er sich hochverdient gemacht hat und in deren Verwaltung sein Rath hochgeschätzt ist.

Wo immer es sich darum handelte, daß das Deutschthum bei festlichen Gelegenheiten seine hervorragendsten Repräsentanten entsandte, war Herr Isidor Straus Einer davon, so z. B. anläßlich der Centennar-Feier von Washington's Inauguration als erster Präsident der Vereinigten Staaten. Auch sonst hat Herr Straus dem öffentlichen Leben seine Dienste willig gewidmet und seine Ernennung zum Comité-Mitgliede für die Columbus-Ausstellung im Jahre 1892 zu New York wurde allgemein als eine überaus glückliche Wahl Mayor Grant's bezeichnet. Herr Straus gehört dem Executiv-Comité für Platz und Gebäude an und hat sich dieser schwierigen Aufgabe mit seltener Hingebung gewidmet.

Aus dem Privatleben des Herrn Straus wäre noch nachzutragen, daß er seit 1871 verheirathet ist und daß der überaus glücklichen Ehe sechs Kinder entsprossen sind, von denen der älteste Sohn bereits das Harward College besucht.

Im socialen Leben nimmt Herr Isidor Straus in Folge seiner tiefen Bildung, seines großen Kunstsinnes und der wahren Vornehmheit seiner Gesinnung eine der geachtetsten Stellungen ein. Sein prächtiges Haus am Boulevard, nahe der 105. Straße, ist ein Sammelpunkt edelsten geistigen Lebens und bildet eine Pflanz- und Pflegstätte für Kunst und Wissenschaft. Außerdem eignet Herr Straus ein reizendes Landhaus in Inwood, wo er zumeist die Sommermonate verbringt. Mit Recht sieht das Deutschthum dieses Landes in ihm einen seiner besten Vertreter, der wesentlich dazu beigetragen hat, daß man dem deutschen Namen allenthalben mit Hochachtung begegnet.

Hermann Oelrichs.

ung Deutsch-Amerika hat keinen anerkannteren Wortführer, Niemanden, der berufen erscheint, noch dereinst so bedeutungsvoll in das politische Leben des Landes einzugreifen, als Hermann Oelrichs, den jugendlichen Chef der großen Rhederfirma Oelrichs & Co., in deren Händen die General-Vertretung der größten deutschen Dampfschiffs-Gesellschaft — des Norddeutschen Lloyd in Bremen liegt. Auf welchem Gebiete auch immer Hermann Oelrichs sich bewegt, sei es in der politischen Arena, in der er wiederholt bemerkenswerth aufgetreten ist, sei es im socialen Leben, in dem seine Position gleich beneidet und angesehen ist, oder sei es in der commerciellen Welt, in welcher er die ererbte bedeutende Stellung zu behaupten und zu erweitern gewußt hat, oder sei es schließlich auf irgend einem Gebiete des sportlichen Lebens — überall steht der Name Hermann Oelrichs in vorderster Reihe.

Unter den glücklichsten Verhältnissen aufgewachsen, in einem trauten Familienkreise, der zu den besten und kunstsinnigsten Baltimore's gehörte, umgaben Hermann Oelrichs von zartester Jugend an liebevollste Fürsorge, Luxus und Wohlstand. Sein Vater, aus Bremen gebürtig, war 1840 nach Amerika ausgewandert, hatte sich in Baltimore niedergelassen und sehr bald durch Fleiß und geschäftliche Tüchtigkeit eine angesehene Stellung errungen. Seiner Ehe mit der Tochter einer der besten und ältesten Familien Washington's entsprangen 3 Töchter und 3 Söhne, deren ältester Hermann war. Hermann ward am 8. Juni 1850 in Baltimore geboren und erhielt die denkbar sorgfältigste Erziehung in den besten Lehranstalten Baltimore's, dann, nachdem seine Eltern nach New York übergesiedelt waren, in denen der Metropole des Landes. Seine Mutter, eine Frau

von überaus feinsinniger Art, die selbst eine ungewöhnliche Bildung besaß, leitete die Erziehung des lebhaften und talentirten Knaben mit eigener Hand und wußte mit feinem Verständniß seine reichen Fähigkeiten zur glücklichsten Entwickelung zu bringen. Als Hermann 16 Jahre alt geworden war, ging er zur Vollendung seiner Studien auf mehrere Jahre nach Deutschland und kehrte 1871, ausgerüstet mit einem Schatz vielseitigen Wissens, nach New York zurück. Das Geschäft seines Vaters hatte sich zu einem der bedeutendsten Commissionshäuser aufgeschwungen und nahm eine führende und achtunggebietende Stellung in der Metropole ein. Hermann trat sogleich nach seiner Rückkunft in die Firma ein und entwickelte bald außergewöhnliche kaufmännische Begabung und eine erstaunliche Arbeitskraft. Als 1875 sein Vater starb, ward Hermann als vollberechtigter Partner aufgenommen und hat als solcher sein redlich Theil zu der heutigen Größe der Firma beigetragen und genießt mit Recht in commerciellen Kreisen den Ruf eines überaus geschickten und erfolgreichen Geschäftsmannes. Herr Oelrichs leitet, zusammen mit Herrn Hermann C. Schwab, speciell das immense Import- und Exportgeschäft der Firma, während Herr Gustav H. Schwab, ein anderer Sohn des unvergeßlichen Gustav Schwab, die Geschäfte des Norddeutschen Lloyd führt.

Im Gesellschaftsleben der Metropole nimmt Herr Hermann Oelrichs eine beneidenswerthe Stellung ein, die er sich durch die bezwingende Liebenswürdigkeit seines Wesens, seine vielseitige Bildung, seinen Reichthum, seinen Geist und seinen geschäftlichen Rang zu erobern gewußt hat. In den letzten Jahren hat Herr Oelrichs begonnen, starke Antheilnahme am politischen Leben zu bekunden. Wie weit dafür seine persönlichen Neigungen oder der Einfluß seiner Freunde und maßgebender politischer Kreise, die seine seltene Befähigung, sein schnelles und scharfes Urtheilsvermögen und sein bedeutendes Verwaltungstalent erkannt haben, treibend und bestimmend gewesen, vermögen wir nicht zu entscheiden. Nachdem die Aufmerksamkeit leitender politischer Faktoren schon vorher auf ihn gefallen, ward er zuerst bei der Nationalwahl im Jahre 1888 prominent in den Vordergrund gestellt. Zunächst wurde Hermann Oelrichs an Stelle von William Steinway, der ursprünglich für das Ehrenamt erwählt, einer Europareise wegen aber an der Ausübung desselben behindert war, als Vertreter des Staates New York in das demokratische National-Comité erwählt. Für diese seine Erwählung trat kein Geringerer als Ex-Präsident Grover Cleveland, der ihm in warmer Freundschaft zugethan ist und seine hohen Fähigkeiten rückhaltlos anerkennt, und Herr William Steinway, dessen Stelle er occupirte, ein, und es darf wohl gesagt werden, daß Herr Hermann Oelrichs das ihm übertragene Ehrenamt mit aufopfernder Hingebung und im vollsten Sinne und zum Stolze seiner Fürsprecher verwaltet hat. Der Eifer, den er in allen Dingen auf seinem schwierigen Posten bekundete, sein schier unermüdliches Arbeitsvermögen, mit dem kaum ein anderes Mitglied des Staats-Comité's Schritt zu halten vermochte, seine Umsicht, Kenntniß und Geschicklichkeit forderte überall unverhohlene Bewunderung und An-

erkennung heraus. Als dann in den Reihen der New Yorker Demokratie in Folge der
Municipalwahlen jene Zersplitterung eintrat, welche die Niederlage des Staatstickets zur
Folge hatte, wurde Hermann Oelrichs als Vermittelungs-Candidat für das Mayors-
Amt vorgeschlagen und allenthalben ward diese Nomination enthusiastisch begrüßt. „Solch'
eine Nomination," ruft der „New York Herald" freudig aus, „würde Cleveland in der
Stadt kräftigen," während das „Evening Telegram" über ihn wie folgt urtheilt: „Herr
Hermann Oelrichs besitzt in hervorragendem Grade alle Requisiten eines erfolgreichen
Candidaten für die Demokratie in der gegenwärtigen Krisis. Er besitzt Jugend, Charakter,
Bildung, Lebensstellung, erwiesenes Verwaltungs-Talent und Geschäfts-Erfahrung. Er
besitzt außerdem die Eigenschaft, daß er in keiner der Streitigkeiten verwickelt gewesen
ist, welche seine Partei zerrissen haben und daß er genügend unabhängig an Geist und
Urtheil ist, um sich auch in Zukunft vor denselben zu bewahren. Er würde der Candidat keines einzelnen Mannes und keiner einzelnen Clique sein. Kein Mann und keine
Clique würden es wagen, von Hermann Oelrichs zu verlangen, daß er, um die
Nomination zu erreichen, bestimmte Verpflichtungen eingehe. Hermann Oelrichs würde
der Candidat der jungen Männer sein. Er würde der Candidat der Geschäftsleute sein.
Er würde der Candidat der unabhängigen Stimmgeber sein. Er würde der Candidat von
nahezu allen denjenigen Bürgern dieser Metropole sein, deren innigster Wunsch es ist,
die Verwaltung ihrer Angelegenheiten nicht nur in ehrliche und fähige Hände zu legen,
sondern auf einen Standpunkt zu stellen, welcher so hoch ist, daß er die gewöhnliche
Atmosphäre des Parteitreibens und der Schacherwirthschaft in der Stadt New York über-
ragt. Wenn ein solcher Mann wie Hermann Oelrichs zum Mayor nominirt wird,
würden die Wähler dieser Stadt dafür Sorge tragen, daß seine Wahl im Wesentlichen
einstimmig ausfiele. Die Wahl des Herrn Hermann Oelrichs zum Mayor der Stadt
New York würde ein passendes Seitenstück zur Wahl des Herrn Seth Low sein, des
erfolgreichsten Mayors, welchen Brooklyn je gehabt hat."

In einer Sitzung des Central-Comités der Vereinigten Deutschen Demokratie in
Arlington Hall wurde dann von Dr. Aug. Frech die folgende Resolution eingebracht:
„In Erwägung, daß die Erwählung von Cleveland und Thurman ohne die Elektoral-
stimmen des Staates New York unmöglich ist und diese Elektoralstimmen nur durch ein
einiges, festes Zusammenstehen aller Demokraten der Stadt New York gesichert werden
können; — in fernerer Erwägung, daß diese Vereinigung unmöglich ist, wenn nicht ein
Mayors-Candidat gefunden wird, welcher allen Faktionen der demokratischen Partei unserer
Stadt genehm sein kann und muß: — in fernerer Erwägung, daß Herr Hermann
Oelrichs, der Vertreter des Staates New York im demokratischen National-Comité,
vermöge seiner Hingebung an die demokratische Partei, seines Wissens und seiner Fähigkeiten, seines unantastbaren Charakters, seiner geschäftlichen und socialen Stellung, sowie
seiner Arbeitskraft alle zu einem Mayors-Candidaten der Vereinigten Demokratie der Stadt

New York nöthigen Eigenschaften in sich vereinigt — sei es beschlossen, daß die Vereinigte Deutsche Demokratie hiermit Herrn Hermann Oelrichs für das Mayorsamt der Stadt New York in Vorschlag bringt und die englisch-sprechenden demokratischen Organisationen im Interesse des demokratischen Präsidentschaftstickets dringend auffordert, diese Empfehlung zu indossiren."

Aber wiewohl die maßgebendsten Kreise, Männer wie Wm. Steinway, Karl Schurz, Oswald Ottendorfer ihren ganzen Einfluß anboten, Herrn Oelrichs zur Annahme der Nomination zu bewegen, so lehnte er es dennoch in Rücksicht auf den kurz vorher erfolgten Tod seines Partners Gustav Schwab und die ihm damit zugefallene Vermehrung seiner Arbeitslast ab, als Candidat aufzutreten. In einem Communiqué an die bedeutendsten New Yorker Zeitungen motivirte Herr Oelrichs seinen Entschluß in humoristischer Form folgendermaßen: „Ich beabsichtige nicht, eine Einladung abzulehnen, welche mir nicht gemacht wurde, trotzdem glaube ich dennoch, da ich unter keinen Umständen ein Candidat für das hohe Amt sein werde, mit welchem mein Name kürzlich in Verbindung gebracht wurde, daß es nur angemessen ist, eine bezügliche Erklärung abzugeben, damit die Zeitungen, welche meinen Namen in so freundlicher und schmeichelhafter Weise erwähnten, ihre Spalten anderen und interessanteren Gegenständen widmen können und damit meine zahlreichen Freunde es unterlassen, mich mit einem Mantel von Tugenden zu umhüllen, welcher, wenn auch nicht gerade ganz unpassend, dennoch sich an einem kalten Tage als zu dünn erweisen könnte. Mein Ehrgeiz ist vollständig durch die Vertretung des „Empire Staates" im demokratischen National-Comité befriedigt und meine Fähigkeiten werden im vollsten Maße durch die angemessene Besorgung der Pflichten dieser Stellung erprobt werden. Hermann Oelrichs."

Auch eine Reihe anderer wichtiger politischer Aemter, wie das des Comptrollers der Stadt New York, das eines Congreßmitgliedes als Nachfolger von S. S. Cox schlug er aus, dennoch ist mit Sicherheit anzunehmen, daß er seine Thätigkeit und seine werthvolle Arbeitskraft später dem politischen Leben des Landes widmen wird.

In seinen privaten Neigungen ist Herr Oelrichs von einer erstaunlichen Vielseitigkeit und es giebt kein Gebiet des Sports, in dem er nicht zu Hause und nicht interessirt ist, ja in den meisten gilt er als eine Autorität. So ist Herr Oelrichs einer der besten Segler und eignet eine prächtige Yacht, die Hildegard, mit der er bei Regatten wiederholt bedeutende Siege erstritten hat. Herr Oelrichs ist einer der kühnsten Schwimmer und hat durch seine Tollkühnheit, die er oft dabei bekundet, ganz New York tagelang Gesprächsstoff geliefert. Ferner gilt Herr Oelrichs als der beste Schwergewichtsboxer des Landes und von dieser seiner Ueberlegenheit hat er zu wiederholten Malen Proben abgelegt. Weiter wird Herr Hermann Oelrichs als einer der geschicktesten und besten Polospieler angesehen, er ist der Vater der Lacrosse Association of the United States und wird als einer der elegantesten und gewandtesten Fahrer gerühmt.

In den New Yorker Clubs ist Herr Hermann Oelrichs eine der beliebtesten und hervorragendsten Persönlichkeiten und er gehört fast allen besseren Clubs in New York als Mitglied an. Bei dem New York Athletic Club hat er außerdem das Amt eines Vice=Präsidenten, bei dem New York Yachting Club solches als Rear Commodore bekleidet. Herr Oelrichs eignet ein prächtiges Landhaus an der Jersey Küste und bewohnt im Winter ein vornehmes, luxuriös eingerichtetes Haus in der 5. Avenue.

An vielen hervorragenden industriellen Unternehmungen ist Herr Hermann Oelrichs financiell betheiligt und hat stets mit großem Glücke operirt. Repräsentative Ehrenstellungen hat er in Fülle innegehabt und gehörte u. A. zum Finanz=Comité für die Weltausstellung, die 1892 in New York abgehalten werden sollte.

Vermählt ist Herr Hermann Oelrichs seit dem 3. Juni 1890 mit Fräulein Theresa Alice Fair von San Francisco, einer Tochter des Staatssenators Fair und die reichste californische Erbin. Die Hochzeitsfeier war die glänzendste, welche die doch wahrlich an großen gesellschaftlichen Ereignissen nicht arme californische Hauptstadt je gesehen hat und bot der ganzen Pacificküste monatelang Gesprächsstoff. Herrn Oelrichs' jugendliche Gattin ist gleich ausgezeichnet durch fascinirende Schönheit und liebenswürdige Anmuth, wie durch bestrickende Eigenschaften des Geistes und Gemüths und übt eine wahrhaft fürstliche Wohlthätigkeit. Sie wird sicher dem New Yorker Gesellschaftsleben neuen Reiz und lebhafte Anziehung verleihen und eine Zierde desselben werden. So vereint sich Alles, um über Herrn Hermann Oelrichs das Füllhorn des Glückes auszuschütten und ihn zu einem der beneidenswerthesten Sterblichen zu machen.

Es steht außer Frage, daß einem Manne von so vielseitiger Begabung und so erwiesenen Talenten noch eine große Zukunft bevorsteht und wir gehen nicht fehl mit der Voraussage, daß Hermann Oelrichs berufen erscheint, noch dereinst bedeutungsvoll und entscheidend in die Gestaltung unseres politischen Lebens einzugreifen. Daß er dies zum Besten und zur Förderung des Landes thun wird, dafür bürgen seine Leistungen, sein Charakter und seine Vergangenheit.

Louis Windmüller.

erthold Auerbach, der gemüthvolle und sinnige schwäbische Volksdichter, sagt in seinem zu Benjamin Franklin's Selbstbiographie verfaßten Vorwort: „Aus eigener Kraft ein Leben aufbauen, das ist ein Ideal der neuen Zeit. Die englische Sprache hat dafür einen eigenartigen Substanzbegriff gebildet in der Bezeichnung self-made man, wobei sofort dem Phantastischen des Idealismus die Schwerkraft des Praktischen einverleibt ist." Solch ein self-made man in des Wortes weitester Bedeutung, solch echter Träger des Selbstwillens und Schöpfer seines Lebensglückes ist der Begründer und Seniorchef der großen Importfirma Louis Windmüller & Rölker, Herr Louis Windmüller zu nennen, dessen mannigfache Verdienste in Handel und Industrie, in Kunst und Wissenschaft ihm eine hervorragende Stellung unter den Deutschen Amerika's verschafft haben.

Herr Louis Windmüller wanderte Anfangs der fünfziger Jahre von seiner Geburtsstadt Münster in Westfalen aus und kam ohne Freunde, ohne Geld in New York an, aber voll unerschütterlichen, muthigen Vertrauens in seine Thatkraft. Schon früh war Amerika das Land seiner Träume gewesen und seine Begeisterung für die Neue Welt charakterisirt die kleine Episode, daß er bereits als Knabe in der Schule sich als Thema für einen Aufsatz den Gegenstand wählte: „Amerika wird der Schauplatz der Weltgeschichte." Manche bittere Erfahrung hatte er zu kosten, manche herbe Entbehrung zu ertragen, bis er es 1858 so weit gebracht hatte, daß er sich als Kaufmann selbständig etabliren konnte. Dank seiner geschäftlichen Tüchtigkeit und seinem eisernen und unermüdlichen Fleiße blühte das Geschäft so schnell auf, daß er 1865 seinen Freund und Landsmann Herrn Alfred Rölker als Theilhaber aufnahm. Seitdem besteht das Geschäft unter dem Namen Louis Windmüller & Rölker in 20 Reade Street und nimmt unter den

Commissionsfirmen des Landes eine prominente und hochgeachtete Stellung ein. Die Firma steht mit allen Theilen der Vereinigten Staaten und der ganzen civilisirten Welt in lebhafter Geschäftsverbindung, überall ein wohlverdientes Renommé genießend.

Der wachsende Wohlstand und der Drang nach größerer Thätigkeit regte in Herrn Louis Windmüller den Wunsch an, in weiteren Kreisen zu nützen. Mit scharfem, sicherem Geschäftsblick wußte er zu erkennen, was dem Publikum Noth that und einem wirklichen Bedürfniß entsprach. Im 1872 half er die German American Fire Insurance Company gründen, nachdem das große Chicagoer Feuer den Mangel eines solchen Institutes fühlbar gemacht hatte. Heute steht diese Compagnie, deren Präsident Herr Emil Oelbermann, während Herr Windmüller ein thätiges Mitglied im Verwaltungsrathe ist, an der Spitze aller amerikanischen Feuerversicherungsgesellschaften. Ein anderes Unternehmen, dessen Begründung auf Herrn Louis Windmüller zurückzuführen, ist die unter dem Namen Title Guarantee and Trust Company bestehende renommirte Gesellschaft, die von geradezu bahnbrechendem Einflusse auf die Werthentwickelung des New Yorker Grundeigenthums gewesen ist. Die Unsicherheit der Besitztitel machte es früher sehr schwierig, Grundbesitz zu übertragen und zu lombardiren. Durch die Gewährleistung der Besitztitel, welche dieses Institut übernimmt, haben sich die Verhältnisse derartig umgestaltet, daß man auf liegende Gründe heute fast ebenso leicht und rasch Geld erheben kann, als auf Staatspapiere. Bis auf den heutigen Tag hat die Title Guarantee and Trust Company ihren führenden Platz als die bestgeleitete und bestprosperirende Gesellschaft ihrer Art behauptet, und Herr Windmüller darf mit vollem Rechte das Verdienst für sich in Anspruch nehmen, in seiner Stellung als Schatzmeister wesentlich zu dieser günstigen Entwickelung des Institutes beigetragen zu haben.

Noch ein anderes Unternehmen, das eine der größten Sehenswürdigkeiten für alle New York besuchenden Fremden ist, verdanken wir der Initiative des Herrn Windmüller: das Eden Musée in 23. Straße, nahe 5. Avenue, auf dessen gedeihliche Entwickelung er in seiner Stellung als Direktor und Schatzmeister unausgesetzt den regsten und fruchtbarsten Antheil genommen hat.

Wenn man dem deutschen Elemente im Allgemeinen ein apathisches Verhalten gegenüber den Vorgängen im öffentlichen Leben nicht völlig unberechtigt zum Vorwurfe macht, so bildet Herr Windmüller hiervon jedenfalls eine rühmliche Ausnahme; er ist in ganz außergewöhnlichem Maße das, was der Amerikaner sehr treffend mit public spirited bezeichnet. Als der Gedanke zur Abhaltung einer Weltausstellung in New York für 1892 auftauchte, trat Herr Windmüller als Mitglied des Bürger-Ausschusses mit Feuereifer für dieselbe ein. Er war einer der ersten Zeichner, der für sich selbst 85000 und für das Eden-Museum weitere 85000 zum Garantiefonds beisteuerte. Die von ihm gemachten Vorschläge zur Errichtung eines ständigen Ausstellungspalastes in New York waren höchst beachtenswerth und hätten, wenn sie ausgeführt worden, der Metropole unbedingt zum großen Nutzen gereicht. Leider blieben seine Bemühungen fruchtlos, da man in Washington Chicago als Weltausstellungsplatz wählte.

Im Reform-Club, der sich die Aufgabe gestellt hat, die Zölle zu modificiren, ist Herr Louis Windmüller ein sehr actives Mitglied und bekleidet die Stelle eines Schatzmeisters. Seiner unermüdlichen Thätigkeit dankt es der Verein, daß er ein eigenes elegantes Haus im Centrum der Stadt besitzt, denn Herr Windmüller war es, der die nöthigen Mittel im Betrage von $300,000 zusammenbrachte.

Seine ausgezeichneten geschäftlichen Fähigkeiten verschafften ihm die ehrenvolle Berufung in die Mitgliedschaft der Handelskammer, in der er seit achtzehn Jahren emsig wirkt. An dieser Stätte sowohl als auch in der Presse protestirte er energisch gegen die Zollgesetze McKinley's und gehörte jenem Comité der hervorragendsten Importeure des Landes an, welches vor dem Senate in Washington erschien, um gegen die Zollerhöhungen zu argumentiren. Ebenso entfaltete Herr Windmüller ein reges Interesse an der Silberfrage und trat mit großer Energie für Goldwährung ein. Seine Korrespondenz mit Senator P. B. Plumb über dieses Finanzproblem enthält eine Fülle werthvollen statistischen Materials und machte seinerzeit die Runde durch die Presse.

Doch nicht nur an politischen und merkantilen Bewegungen hat Herr Windmüller thätigen Antheil genommen, seine werthvolle Arbeitskraft war auch stets allen gemeinnützigen und wohlthätigen Bestrebungen zugewandt. Bei dem im Februar 1889 eröffneten, so überaus erfolgreichen Bazar für das Deutsche Hospital wurde ihm die Leitung der Kunst-Abtheilung zugewiesen. Seinem nimmermüden Eifer gelang die wahrlich nicht leichte Aufgabe, eine ganz vorzügliche Ausstellung von Gemälden zusammenzubringen, die einen der Hauptanziehungspunkte der Fair bildete und reiches finanzielles Erträgniß ergab. Die gesammte New Yorker Presse anerkannte in schmeichelhaftester Weise das außerordentlich feine Kunstverständniß, mit dem diese Ausstellung arrangirt war. Außerdem gab Herr Windmüller bei dieser Gelegenheit im Verein mit den Herren Carl Schurz und Henry Villard ein hübsches Gedenkbuch heraus, zu dem die berühmtesten deutschen und amerikanischen Dichter und Schriftsteller, darunter Paul Heyse, Gustav Freytag, Friedrich Spielhagen, Paul Lindau, Friedrich Bodenstedt, Wilhelm Jensen, von amerikanischen Autoren M. D. Conway, Brander Matthews, O. W. Holmes, Parke Godwin — Beiträge beigesteuert hatten.

Bei der Centennial-Feier am 30. April und 1. Mai 1889 war Herr Louis Windmüller Vorsitzender des Arrangements-Comité's der deutschen Abtheilung. Seinem Fleiße und dem Kunstsinn des Herrn Josef Keppler ist es wohl hauptsächlich zu danken gewesen, daß die amerikanische Presse einmüthig die deutsch-amerikanische Feier als den schönsten Theil des Festes anerkannte.

In seinem häuslichen Leben genießt Herr Louis Windmüller ein volles und ungetrübtes Glück: seit 1859 verheirathet, verschönern sein Familienleben drei Kinder, zwei Töchter und ein Sohn, welch' letzterer an dem umfangreichen Geschäfte des Vaters thätigen

Antheil nimmt. So früh Herr Windmüller auch nach Amerika gekommen, so ist sein Wesen und der Grundzug seines Charakters doch durchaus deutsch geblieben. Dafür spricht sein Reisetrieb, der ihn durch den größten Theil der Vereinigten Staaten und fast durch das gesammte Europa geführt hat, seine rege Betheiligung an allen die Interessen des hiesigen Deutschthums berührenden Fragen und im Weiteren seine Neigung für die Pflege von Kunst und Wissenschaft. Mit den hervorragendsten Männern in Amerika verbindet ihn warme Freundschaft und auch mit den europäischen Koryphäen in Politik und Kunst steht er in persönlicher Bekanntschaft, so u. A. mit dem großen Troja=Forscher Heinrich Schliemann, den er gelegentlich einer Orientreise kennen lernte. Jungen aufstrebenden Künstlern war Herr Louis Windmüller jederzeit ein großmüthiger und edelgesinnter Freund, der gerne mit Rath und That helfend beisprang.

Seine Lieblingsbeschäftigung nach der ernsten Arbeit des Tages findet Herr Windmüller in seinem behaglichen Heim in Woodside, Long Island, wenn er in den stillen Räumen seiner Bibliothek den gedankentiefen Schöpfungen der bedeutendsten Schriftsteller aller Zeiten lauschen kann. Seine Bibliothek ist von außerordentlicher Reichhaltigkeit und umfaßt die besten Werke aller Literaturen. Von gleichem Werthe ist seine Gemäldesammlung, die beredtes Zeugniß für den Kunstsinn und das feine Verständniß ihres Besitzers ablegt.

Hier, fern von dem ruhelosen Getriebe des Tages, findet der in voller Lebenskraft stehende Mann jene Stunden stiller, ernster Sammlung, denen er die Erhaltung seiner seltenen geistigen Elasticität verdankt und die ihn über dem praktischen Leben nicht die idealen Ziele haben vergessen lassen.

Bernhard G. Amend.

ortschritt lautet die Parole unserer Zeit und dieser Grundsatz ist auch ständig der Leitstern des Mannes gewesen, mit dessen Lebensgang wir den Leser in den folgenden Blättern bekannt machen wollen. Aus ganz kleinen Anfängen heraus, lediglich durch Geschicklichkeit und Sachkenntniß, Fleiß und Ausdauer brachte Herr Bernhard G. Amend — unterstützt von seinem Freunde und früheren Partner Carl Eimer — sein Geschäft empor, fügte Stein an Stein, bis es die erste und dominirende Stellung in seiner Branche einnahm.

Bernhard G. Amend wurde im Dezember 1821 in Darmstadt geboren und erhielt eine gediegene und sorgfältige Erziehung. Seiner Neigung entsprechend wandte er sich der Pharmacie zu und war 9 Jahre in verschiedenen Apotheken in Deutschland thätig, in denen er Gelegenheit zu vielseitiger Ausbildung fand. Im Jahre 1848 kam Herr Amend nach New York und fand im Februar 1849 eine Stellung in Dr. Milnor's Apotheke an 3. Avenue, Ecke 18. Straße, die er in 1851 käuflich erwarb. Dank seiner gediegenen Kenntnisse, seiner unermüdlichen Thätigkeit brachte er das Geschäft schnell empor, und bewog 1853 seinen Jugendfreund Charles Eimer, gleichfalls nach der neuen Welt zu kommen und hier in gemeinsamer Arbeit ihr Glück zu versuchen. 1855 begründeten die Freunde die Firma Eimer & Amend mit verhältnißmäßig wenig Mitteln. In redlichem Fleiße haben beide Begründer fast drei Decennien hindurch gearbeitet und hatten die Freude, als Lohn ihres unermüdlichen Schaffens die Firma wachsen und gedeihen zu sehen. 1882 entschloß sich Herr Eimer aus familiären Rücksichten, aus dem Geschäft auszutreten und zog sich ins Privatleben zurück, während Herr Amend — unterstützt von seinen drei Söhnen und seinem Schwiegersohn August Eimer — die alleinige Leitung in die Hand nahm, mit welchem Erfolge beweist die Thatsache, daß der Umsatz des Geschäftes seit 1882 sich mehr als verdoppelt hat. 1886 war es dringend nothwendig, ein neues Gebäude an Stelle der alten kleinen Häuser aufzubauen und im Frühjahr 1887 konnte schon das neue Geschäftslokal bezogen werden.

Wir laden jetzt unsere Leser ein, uns auf einem Rundgang durch das imposante Etablissement zu begleiten. Im edelsten Renaissancestyl gehalten, erhebt sich das stolze Gebäude — von den Architekten De Lemos & Cordes erbaut — an der Ecke von 18. Straße und 3. Avenue zu einer Höhe von 7 Stockwerken. Zu ebener Erde sind die prächtig ausgestatteten Verkaufsmagazine installirt, die Eckfront nimmt die ganz nach deutschem Muster angelegte Apotheke in Anspruch, die ausschließlich für Rezeptur eingerichtet ist — also keinen Sodawasserausschank und sonstige, in hiesigen Apotheken übliche, zu nicht pharmaceutischen Zwecken bestimmte Dinge enthält. Die Apotheke und das Laboratorium stehen unter der speciellen Leitung des Herrn Otto P. Amend. Daneben befinden sich die Bureaux der Droguen- und Chemikalienhandlung, welche die Apotheker und Droguisten in allen Theilen der Vereinigten Staaten versorgt. Seit 24 Jahren steht Herr Hugo Hensel dem Wholesale-Geschäft als Leiter vor.

Im letzten Raum des Parterres befindet sich das Departement für chemische, physikalische, optische und sonstige Apparate und Geräthschaften, dessen Superintendent Herr August Eimer ist — das weitaus bedeutendste Geschäft seiner Art in den Vereinigten Staaten. Der Rest der unteren Lokalitäten — nach der 18. Straße zu gelegen — dient als Packungs- und Verladeräume, während dahinter ein Spezial-Laboratorium für pharmaceutische Zwecke eingerichtet ist, in welchem sämmtliche Präparate von Angestellten der Firma dargestellt werden.

Das zweite Geschoß nimmt das Chemikalienlager ein und es dient zugleich als Verkaufsraum von Geräthschaften und sonstigen zum Bergwerksbetrieb und für Erzprobirer und Fabrikanten von Chemikalien nöthigen Dingen. Wahrhaft großartig ist das Lager an chemisch reinen Chemikalien, das sich hier befindet und das, wenn auch zum überwiegenden Theile Deutschland der Ursprungsort ist, alle Länder der Erde repräsentirt.

Im dritten Stockwerk ist das Lager von Patentmedicinen, sowie für zu chemischen Zwecken bestimmte Metall-, Holz- und Steingut-Geräthschaften. Gleiche Bewunderung dem Fachmann wie dem Laien werden die Thonröhren in allen Formen und Größen der Firma E. March's Söhne, Charlottenburg-Berlin, abringen. Hier befindet sich auch eine eigene Glasbläserei, in der speciell gewünschte, sonst nicht vorhandene Formen in chemischen Apparaten hergestellt werden.

Die vierte Etage ist als Aufbewahrungsort für Kräuter, Wurzeln, Samen, Blüthen u. s. w. bestimmt und imponirt gleichfalls durch seine Mannigfaltigkeit und durch seinen Reichthum an überaus seltenen und theuren Produkten.

Im fünften Stockwerke sind die Lagerräume für die feineren böhmischen und deutschen Hohlglaswaaren untergebracht, in denen Eimer & Amend u. A. die Alleinvertretung der weltbekannten Firma Jos. Kavalier hat. Ebenda befindet sich auch ein großer Vorrath an Mineralien, da die Ausrüstung mineralogischer Sammlungen für wissenschaftliche Institute, Schulen und Universitäten eine besonders und liebevoll gepflegte Specialität der Herren Eimer und Amend ist.

Das sechste Geschoß birgt die Produkte der amerikanischen Glas- und Thonindustrie, während im letzten Halbstock ein zu Gravirungen auf Glas für wissenschaftliche Zwecke bestimmter Raum installirt ist. Selbst das Dach ist noch ausgenützt worden und hat eine Bestimmung bekommen; es ist mit Cement ausgelegt und dient zum Trocknen pharmaceutischer Präparate.

Zum Schlusse wollen wir uns nach den untersten Räumen zurückbegeben und uns von dem Elevator in das Kellergeschoß führen lassen. In demselben sind zwei Hochdruck-Dampfkessel untergebracht, die den Elevator in Bewegung setzen und den nöthigen Dampf für die in den beiden Laboratorien auszuführenden chemisch-pharmaceutischen Arbeiten liefern. Einer dieser Kessel spendet überdies die Kraft für eine Schneidemühle und die Glasbläserei. Die Kellereien dienen auch zur Aufbewahrung der Vorräthe an Chemikalien, Fleisch-Extracten, Säuren, Tincturen u. s. w.

Das ganze Gebäude ist aus absolut feuersicheren Materialien hergestellt, um jeder Feuersgefahr vorzubeugen; hauptsächlich in dieser Absicht sind für elektrische Beleuchtung der Räume neben der Gasbeleuchtung Einrichtungen getroffen worden. Und an derselben Stelle, an der einst in kleinen bescheidenen Räumen der Grundstein zu der Firma gelegt wurde, strahlt heute im elektrischen Lichterglanz der neue stolze Bau, machtvoll verkündend, was deutsche Intelligenz, deutsche Schaffenskraft, gepaart mit strenger Redlichkeit und festem Willen zu Wege zu bringen vermag.

Aber nicht nur der Sicherheit, sondern auch der architektonischen Schönheit ist in vollstem Maße Rechnung getragen: imposante Pfeiler aus polirten Granitblöcken von Maine, zur Construktion der Mauern Kalksteine von Indiana, zum inneren Ausbau der Wände aber emaillirte Backsteine von Leeds (England) geben dem Gebäude ein solides und imponirendes Aeußere. Die sämmtlichen Eisenconstruktionen sind deutsches Fabrikat von Bochum (Westphalen).

Die speciellen Vertretungen europäischer Firmen, die das Geschäft Eimer & Amend für die Vereinigten Staaten in Händen hat, sind ausnahmslos die erster Häuser von Weltruf. Wir führen unter den vielen nur die folgenden an: Schleicher & Schüll, Fabrik deutscher Filtrirpapiere in Düren am Rhein. L. Desmontis Le Brun & Co.'s gehämmerte Platina, G. Kern & Sohn's deutsche Waagen und Gewichte, Dr. C. Scheibler's Instrumente zu Zuckerproben, E. March's Söhne Steingutwaaren, Charlottenburg-Berlin, Joseph Kavalier's böhmisches Glas, Trommsdorff's (Erfurt) chemisch reine Chemikalien u. s. w. Den Fabrikaten all' dieser Firmen haben Eimer & Amend in dem weiten Gebiet der Vereinigten Staaten ein neues und großes Absatzfeld eröffnet und mit ununterbrochenem Erfolge behauptet.

Mit stolzem Bewußtsein darf Herr Bernhard G. Amend, der trotz seiner 69 Jahre nach wie vor sein umfangreiches Etablissement in rüstigster Schaffenskraft leitet, nach einem langen, so erfolgreich zurückgelegten Zeitraum auf die erzielte Kette von Erfolgen zurückblicken. Welch' eine Summe von Intelligenz, Fleiß, Ausdauer und Willenskraft gehörte dazu, das Geschäft aufzubauen und zu so hoher Blüthe zu bringen. Das Ziel war nur zu erreichen durch zweckbewußte Leitung unter kluger Nutzbarmachung all' der großen Errungenschaften, welche die rastlos fortschreitende Neuzeit im Gefolge hatte, und durch einmüthiges Zusammenwirken mit einem Stabe treuer Mitarbeiter. Und fürwahr, die Firma Eimer & Amend hat in ihren Angestellten eine große Zahl erprobter Kräfte, die ihren Fleiß und ihr Wissen dem Unternehmen widmen. Das Personal, das die Firma jetzt beschäftigt, umfaßt mehr als ein Dutzend Buchhalter und ca. 80 Leute in den verschiedenen Departements. Sie Alle stehen zu Herrn Bernhard G. Amend im herzlichsten Einvernehmen und wirken unermüdlich mit an dem Weiterbau und der Fortentwickelung des Hauses Eimer & Amend.

Max J. Lissauer.

ie kaum ein zweiter Stamm im deutschen Vaterlande liebt der schwäbische sein Heimathland, die heimische Sprache, die Eigenartigkeit der heimischen Sitten. Dennoch ist gerade ihm mehr als allen anderen Deutschen ein ausgesprochener Wandertrieb angeboren. Hier von dem unwiderstehlichen Drang geleitet, seinem freien Genius zu folgen, dort um seine gewerblichen oder kommerciellen Kenntnisse und Erfahrungen zu erweitern, dann auch um seinen weitgehenden landwirthschaftlichen Bestrebungen, denen die heimische Erde vielfach hemmend entgegentritt, in freier Selbständigkeit Rechnung tragen zu können, sieht man den Schwaben sein Heimathland verlassen, um auf fremdem Boden, meist jenseits des Weltmeeres, sein Glück zu schmieden. Doch wo er auch immer sich ansiedelt, niemals wird er seine Natur verleugnen, sich fremdes Wesen aufzwingen lassen, niemals wird er seines engeren und weiteren Vaterlandes vergessen. Mit seiner Treuherzigkeit, seinem Fleiße, seinem Geschick, seiner Ausdauer, seiner Thatkraft trägt er vielmehr überall, wo er auch hinwandert, dazu bei, den deutschen Namen zu Ehren zu bringen.

Ein solcher Schwabe ist auch Herr Max J. Lissauer zu nennen, der Begründer der großen Juwelierfirma Lissauer & Sondheim. Geboren am 21. Oktober 1841 in Stuttgart als ältester Sohn von Eltern, deren Hauptaugenmerk auf die Erziehung ihrer zwei Söhne und drei Töchter gerichtet war, erhielt er im Realgymnasium der durch seine trefflichen Schulen bekannten Vaterstadt eine gediegene Schulbildung. Im 14. Lebensjahre trieb ihn die Vorliebe zur Mechanik, die Kunst der Uhrmacherei sowie den Bau der Telegrapheninstrumente gründlich zu erlernen, doch besuchte er noch zu gleicher Zeit das Polytechnikum für das Studium der Chemie und die höhere Handelsschule zur Vollendung seiner kaufmännischen Kenntnisse. Zur weiteren Ausbildung ging er im Jahre 1858 als siebzehnjähriger Jüngling nach dem Hauptsitze der Uhrmacherkunst, nach Chaux de Fonds in der Schweiz, und von da nach Paris. Der Drang nach Selbständigkeit und der Wunsch, die Welt zu sehen, bestimmten ihn, im Mai 1860 nach Amerika auszuwandern, wo er ein größeres Feld zur Bethätigung seiner gewonnenen Kenntnisse und Erfahrungen zu finden sicher sein konnte. Bei der Tüchtigkeit in seinem Berufsfache fand er ohne Schwierigkeiten lohnende Stellung als Uhrmacher in New York und arbeitete mit unverdrossenem Fleiße fort, so daß er schon 1863 in John Street ein selbständiges Geschäft etabliren konnte.

Begünstigt von den Zeitverhältnissen nahm die junge Firma schnell einen hohen Aufschwung und gestaltete sich sehr lukrativ, so daß Herr Lissauer im Jahre 1866 seinen Jugendfreund J. Waaser von Paris kommen ließ und mit demselben in Maiden Lane, wo sich das Geschäft noch heute befindet, unter der Firma Waaser & Lissauer ein Uhren-Geschäft en gros etablirte. Am 1. Januar 1871 trennte sich die Firma, Herr L. H. Sondheim trat als Theilhaber ein und der Firmanamen wurde in Lissauer & Sondheim umgewandelt. Dank der Thätigkeit und Tüchtigkeit seiner Besitzer erfreut sich die Firma in der Uhren- und Juwelenbranche eines beneidenswerthen Rufes und macht über das ganze Land, das es durch zahlreiche Vertreter bereisen läßt, ein umfangreiches und bedeutendes Geschäft.

Am öffentlichen Leben nimmt Herr Lissauer unausgesetzt reges Interesse, ist Mitglied zahlreicher wohlthätiger Gesellschaften, sowie langjähriges Mitglied des „Deutscher Liederkranz", Schatzmeister einer Freimaurer-Loge, Direktor der Columbia Bank, sowie der Gewerbekammer der Juweliere, Präsident des „Verein Freundschaft", war aktives Mitglied bei der Centennial-Feier von Washington's Inauguration, sowie gesuchtes Mitglied bei vielen anderen Gelegenheiten. Ganz besondere Verdienste hat sich Herr Lissauer um die Entwicklung und den rüstigen Fortschritt des „Verein Freundschaft" erworben. Dieser rührige Verein wurde vor ca. 10 Jahren von einigen wenigen Herren angeregt, um die Bande der Freundschaft und Geselligkeit unter den gebildeten Deutschen New York's zu pflegen. Nachdem Herr Lissauer verschiedene Jahre als Direktor und Schatzmeister desselben thätig gewesen, ward der Bau eines eigenen prächtigen Vereinsgebäudes geplant und ausgeführt. Das stolze Heim des „Verein Freundschaft" erhebt sich an der Ecke der 72. Straße und Park Avenue und enthält eine prächtig eingerichtete Restauration, Billardzimmer, Kegelbahnen, eine außerordentlich reichhaltige und mit literarischem Geschmack zusammengestellte Bibliothek nebst Lesezimmern, sowie einen geräumigen, luxuriös eingerichteten Saal zur Abhaltung von Theatervorstellungen, Concerten, Bällen und Carnevalsitzungen. Gegenwärtig zählt der „Verein Freundschaft" 800 aus den besten Kreisen der Gesellschaft sich rekrutirende Mitglieder — die höchste nach den Statuten des Vereins erlaubte Ziffer, und gilt mit Recht durch die Gediegenheit seiner Leistungen auf den Gebieten froher Geselligkeit und gehaltvollen Amüsements als einer der besten und ersten der Metropole. Dem Aufblühen dieses Vereins hat Herr Lissauer jahrelang den besten Theil seiner Arbeitskraft gewidmet — daß ihm die Mitglieder das danken, dafür giebt den beredtesten Beweis der Umstand, daß Herrn Lissauer vom Verein die Ehre eines Widerrufes des bestehenden Gesetzes gegen die Wiederwahl eines Präsidenten und eine darauf folgende einstimmige Wiederwahl zum Präsidenten zu Theil wurde.

Dem politischen Leben des Landes bringt Herr Lissauer regen Antheil entgegen und gehört seit 1865 der republikanischen Partei an. Bei politischen Versammlungen war er häufig als Vice-Präsident thätig, lehnte aber bis jetzt jede ihm gebotene öffentliche Stellung ab.

Herrn Lissauer's Familienverhältnisse sind die glücklichsten. Im Jahre 1867 mit einer aus Stuttgart stammenden Dame verheirathet, entsproß dieser Ehe eine Tochter, die mit dem bekannten Chemiker Dr. L. N. Adler verheirathet und Mutter eines reizenden jungen Sohnes ist, so daß Herr Lissauer bereits die Würde eines Großpapas bekleidet.

Still und anspruchslos, wie Wesen und Denkart des ganzen Mannes, ist auch sein Handeln und sein Lebensgang, aber darum nicht minder einflußvoll und dem deutschen Namen Ehre bringend.

Franz Schneider.

ie der Wanderer auf seinem einsamen Wege bei jedem Meilenstein Halt macht, sinnend zurückblickt auf das eben durchmessene Terrain und neue Kraft für die vor ihm liegende Strecke sammelt, so macht auch der im Daseinskampfe stehende Mensch gewisse Ruhepausen, blickt zurück auf das Vergangene, freut sich des Errungenen und macht für das noch vor ihm liegende Ziel neue Pläne und Entwürfe. Ein derartiger Meilenstein auf der großen, beschwerlichen Heerstraße des Lebens, der wohlberechtigten Anlaß zur Rückschau und Ruhe gewährt, ist der fünfundzwanzigjährige Zeitabschnitt geschäftlicher Thätigkeit. Fünfundzwanzig Jahre — ein langer Zeitraum im Leben des einzelnen Menschen, ein Nichts im großen Getriebe des Weltalls.

Es ist ein erfreuendes und erhebendes Bewußtsein zugleich, von einem endlich erstrebten Ziel auf den weiten arbeitsvollen Weg angestrengten Schaffens zurückblicken zu können. Vor einem derartigen Abschnitt erfolgreichen geschäftlichen Wirkens steht der verdienstvolle Mann, dem diese Zeilen gewidmet sind, Herr Franz Schneider.

Geboren 1832 in Bollschweil bei Freiburg im Breisgau, in jenem reizend schönen Theile des badischen Oberlandes, das die Natur in ihrer glücklichsten Laune geschaffen, ward in dem geistig sehr begabten Knaben schon früh die Lust und Liebe zur Natur geweckt. Sein Vater war Eigenthümer eines beliebten Kurbades und Hotels und ließ ihm eine sehr sorgfältige und gediegene Erziehung zu Theil werden. Seiner Neigung folgend, wandte sich der junge Schneider der Uhrmacherkunst zu und war nach Beendigung seiner Lehrzeit in Freiburg mehrere Jahre bei den Hofuhrmachern in Karlsruhe und Stuttgart thätig. Der Drang nach weiterer Vervollkommnung in seiner Kunst trieb ihn, nach dem gelobten Lande der Uhrmacherkunst, der Schweiz, zu gehen, um an der Quelle den Schlußstein zu seiner Ausbildung zu legen. Bei den damaligen rigorosen Paßvorschriften war das aber gar kein so leichtes Ding und nur unter Anwendung von List gelang es ihm, ungefährdet bei Basel die schweizerische Grenze zu überschreiten. Er wandte sich nach der französischen Schweiz, besuchte

Franz Schneider

die technische Schule für Uhrmacherkunst und hielt sich im Ganzen sechs Jahre im Lande auf. Diese lange Lernzeit und die vorzüglichen Lehrmeister, die er hatte, waren für sein Fach von um so höherer Bedeutung, als die Uhrmacherkunst damals noch im Stadium der Entwickelung war und stete Verbesserungen erfuhr. In dem Centralpunkt der Uhrmacherkunst, in Chaux de Fonds und Genf, lernte er nun die neuesten Maschinen und Werkzeuge kennen und sein Fach nach jeder Richtung hin beherrschen.

Der Ruf seiner vielseitigen Kenntnisse brachte ihm bei seiner Rückkunft nach Baden den ehrenvollen Antrag ein, an einer kurz vordem gegründeten technischen Schule für Uhrmacherkunst in Furtwangen die Leitung als Lehrer zu übernehmen. Aber dem jungen Schneider war der Wirkungskreis, der sich hier bot, zu eng, ihn verlangte nach Höherem und so entschloß er sich 1858, nach Amerika zu gehen. Es konnte nicht fehlen, daß er bei der Gediegenheit seines Wissens warm in New York aufgenommen ward und sehr bald eine ausgezeichnete Stellung erhielt. Nachdem er drei Jahre in dem bedeutendsten Chronometergeschäft, Negus Brothers, thätig gewesen, arbeitete er zwei Jahre in einem der hervorragendsten Uhren- und Juweliergeschäfte am Broadway und etablirte Ende 1863 ein eigenes Geschäft an der Bowery.

Sein Streben richtete Herr Schneider speciell darauf, die amerikanische Uhrenfabrikation, die damals noch in den Anfängen der Entwickelung stand, durch unausgesetzte strengste Aufmerksamkeit, durch peinlich gewissenhafte Prüfung aller Mängel und Fehler mit der ausländischen, speciell der schweizerischen Fabrikation concurrenzfähig zu machen. Das Ziel war ein überaus mühseliges und Stein mußte zu Stein gefügt werden, ehe den alteingeführten europäischen Fabrikaten wirksamer Widerstand entgegengesetzt werden konnte. Aber wie jedem redlichen und ernsten Wollen der Erfolg nicht fehlen kann, so auch hier. Die Waltham-Uhren waren es speciell, deren Verbesserung und Einführung sich Herr Schneider angelegen sein ließ. Unermüdlich wurde jede einzelne Uhr in Bezug auf praktische Construction, zuverlässig correcte Gangart geprüft, etwa anhaftende Mängel in geeigneter Weise beseitigt und so nach und nach das Vertrauen des Publikums in das Waltham-Fabrikat erweckt und gestärkt.

Herr Schneider war einer der Ersten, welcher die ausgezeichnete Arbeit und die vortrefflichen Eigenschaften der Waltham-Uhren zu würdigen wußte und dieselben mit stets wachsendem Erfolge in den Handel brachte. Die besonders dauerhafte Construktion der Waltham-Uhren, deren außerordentlich genaue Regulirung und steter Gang, sowie ihre unübertroffene Gediegenheit und elegante Form haben Herrn Schneider einen weiten und treuen Kundenkreis erworben und ihm zu den großen geschäftlichen Erfolgen verholfen, auf die er jetzt mit stolzer Genugthuung nach einem Vierteljahrhundert redlichen Mühens blicken darf.

Ein großer Freund und Kenner der Kunst, hat er auch eine zweieinhalbjährige Vergnügungsreise durch ganz Europa gemacht. Besonders zu Italien, dem Lande der Sehnsucht für jeden Kunstfreund, mit seinen unvergänglichen Kunstschätzen, seinen herrlichen Denkmälern und der gewaltigen Schönheit seiner Natur, fühlte er sich so mächtig hingezogen, daß er eigens die italienische Sprache erlernte.

Die Liebe zur schönen Natur, die ihm in der Kindheit eingeimpft worden war, ist ihm sein ganzes Leben lang treu geblieben. Einen wesentlichen Theil der Vereinigten Staaten hat er auf einer großen Reise, die er zusammen mit seiner Frau unternahm, kennen gelernt und liebgewonnen. Er hat Colorado, ganz Californien und Oregon bereist, die wunderbare Eigenart der Natur in Alaska und im Yellow Stone Park gesehen und die großartige Schönheit der Mammuth-Höhle in Kentucky bewundert.

Für die Verschönerung von New York hat Herr Schneider außerordentlich viel gethan; eine Menge Verbesserungen wurden nur ermöglicht durch seine unausgesetzten Aufforderungen an die zuständigen Behörden und durch die Beihilfe, zu der er das „Evening Telegram" heranzuziehen wußte. Auch für die Verbesserungen der Straßen hat er unermüdlich gewirkt und viele Renovationen sind auf seine energische Agitation zurückzuführen.

In seinem Privatleben ist Herr Franz Schneider ein reines und seltenes Glück beschieden; seit 1861 mit seiner Gattin Friederika, einer geborenen Jegeler, verheirathet, ist sie ihm stets eine treue, liebevolle Gefährtin und rege Helferin in allen seinen Bestrebungen gewesen. Wenn wir vorhin die Verdienste, die er sich durch sein gemeinnütziges Wirken erworben, erwähnten, so sei der bedeutende Einfluß unvergessen, den diese hochgebildete, geistvolle und warmherzige Dame darauf geübt. Beiden ist ein großes Herz für wohlthätige Zwecke eigen, und wie Herr Schneider jederzeit speciell ein warmer Förderer des Deutschen Hospitals gewesen ist, so ist auch seine Gattin darin seine treue Beratherin und praktische Helferin.

Nirgends trat die opferfähige Bereitwilligkeit von Herrn und Frau Schneider glänzender zu Tage, als im Frühjahr 1889. Es handelte sich darum, dem Schmerzenskinde des New Yorker Deutschthums, dem Deutschen Hospital, eine gesicherte financielle Basis zu geben. Man hatte sich dafür entschieden, die Mittel durch eine große Fair aufzubringen und nun galt es, diese Ausstellung in großartigem Maßstabe zu organisiren. Frau Schneider ward einmüthig zur Präsidentin des Frauen-Vereins des Hospitals ernannt, während Herr Schneider in das Herren-Comités gewählt wurde. Mit wahrem Feuereifer widmete sich Frau Schneider ihrem schwierigen Amte; sie ernannte die Damen-Comités, welche die Gaben für die Ausstellung zusammenbrachten; wußte durch ihr lebendiges Beispiel und ihre warme Begeisterung alle Mitarbeiterinnen anzuspornen; organisirte mit großem Geschick die Verkaufsstände und war Monate hindurch Tag und Nacht mit unverdrossenem, aufopferndem Fleiße thätig.

Der Erfolg der Fair, über die kühnsten Erwartungen weit hinausgehend, steht noch lebendig in Aller Erinnerung; von den dem Hospital zugewiesenen $111,000.00 war das erfreuliche Ergebniß der Fair allein nahezu $80,000.00 gewesen — und es ist nicht zu viel gesagt, wenn wir der unermüdlichen, geschickten Leitung der Frau Schneider einen sehr bedeutenden Antheil an diesem Resultate vindiciren.

Mit nicht minderem Eifer wirkte Herr Schneider für die gute Sache. Die Juwelier-Abtheilung, die er unter sich hatte und für die er alle Gaben selbst gesammelt, war eine der am reichsten ausgestatteten auf der ganzen Fair und brachte einen erkleckigen Ertrag. Noch größeren Erfolg hatte Herr Schneider nach einer anderen Seite. Mit seinem ungewöhnlich scharfen praktischen Blicke erkannte er sehr wohl, daß, so werthvoll die Zuführung so bedeutender Geldmittel für die gedeihliche Fortentwickelung des Deutschen Hospitals war, der Schwerpunkt doch darin lag, durch Erhöhung der Mitgliederzahl die regelmäßigen Einnahmen des Hospitals mit den Ausgaben in Einklang zu bringen. In weniger als drei Monaten führte er dem Hospital über 150 Mitglieder mit jährlichen Beiträgen von $10 bis $50 zu, wofür ihm der Verwaltungsrath seinen Dank votirte.

Die warmen Sympathieen, welche Herr und Frau Schneider in allen Kreisen New-York's genießen, fanden ihren beredtesten und lebendigsten Ausdruck anläßlich der großartigen Feier der silbernen Hochzeit, welche der Liederkranz 1886 in seiner prächtigen Halle arrangirt hatte. Nahezu 300 Theilnehmer waren erschienen, um dem gefeierten Paare ihre Freundschaft und Sympathie zu bezeigen, und die Zahl der kostbaren Geschenke, die bei dieser Gelegenheit der Familie gespendet wurden, war enorm. Und wahrlich, eine so dem Allgemeinwohle gewidmete Thätigkeit verdient die antheilvolle Freude und die Anerkennung Aller.

Hugo Rothschild.

ie lebendige Wechselwirkung, die Amerika mit Deutschland verknüpft, findet ihren beredten und deutlichen Ausdruck in dem stetig wachsenden Handelsverkehr der beiden Länder. Wie tiefgreifend dabei der Einfluß des Einzelnen zu werden vermag, das zeigt recht deutlich das Beispiel des Mannes, dessen Namen diese Zeilen tragen und der einer der erfolgreichsten Industriellen dieses Landes ist.

Hugo Rothschild ist ein geborener Rheinländer, das kleine, weltentlegene Städtchen Simmern am Hundsrück nennt er seine Vaterstadt. Hier erblickte er am 14. September 1839 das Licht der Welt und verlebte in einem trauten Familienkreise die erste Kindheit. Als sein Vater 1843 nach Trier übersiedelte, um dort ein umfangreiches, noch heute existirendes Manufakturwaarengeschäft zu etabliren, kam der junge Rothschild in die dortige Elementarschule und besuchte später das Gymnasium der alten Kurfürstenstadt. Ausgerüstet mit trefflichen Kenntnissen, wandte er sich, dem Wunsche der Eltern folgend, dem kaufmännischen Fache zu und trat 1855 in das Geschäft seines Vaters ein.

Um seine Sprachkenntnisse zu erweitern, ging er 1857 nach Metz, war kurze Zeit in Lyon in einem Seidenwaarengeschäft thätig und arbeitete dann in Paris in mehreren Bankhäusern. 1861 genügte er in Trier s er Militärpflicht; die Eindrücke, die er während der Soldatenzeit erhielt, waren nicht in Uebereinstimmung mit den in Paris empfangenen Eindrücken und veranlaßten ihn, sofort nach Beendigung seines Dienstjahres seine Expatrirungspapiere herauszunehmen und nach Paris zu übersiedeln, wo er in ein Diamantengeschäft eintrat.

Nach einem kurzen Aufenthalte in Aegypten kehrte er nach Paris zurück und nahm speciell an allen socialen Bestrebungen regsten Antheil. Er verkehrte viel mit dem geistvollen Ludwig Simon, dem Führer der äußersten Linken im Frankfurter Parlament, der einen tiefen

und nachhaltigen Einfluß auf ihn gewann, und lernte in der Loge die bedeutendsten französischen Staatsmänner kennen, die den größten Einfluß auf die Entwickelung und das Bestehen der Republik ausübten.

Es konnte nicht fehlen, daß der rege Verkehr mit geistig so hervorragenden Männern seinen Gesichtskreis und sein Urtheil wesentlich erweiterte. Von Natur aus stark zum Reflektiren hinneigend, vertiefte er sich jetzt ganz in politische und sociale Probleme. Um sich diesem Einflusse, unter dem sein geschäftliches Fortkommen zu leiden begann, zu entziehen, entschloß er sich 1868, nach New York zu gehen und ausschließlich der commerciellen Thätigkeit zu leben. Hier war er sicher, nicht wieder in den politischen Strudel hineingezogen zu werden, denn bei seinen idealen Anschauungen mußte ihn die geschäftsmäßige Art, wie hierzulande Politik getrieben wird, zurückstoßen. Ungeachtet seiner vielseitigen geschäftlichen Bildung und Erfahrung gelang es ihm nicht, eine seinen Wünschen entsprechende Position zu gewinnen und so kehrte er 1870 nach Paris zurück, um seine amerikanischen Erfahrungen nutzbringend zu verwerthen. Da brach der deutsch-französische Krieg aus und er wandte sich auf Anregung eines Landsmannes nach Luxemburg, um dort die Handschuhfabrikation zu erlernen.

Nach Amerika zurückgekehrt, ist Herr Rothschild seit 1871 mit reichstem Erfolge im Handschuhimportgeschäft thätig und Vertreter einiger der bedeutendsten Häuser, die ihre Prosperität zu einem erheblichen Theile seiner energievollen Thätigkeit verdanken.

Auf die gedeihliche Entwickelung unserer Schwesterstadt Brooklyn hat Herr Rothschild nachhaltigsten Einfluß geübt. Er erkannte schon früh die große Entwickelungsfähigkeit der „Stadt der Kirchen", und vor Allem seiner Anregung und Energie ist der Bau der ersten Brooklyner Hochbahn zu danken. Er investirte 1880 den größten Theil seiner Ersparnisse in dem Unternehmen, das indeß durch Mangel an richtigem Interesse in die Brüche ging. Da trotz eines einberufenen Assessments das Unternehmen zu keinem Ende gebracht wurde und er befürchtete, das mit saurem Schweiße verdiente Geld zu verlieren, raffte er sich mit Macht auf, wußte durch Handhabung der richtigen Hebel das versunkene Schiff zu heben und es mit Hülfe von Gleichgesinnten zu dem Stadium der Prosperität zu bringen, in dem es sich momentan befindet. Durch diese energische und zielbewußte Thätigkeit hat Herr Rothschild auf die gedeihliche Fortentwickelung Brooklyn's den weittragendsten Einfluß ausgeübt.

Im selben Jahre creirte Herr Rothschild noch die New York Electric Light Company (heute Daft Electric Light Company), deren erster Präsident er war, und ist auch außerdem an einer Reihe von bedeutenden Unternehmungen hervorragend betheiligt.

In den großindustriellen Kreisen New York's genießt Herr Rothschild hohes Ansehen und tritt unabläßig mit warmem Eifer nicht nur für die Hebung und Förderung des Kaufmannsstandes, sondern auch für die Pflege der Geselligkeit unter den Berufsgenossen ein. Diesem letzteren Motive entsprang die Gründung des Merchants' Central Club, um dessen Zustandekommen er sich eifrig bemühte und dessen finanzielle Angelegenheiten er in seiner

Stellung als Schatzmeister mit bestem Erfolge leitet. Dem Merchants' Central Club gehören die Chefs fast aller großen Importhäuser als Mitglieder an und derselbe bildet in der That einen geselligen Centralpunkt der Importeure und Fabrikanten von Seiden- und sonstigen Manufacturwaaren.

Wie wir schon einleitend bemerkten, ist Herr Hugo Rothschild ein stark zum Philosophiren neigender Kopf, der über Welt und Menschen ein scharfes, selbstständiges Urtheil besitzt. In religiöser Beziehung huldigt er einer absoluten Freiheit, die selbstverständlich nirgends die Freiheit Anderer gefährden soll; die Giftpflanze Antisemitismus ist ihm, wiewohl er keiner Kirche angehört, ein Greuel.

Seinen socialen Anschauungen, die ihn auf den äußersten Standpunkt drängen, ist er unentwegt treu geblieben, und seine Sympathieen für die arbeitende Klasse sind heute noch so warm wie vordem.

In politischer Hinsicht darf seinen Ansichten ein um so höherer Werth beigemessen werden, als sein langjähriger Aufenthalt in fremden Ländern und sein intimer Verkehr mit den leitenden französischen Politikern in Verbindung mit scharfer Beobachtungsgabe und einem schnellen Erfassen der Verhältnisse seinen Gesichtskreis erheblich erweiterten. Gerade seine genaue Kenntniß des französischen National-Charakters läßt ihn die Bismarck'sche Aera, durch die zwischen zwei intelligenten Nachbarvölkern eine schier unüberbrückbare Feindschaft sich entwickelt hat, doppelt bedauern, da sie seiner Ansicht nach den gesunden Fortschritt auf Jahrzehnte hemmt und all die großen Errungenschaften der Neuzeit aufhebt. Denn daß das französische Volk in seinem denkenden und besten Theile nicht mit dem Kriege gegen Deutschland einverstanden war, diese Ansicht hat Herr Rothschild damals in allen maßgebenden politischen Kreisen vorherrschend gefunden. Die Phrase von dem alten „Erbhaß" zwischen Deutschland und Frankreich war in Paris vor 1870 eine leere Fabel, weit mehr richtete sich der Haß gegen Napoleon, dem die Franzosen niemals seinen Eidbruch vergeben hatten.

In all seinem Fühlen und Denken von reinster Humanität und einem starken Freiheitsgefühl durchdrungen, nimmt Herr Hugo Rothschild durch die wahre Vornehmheit seiner Gesinnung, die Liebenswürdigkeit seines Wesens, seinen geschäftlichen Scharfblick und die Tiefe seines Charakters in allen Kreisen der New Yorker Gesellschaft eine hochgeachtete Stellung ein und erfreut sich auch in seinem Familienleben eines seltenen Glückes.

August Strassburg.

August Strassburg.

icht nur das Brauereigewerbe, sondern auch die damit zusammen=
hängenden Erwerbszweige befinden sich in den Ver. Staaten
vorwiegend in deutschen Händen. Und es ist ein ebenso überzeugen=
der wie ehrender Beweis für deutsche Rührigkeit und deutsche
Intelligenz, daß sich all' diese Industriezweige in einem blühenden
und prosperirenden Zustande befinden. Zu den erfolgreichsten, mit
dem Brauwesen in Verbindung stehenden Industrieen gehört un=
streitig der Hopfenhandel, welcher sich fast ausschließlich in deutschen
Händen concentrirt und in dem ein enormes Kapital investirt ist. Die bedeutenden
Fortschritte, die der Anbau und die Kultur des Hopfens in den Vereinigten Staaten,
speziell im Staate New York, gemacht, sind zu einem sehr wesentlichen Theile den Deutsch=
amerikanischen Hopfenhändlern zuzuschreiben, unter denen sich namentlich die Firma August
Straßburg besondere Verdienste erworben hat. Der Begründer und Eigenthümer gehört
zu den populärsten Deutschen New York's und spielt auch im politischen Leben eine her=
vorragende Rolle.

Herrn August Straßburg's Wiege stand in der großen Handelsstadt Bremen,
woselbst sein Vater ein angesehenes, noch heute existirendes kaufmännisches Geschäft betrieb.
Geboren am 1. Dezember 1842, erhielt er eine sorgfältige Schulbildung und trat dann in
eine Droguenfirma ein, um das Geschäft zu erlernen. Nach Beendigung seiner Lehrzeit folgte
er dem Zuge der Zeit und ging 1862 nach Amerika, wohin schon mehrere seiner Brüder vor
ihm ausgewandert waren. In New York angelangt, war er eine kurze Zeit in dem großen
Droguengeschäft von Eimer & Amend in der 3. Avenue, Ecke der 18. Straße thätig und

fand dann eine Anstellung in dem New Yorker Geschäft der weltberühmten Bleistiftfabrik A. W. Faber, in der Pearl Street. Vier Jahre lang blieb er hier beschäftigt, und gab 1866 seine Stellung auf, um eine längere Besuchsreise nach Deutschland zu unternehmen. Nach einem sechsmonatlichen Aufenthalte in Europa kehrte Herr Straßburg nach Amerika zurück und trat, durch Bekannte veranlaßt, in das Hopfengeschäft ein, in dem er außerordentlich reüssirte. Im Jahre 1867 verheirathete sich Herr Straßburg mit einer Schwester Herrn Jacob Rupperts, eine Verbindung, die seinem Geschäfte ungemein zu Statten kam, da er dadurch auch mit dem Brauerfürsten George Ehret verschwägert wurde und sofort ein eminentes Absatzgebiet gewann. Die überaus glückliche Ehe ist mit 7 Kindern — 4 Söhnen und 3 Töchtern — gesegnet, die alle noch im Elternhause leben.

In seiner Branche nimmt Herr August Straßburg eine der ersten Stellen ein und hat speziell, wie wir schon einleitend bemerkten, um die Förderung des Hopfenbaues in Amerika sich große und bleibende Verdienste erworben. Herr Straßburg eignet in Sharon Springs eine musterhaft angelegte und bebaute Hopfenplantage, auf der er schon jetzt über 100 Ballen Hopfen zieht, und ist außerdem einer der bedeutendsten Importeure deutschen Hopfens.

Am politischen Leben hat Herr Straßburg von Anbeginn das regste Interesse genommen und besitzt in den Kreisen der New Yorker Demokratie eine führende Stellung. Zu wiederholten Malen war er Präsident verschiedener demokratischer Vereinigungen, in denen er mit wärmstem Eifer für seine Partei thätig war. Im Jahre 1888 ward Herr Straßburg zum Assemblymitglied erwählt und ist zweifellos noch berufen, eine große Rolle innerhalb der demokratischen Partei zu spielen.

Einer besonderen Popularität erfreut sich Herr August Straßburg in dem Vereinsleben, das in New York so reiche Blüthen treibt, und hier gehört er zu den beliebtesten und bekanntesten Persönlichkeiten. Er ist Mitglied des „Liederkranz", des „Arion", des „Central Turnvereins", der „Deutschen Gesellschaft", des „Deutschen Hospitals" und gehört im Ganzen nicht weniger als 25 Vereinen an. In all' seinem Fühlen und Denken von echt deutscher Biederkeit und Treuherzigkeit, gehört er zu der auserlesenen Zahl jener Deutsch-Amerikaner, die auch in ihrem Adoptiv-Vaterlande dem deutschen Namen Achtung und Ehre abgerungen haben.

F. A. Ringler.

en vielfachen und eifrigen Bestrebungen, welche sich in neuerer Zeit geltend machen, um die Kunst wieder zur Genossin des Hauses zu erheben und durch sie den Geschmack des Volkes zu veredeln, muß es zugeschrieben werden, daß der fruchtbringende Bund der Buchdruckerpresse mit den zeichnenden Künsten, der noch in der ersten Hälfte unseres Jahrhunderts völlig gelockert erschien, von Neuem gekräftigt wurde und eine immer innigere Gestaltung angenommen hat. Die diesem Bunde entsprießenden Schöpfungen lassen in technischer wie in künstlerischer Beziehung eine Entwicklungsstufe erkennen, die man ehedem nie zu erreichen hoffte. Denn nicht nur die zu einer ungeahnten Höhe der Meisterschaft gediehene Holzschneidekunst, sondern auch die sich immer mehr entfaltende Technik des Farbendruckes, ferner die jüngsten aufgeblühten Zweige der polygraphischen Künste, der Lichtdruck und die Phototypie, alle diese bedeutsamen Hülfsmittel der malerischen Reproduktion stehen nunmehr im Dienste der Literatur und bilden gar wichtige Hebel, die buchhändlerische Wirksamkeit der Gegenwart in eine mehr und mehr künstlerische Richtung zu lenken.

Hand in Hand mit diesem bedeutenden Aufschwung der graphischen Künste ging eine staunenswerthe Vervollkommnung der Galvanoplastik und Stereotypie, und es ist besonders ein Deutsch-Amerikaner, der bahnbrechend auf diesem Gebiete gewirkt hat: Herr F. A. Ringler. Zum Verständniß und zur rechten Würdigung seiner Leistungen schicken wir eine Skizzirung seines Lebenslaufes erklärend voraus. Herr Friedrich A. Ringler wurde 1852 in Friedewald, einem Dörfchen in Hessen-Cassel, geboren und besuchte bis zu seinem 14. Lebensjahre die dortige höhere Bürgerschule. 1866 kam er zusammen mit seinem älteren Bruder nach Amerika und besuchte in Chicago behufs seiner weiteren Ausbildung das College bis zu seinem 16. Jahre. Sich dann einem Lebensberufe zuwendend, erlernte er von 1868 bis 1871 das galvano-plastische und Stereotypie-Geschäft bei Alexander Zeese, der ein bedeutendes derartiges Institut in Dearborn Street in Chicago betrieb. Der große Brand in Chicago brachte den jungen Ringler nach New York und bei den vorzüglichen Leistungen in seinem Fache fand er 1872 eine sehr gute Stellung als Geschäftsführer in der Firma Hurst & Crum. Hier trat sein eminentes Können so überzeugend zu Tage, daß er schon nach sechs Monaten als Theilhaber des Geschäfts aufgenommen wurde, das er bis zum Jahre 1878 unter der Firma Crum und Ringler mit stetig wachsendem Erfolge weiterführte. In diesem Jahre kaufte Herr Ringler seine beiden früheren Partner aus, änderte den Firmanamen in F. A. Ringler & Co. um und wußte das Geschäft durch Tüchtigkeit, Energie, Fleiß und Umsicht zu dem größten Etablissement seiner Branche in Amerika zu machen. Ueber 200 Arbeiter werden jetzt daselbst beschäftigt und die aus dem Institute hervorgegangenen Erzeugnisse erhielten überall, wo sie ausgestellt wurden, den ersten Preis, so daß Herr Ringler jetzt im Besitze von acht Medaillen erster Classe ist, die ihm für die künstlerische Vollendung seiner Arbeiten zuertheilt wurden und die ein beredtes Zeugniß für das Können und Wollen seines Unternehmens ablegen.

Der ihm angeborene Kunstsinn in Verbindung mit seinem außergewöhnlichen technischen und praktischen Wissen gestatteten Herrn Ringler, Felder zu erschließen, zu bebauen und auszubeuten, die dem Geschäfte früher gänzlich unbekannt waren. Zu erwähnen ist die Einführung des galvano-plastischen Niederschlages auf Material, das früher nie zum selben Zwecke für verwendbar gehalten wurde, und die Erzeugnisse dieser Arbeit sind tausend und einerlei Kunstgegenstände, welche dem Käufer jetzt in jedem Laden zu Preisen angeboten werden, die es selbst dem Unbemittelten ermöglichen, sein Heim mit den schönsten Erzeugnissen der Kunst auszuschmücken und den Geschmack zu veredeln.

Besonders ist noch zu erwähnen, daß das Etablissement von Herrn Ringler das einzige in Amerika ist, welches Kupferstiche, Stahlstiche und Radirungen vervielfältigt und dieselben mit Stahl plattirt, wodurch eine solche Härte erzielt wird, daß viele tausende Abzüge genommen werden können, ohne daß die Platte darunter leidet.

Welch' bedeutsame Stellung die Ringler'schen Werkstätten im Dienste des Buchhandels einnehmen, ist aus der Fülle hervorragender künstlerischer Schöpfungen ersichtlich, die mit derartigen, von Herrn Ringler hergestellten Platten gedruckt wurden. Wir führen hier nur an: „Meisterwerke der deutschen Kunst", „Meisterwerke der italienischen Kunst", „Die Frauen in der französischen Kunst", „Amerikanische Kunst".

Jeder der Leser wird sich schon gewundert haben, wie es der Tagespresse möglich ist, Illustrationen von Thatsachen zu geben, die noch nicht zwölf Stunden alt sind. Wir sehen in einer Zeitung am Abend die bildliche Darstellung eines Ereignisses, das erst am Mittag vorgefallen ist. Dies ist der täglichen Presse seit 1884 ermöglicht worden vermöge Herstellung der Clichés durch einen Schnellprozeß. Die Verbindung der Photographie mit der Galvanoplastik gestattet Herrn Ringler seit 1884, solche Clichés in drei Stunden den Zeitungen zu liefern — auch wieder eine Frucht der stetig vervollkommneten Technik.

Doch daß das Etablissement des Herrn Ringler nicht nur den technischen Fortschritten nachstrebt, sondern auch dem künstlerischen Empfinden, dem Schönheitssinne Rechnung trägt, das beweisen seine mannigfachen typographischen Produktionen, unter denen wir erwähnen: "The Naval History of the United States," "The Great Conspiracy" von General Logan, Charles Dickens' Werke (illustrirt), Robert Burns' Werke, Shakespeare's Werke (illustrirt), Tennyson's Gedichte, Lord Byron's Werke, Dante's Hölle (illustrirt), Milton's „Verlorenes Paradies" (mit Illustrationen), "The Ancient Mariner" (illustrirt), "Sword and Seymeter" (illustrirt), "The Ante-Nicene Fathers," "Pilgrims Progress," Zahner's Deutsch=Englisches und Englisch=Deutsches Wörterbuch.

In gesellschaftlicher Beziehung nimmt Herr Ringler eine bedeutende und hochgeachtete Stellung in den deutschen Kreisen der Stadt New York ein. Er ist seit den letzten acht Jahren Präsident der „New Yorker Sängerrunde", die nicht nur einer unserer ältesten Vereine — sie feierte bereits in 1888 ihr vierzigjähriges Stiftungsfest — sondern auch der Verein ist, der sich stets durch außerordentliche Rührigkeit und die Bereitwilligkeit, mit der er sich stets thatkräftig an allen deutschen Bestrebungen, gemeinsamen deutschen Demonstrationen und Festen betheiligt, ausgezeichnet und bewährt hat und es ist, wie Herr Max Mansfeld im „New Yorker Figaro" sehr treffend bemerkt, kein Geheimniß, daß der Verein es hauptsächlich der energischen Initiative und dem echt deutschen Gemeinsinn seines Präsidenten verdankt, daß die „Sängerrunde" gerade in dieser Beziehung, in dieser Betonung des echten deutschen Lebens, eine so anerkannt hervorragende Stellung einnimmt. Herr Ringler ist ebenfalls Präsident des Centennial Kegel=Clubs und Mitglied des „Deutschen Liederkranz", der „Deutschen Gesellschaft", des „Deutschen Hospitals" 2c.

Die außerordentliche geschäftliche Vielseitigkeit des Herrn Ringler dokumentirt sich aber in glänzender Weise dadurch, daß er nach dem Tode seines Bruders George, des bekannten Chefs der „Geo. Ringler & Co. Brewing Company", an dessen Stelle in das Geschäft eintrat. Seine Elasticität und Thatkraft ist eine so bedeutende, daß er nicht die Pflichten des einen Geschäfts über denen des anderen vernachlässigt, und der beste Beweis, daß er in gleicher Pflichttreue, gleicher Energie und gleichem Erfolge seine verantwortliche Doppelstellung voll und ganz ausfüllt, beruht darin, daß beide Geschäfte nicht nur glänzend floriren, sondern daß auch der Umsatz des Brauereigeschäftes, seitdem Herr F. A. Ringler aktives Mitglied der Firma geworden, durch seine Energie und seinen persönlichen Einfluß innerhalb eines Jahres sich um 25 Procent vergrößert hat.

Echter deutscher Sinn, frohe Lebenslust, freisinnige Weltanschauung, Arbeitskraft, Energie, Geschäftskenntniß, das sind die Ingredienzien, die den Charakter dieses Mannes bilden und ihn zu dem gemacht haben, was er jetzt ist.

Henry Clausen jr.

nter denjenigen Industrieen, die fast ausschließlich in deutschen Händen befindlich, steht in erster Linie das Brauereigewerbe und eine große Reihe unserer prominentesten Mitbürger befindet sich an der Spitze dieser Etablissements. Großen Antheil an dem hohen Stande und der Hebung des Brauerstandes gebührt dem literarischen Bureau des Vereinigten Staaten Brauer=Vereins, an dessen Spitze einer der hervorragendsten deutsch = amerikanischen Journalisten, Herr Gallus Thomann, steht. Neben der Förderung interner Interessen sind Zweck und Ziel des literarischen Bureaus vornehmlich darauf gerichtet, aufklärend auf die großen Volksmassen einzuwirken und den Bestrebungen der Temperenzfanatiker entgegenzutreten. Nach dieser Richtung hat das Bureau eine sehr erfolgreiche Thätigkeit entfaltet und vor Allem hat Herr Thomann in einer Reihe volkswirthschaftlicher Schriften ein überaus werthvolles und instructives Material mit emsigem Fleiße zusammengetragen, das für Statistiker, Volkswirthe und Gesetzgeber von unschätzbarem Werthe ist.

Schon die Thatsache der Existenz eines derartigen, lediglich höheren geistigen Zielen dienenden Bureaus liefert den erfreulichen Beweis, in welch' bedeutendem Grade unsere Brauer sich geistigen Bestrebungen zugeneigt erweisen und jederzeit bereit sind, für die Aufklärung der großen Volksmassen einzutreten. Vor Allen ist es Herr Henry Clausen jr., der als Vorsitzender des literarischen Bureaus und durch die Berufung des Herrn Thomann als Leiter desselben das Verdienst für die angesehene Stellung und die einflußreiche Bedeutung dieses Bureaus beanspruchen kann.

Geboren 1838 in New York als Sohn der bekannten Brauerfamilie, erhielt der junge Clausen eine ebenso sorgfältige als gediegene Erziehung. Nachdem er die hiesigen Bildungsanstalten durchgemacht und zur Vollendung seiner Ausbildung noch zwei

Jahre in Bremen die Schule besucht hatte, trat er 1854 in's Braufach ein. Als sein Vater 1857 eine eigene Brauerei in großem Style, ausgerüstet mit allen technischen Vervollkommnungen, gründete, ward der junge Clausen in dieselbe aufgenommen. Die Brauerei nahm schnell unter der geschickten und erfahrenen Leitung einen rapiden Aufschwung und 1868 wurde Herr Henry Clausen jr. Mitglied der Firma, die heute eine der bedeutendsten in den Vereinigten Staaten ist und colossale Gebäudecomplexe in der 47. Straße, nahe der 1. Avenue umfaßt. Die jährliche Production stellt sich auf über 250,000 Barrels, ein Quantum, das nur noch sehr wenige andere Brauereien erreichen.

Inzwischen hatte sich Herr Clausen bereits einen eigenen Heerd gegründet, indem er sich 1861 verheirathete. Der von reinstem Glücke gekrönten Ehe sind vier Kinder — drei Söhne und eine Tochter — entsprossen, die alle noch im Elternhause leben.

Ueberaus groß und umfassend ist der Antheil, den Herr Henry Clausen jr. am öffentlichen Leben — in Dingen des Allgemeinwohls und der Hebung und Förderung des Brauerstandes — genommen. Nachdem er 1863 zum Inspector der öffentlichen Schulen ernannt, wurde er 1868 Mitglied der Legislatur und 1873 Alderman der Stadt New York. In allen diesen öffentlichen Stellungen, auf welche ihn das Vertrauen seiner Mitbürger berief, bekundete er eben so sehr politischen Scharfblick, gediegenes Wissen und administratives Talent, als unbestechliche Characterfestigkeit und Ueberzeugungstreue und hat die communalen Interessen der Stadt mit wachsamem Auge geschützt.

Das hohe Ansehen, das Herr Clausen unter seinen Fachgenossen genießt, documentirt sich deutlich in den vielen Vertrauensstellungen, die er im Brauerfache einnimmt. Acht Jahre hindurch war er Präsident des Vereinigten Staaten Brauer-Vereins, ist — wie schon erwähnt — seit Begründung Vorsitzender des literarischen Bureaus des Vereinigten Staaten Brauer-Vereins, Präsident des Lagerbierbrauer-Vereins von New York und Umgegend 2c. 2c. In allen diesen Stellungen hat er eine umfangreiche, ganz den allgemeinen Zwecken dienende, erfolggekrönte Thätigkeit entfaltet.

Wie es sich bei der Vertretung so bedeutender financieller Interessen fast von selbst versteht, ist Herr Henry Clausen an einer großen Reihe von commerciellen Unternehmungen hervorragend betheiligt und genießt überall das größte Vertrauen. So ist er Trustee der Brooklyner Brücke, einer der Direktoren der Consolidated Gas Co., Vice-Präsident der Murray Hill Bank, gehört zu den Managers der Produktenbörse u. s. w.

Auch an allen geselligen Vereinigungen nimmt Herr Clausen lebhaften und thätigen Antheil und hat auch hier fortgesetzt die ehrenvollsten Posten innegehabt. So war er 1888/89 Präsident des Liederkranz, nachdem er wiederholt Vice-Präsident desselben gewesen; er ist ferner Mitglied des Central-Turn-Vereins, des Arion, des New Yorker Männerchor, war zwei Jahre hindurch Präsident des Plattdeutschen Volksfest-Vereins 2c. 2c. Daneben ist Herr Henry Clausen ein warmer Freund und Förderer aller wissenschaftlichen und künstlerischen Bestrebungen, die an ihm stets einen starken Hort finden.

Adam Weber.

etrachten wir mit den Augen des Forschers, mit dem Geiste wissenschaftlicher Erkenntniß den Boden, der uns trägt und nährt, so finden wir, daß aus seinem Schooße die wesentlichsten Grundstoffe des industriellen Schaffens gehoben werden. Wir erkennen, daß aus den scheinbaren Ruinen, auf welchen überall die Menschheit wandelt, im Wechsel der Erscheinungen neues, frisches Leben emporblüht und jene Kräfte entquellen, aus denen sich die endlose Kette der Industrie zusammensetzt. Kein anderes Land der Welt ist so reich an geognostischen Formationen, wie die Vereinigten Staaten — und doch bedurfte es aufmerksamer Forschungen weitsichtiger Männer, um jene schlummernden bedeutungsvollen Produkte der werdenden Kultur zugänglich zu machen. Solch ein weitsichtiger, verdienstvoller Mann, dem die Schaffung eines neuen Industriezweiges zu danken, ist Herr Adam Weber.

Bechtheim, unfern dem schönen Mainz gelegen, ist der Geburtsplatz Herrn Adam Weber's, der dortselbst am 10. März 1822 als der Sohn des Distriktsbaumeisters zur Welt kam. Nachdem er den regelmäßigen Bildungsgang durchgemacht, wanderte er im Jahre 1840 nach der neuen Welt aus und fand vermöge seiner gediegenen Kenntnisse im Baufache ein gutes Engagement bei dem New Yorker Architekten Livingston als Zeichner, um Entwürfe zu Kirchen anzufertigen. Später betheiligte er sich auf eigene Rechnung an verschiedenen Bauunternehmungen und führte u. A. das alte Staatszeitungs-Gebäude, die Schäfer'sche Brauerei in der 51. Straße, Eichler's Brauerei in der 168. Straße und das alte Equitable Life Insurance Gebäude am Broadway auf. Alle diese Bauten machten seinen Namen beim Publikum sehr vortheilhaft bekannt und verschafften ihm eine ertragreiche Kundschaft.

Ein entscheidender Wendepunkt in seiner Carrière trat ein, als er mit Balthasar Kreischer bekannt wurde und zusammen mit diesem unter der Firma B. Kreischer & Co. die erste Chamottefabrik in Amerika begründete, die zu außerordentlicher Blüthe gelangte. Um mehr seine eigenen Ideen zur Ausführung zu bringen, trat Herr Adam Weber 1863 aus dieser Firma aus und associirte sich mit Heinrich Maurer. Hier fand er dasjenige Gebiet seiner Thätigkeit, auf dem ihm eine bahnbrechende Bedeutung beschieden war. Kurze Zeit nach Begründung der Firma begann er mit dem Bau der neuen Gasfabrik in New York für die New York Gas Co., zu deren Anlage er alle Pläne selbst entwarf. Dieser Bau, der eine neue Aera in der Anlage und Ausführung von Gasfabriken inaugurirte, verschaffte ihm ein großes Renommée und brachte ihn in innigen Connex mit dem Gasfach. Bis zu der Zeit hatte man alle Gasretorten aus Belgien bezogen und es hatte sich die Ueberzeugung festgewurzelt, daß in den Vereinigten Staaten nicht die dazu erforderlichen Thonarten gefunden werden könnten. Herr Weber theilte diese Anschauung keineswegs, und um sich mit der Fabrikation von Gasretorten vertraut zu machen, reiste er nach Belgien und brachte dort als einfacher Arbeiter 6—8 Monate zu. Es gelang ihm, das Geheimniß der Zusammensetzung auszufinden, und er machte sich nun nach seiner Rückkehr nach den Vereinigten Staaten sofort daran, mit eigener Hand derartige Retorten herzustellen. Seine Versuche gelangen glänzend und er emancipirte den amerikanischen Markt vollständig von der belgischen Importation.

Der Geschäftsbetrieb der Firma dehnte sich stetig aus und sie verlegte sich vornehmlich auf die Anlage von Fabriken für die Zuckerindustrie, auf die Construktion und Fabrikation von Hochöfen für Stahlfabriken und Anlagen von Gaswerken. Im Jahre 1873 ward das Geschäft aufgelöst, und Herr Adam Weber begründete die Manhattan Fire Brick Co., deren ausgedehnte Anlagen sich 625 bis 649 Ost 14. Straße befinden und die heute das erste und weitaus größte Geschäft ihrer Art in der ganzen Welt ist. Fast alle bedeutenderen Anlagen von Gasfabriken in Amerika sind von dieser Firma ausgeführt, so in New York die Metropolitan Gas Co., die Equitable Gas Co., die Municipal Gas Co., die Knickerbocker Gas Co., die Mutual Gas Co. und die Standard Gas Co., in Brooklyn die Williamsburgh Gas Co., die Brooklyn Gas Co., die Fulton Gas Co., die Municipal Gas Co., die East New York Gas Co., die Citizens und die Flatbush Gas Co. Ferner Gaswerke in St. Louis, Chicago, Kansas City, Cleveland (Ohio), 3 in Buffalo, die San Francisco Gas Co. in Los Angeles, in Seattle, Victoria (Brit. Columbia), Alabama, Dakota, Jacksonville, Havanna, Cuba, Caracas (Venezuela) ec. Von Zuckerraffinerien schuf Herr Adam Weber u. A. die Anlagen von Möller & Co. in Brooklyn, Preston Bros. Fertilizer Co. und der Baugh & Sons Co. in Philadelphia.

Die Firma, welche mehr als 200 erfahrene Arbeiter dauernd beschäftigt und eigene großartige Thonlager in New Jersey eignet, genießt heute unbestritten in ihrer Branche einen Weltruf — Dank der Thatkraft, dem Geschick und der Energie ihres Begründers, der sich ganz aus eigener Kraft zu einer achtunggebietenden Stellung emporgearbeitet und in seinem Spezialfache den deutschen Namen zu Geltung und Ansehen gebracht hat.

Innerhalb des Deutschthums erfreut sich Herr Adam Weber in Folge seines Gemeinsinnes und seiner bedeutenden geschäftlichen Stellung allenthalben großer Verehrung und Hochachtung. Er war einer der Begründer der Germania Bank an der Bowery und ist gegenwärtig Direktor der Union Square Bank, Mitglied des Liederkranz, des Arion, der Deutschen Gesellschaft, des Deutschen Hospitals und vieler anderer geselliger und gemeinnütziger Vereine. Besonders erwähnenswerth erscheint, daß Herr Adam Weber der älteste deutsche Freimaurer in den Vereinigten Staaten ist. An der Politik des Landes hat Herr Weber aktiven Antheil niemals genommen, nichtsdestoweniger ist er ein begeisterter Förderer aller Reformbestrebungen und eifriger Cleveland-Anhänger. Das einzige öffentliche Ehrenamt, das er je angenommen, war die Stellung eines Schultrustees, als welcher er zwei Termine gedient hat.

Ueber dem Familienleben Herrn Adam Weber's waltet ein ruhiges und sonniges Glück. Seit 1858 verheirathet, sind ihm in seiner Ehe 5 Kinder beschieden, 3 Söhne und 2 Töchter. Die beiden ältesten Söhne, Herr Oscar B. und Herr Charles E. Weber, sind thätige Mitarbeiter in dem großen Etablissement ihres Vaters, während der dritte Sohn, Herr Albert Weber, und die beiden Töchter — zwei junge Damen von seltener Anmuth und gewinnender Liebenswürdigkeit — noch im Elternhause leben.

Wiewohl Herr Adam Weber heute im 70. Lebensjahre steht und in seinen Söhnen rührige und zuverlässige Vertreter seiner eigenen Ideen besitzt, gönnt er sich dennoch nicht die wohlverdiente Ruhe und ein beschauliches Leben, sondern ist noch immer unermüdlich thätig und von wahrhaft jugendlicher Arbeitskraft. Mit eiserner Beharrlichkeit hat Herr Adam Weber an dem Auf- und Ausbau seines Etablissements gearbeitet — rastlos strebend, sinnend, forschend und unbeirrt von Zweifel und Kritik seiner Fachgenossen. Er hat heute die Genugthuung, in der kurzen Spanne Zeit von zwei Decennien eine Weltfirma aufgebaut zu haben, der wenige ebenbürtig, keine aber überlegen ist. In glänzender Weise erfüllt sich bei ihm die Wahrheit des Dichterwortes:

„Wer fest auf dem Sinne beharrt, der bildet die Welt sich."

Edward Salomon.

Edward Salomon.

s ist eine befremdende Erscheinung, daß das deutsche Element nur ganz vereinzelt in hervorragenden politischen Stellungen vertreten gewesen, und unbestreitbar, daß es im politischen Leben des Landes lange nicht den Einfluß und die Machtwirkung einnimmt, die ihm vermöge seiner Intelligenz, seiner numerischen Stärke, seiner Stellung in Handel und Industrie und seiner Fähigkeiten unbedingt gebührt. Forschen wir den Grundursachen dieser Erscheinung nach, so finden wir, daß die landesübliche Art und Weise, in der hier Politik betrieben wird, den Deutschen instinktiv von der aktiven Theilnahme am politischen Leben zurückhält und ihn hindert, sich die ihm gebührende Geltung zu verschaffen.

Zu den Deutsch-Amerikanern, welche eines der höchsten Aemter im politischen Leben des Landes bekleidet haben, gehört außer Carl Schurz in erster Reihe Edward Salomon, der während der Jahre 1862 und 1863 gerade in einer der schwierigsten Zeitepochen unseres Landes Gouverneur des Staates Wisconsin war und in dieser machtvollen und verantwortungsreichen Stellung außergewöhnliches Geschick, hohen politischen Scharfblick und warmen Patriotismus bekundete.

Edward Salomon ward am 11. August 1828 in der Nähe von Halberstadt, Provinz Sachsen, geboren, woselbst sein Vater das Amt eines Chaussée-Einnehmers bekleidete. Die Eltern, Christoph und Dorothea Salomon, waren Mitglieder der Lutherischen Kirche und erzogen ihre Kinder in demselben Glauben. Der Vater hatte mit Auszeichnung im preußischen Heere gedient und in der Schlacht von Waterloo eine gefährliche Verwundung davongetragen. Wiewohl er sich in sehr bescheidenen finanziellen Verhältnissen befand, ließ er doch allen seinen Söhnen eine ausgezeichnete Schulbildung angedeihen. Edward besuchte zunächst die Realschule in Halberstadt und bezog dann

im Frühjahre 1848 die Universität Berlin, um Mathematik und Naturwissenschaften zu
studiren. Die gerade nicht glänzenden Aussichten, welche ihm die academische Laufbahn
eröffnete, bestimmten ihn im Herbst 1849, seinen ihm kurz vorher vorausgegangenen
beiden älteren Brüdern nach Amerika zu folgen. Er wählte Wisconsin zu seiner neuen
Heimath und lebte zunächst drei Jahre in Manitowoc, am Lake Michigan gelegen, wo er
als Lehrer und Geometer thätig war und sich mit eisernem Fleiße auf das Studium der
englischen Sprache warf. Im Jahre 1852 siedelte Herr Edward Salomon nach
Milwaukee über und gab sich hier ausschließlich dem Studium der amerikanischen Rechtswissenschaft hin und zwar in dem Advokaten-Bureau des früheren Oberrichters der
Supreme Court von Wisconsin, E. G. Ryan. Sein außerordentlicher Eifer und sein
scharfer durchdringender Verstand ließen ihn schnell die Grundprinzipien des amerikanischen
Rechtswesens erfassen, und 1855 ward er nach einer Prüfung vor den Richtern der
Supreme Court in Madison in den Advokatenstand aufgenommen. Er eröffnete sodann
eine eigene Law Office, associirte sich auf Empfehlung des Oberrichters E. G. Ryan
mit Herrn Winfield Smith und verstand es, innerhalb weniger Jahre sich eine aus-
gebreitete Clientel zu verschaffen. Vermöge der außerordentlichen Gewissenhaftigkeit, mit
der er alle ihm übertragenen Rechtsfälle vertrat, seiner gründlichen juridischen Kenntnisse,
der seltenen Meisterschaft, mit der er die englische Sprache beherrschte und seiner
glänzenden Beredsamkeit brachte er seine Firma derart empor, daß sie bald die erste
Stelle unter den Anwaltsfirmen Milwaukee's einnahm und ihn zu beträchtlicher Wohl-
habenheit brachte.

Nachdem Herr Edward Salomon naturalisirt worden, schloß er sich zuvörderst
der demokratischen Partei an, trat indeß im Jahre 1860, als die republikanische Partei
mit einem Programm für Abschaffung der Sklaverei kühn vor das amerikanische Volk
trat, zu dieser über und half Lincoln erwählen. Bei Ausbruch der Rebellion befürwortete
er strenge Unterdrückungsmaßregeln, um das Land vor den zerstörenden Wirkungen eines
langen Bürgerkrieges zu bewahren. Obgleich Herr Salomon darüber hinaus an der
Politik wenig persönlichen Antheil genommen, ward er ohne sein Zuthun und Wissen im
Jahre 1861 von der republikanischen Partei auf einem in Madison abgehaltenen Convent
als Candidat für das Amt des Vice-Gouverneurs mit Lewis B. Harvey als Gouverneur
aufgestellt und erwählt. Im Januar 1862 trat Herr Edward Salomon dieses Amt
an und bekleidete es bis zum April desselben Jahres, als der plötzliche Tod des Gou-
verneurs Harvey die schweren und verantwortungsreichen Pflichten des Staatsgouverneurs
auf seine Schultern übertrug. Als Deutscher hatte Herr Edward Salomon anfangs
mit den Vorurtheilen der Anglo-Amerikaner insofern zu kämpfen, als dieselben einem
Fremdgeborenen nicht die Fähigkeit zutrauten, ein solches Amt zu verwalten und den
schwierigen Anforderungen an dasselbe in der bewegtesten Epoche unserer nationalen
Geschichte gerecht zu werden, während die überwiegende Majorität der Deutschen in

Wisconsin zur demokratischen Partei gehörte und sich also politisch in Opposition gegen ihn und gegen die energische Fortsetzung des Krieges befanden. Die Anfeindungen von Seiten der Demokraten und selbst eines Theiles der deutschen Presse waren sehr groß, namentlich als Herr Salomon es unternahm, die Aushebung auszuführen. Noch ehe aber seine Amtszeit abgelaufen war, war die Bitterkeit dieser Opposition längst verschwunden, und es wurde ihm — sagt ein Biograph über ihn — weder während, noch nach seiner Amtszeit je von Deutschen der so leicht entstehende Vorwurf gemacht, die Deutschen vernachlässigt oder nicht ganz berücksichtigt, noch von geborenen Amerikanern der ebenso leicht entstehende Vorwurf, die Deutschen bevorzugt zu haben.

Während seiner Amtszeit entfaltete Gouverneur Salomon eine rührige und unermüdliche Thätigkeit; von Morgens bis spät in die Mitternacht war er unablässig damit beschäftigt, Truppen zu organisiren, auszurüsten, zu verpflegen und nach ihren Bestimmungsorten zu entsenden. Er entledigte sich der schweren Aufgaben, die ihm oblagen, mit ebenso großer Energie wie staunenswerthem Geschick und gewann sich überall Achtung und Anerkennung. Sicherlich hat Wisconsin nie einen Gouverneur gehabt, der unter so schwierigen Verhältnissen die Verwaltung des Staates zu leiten hatte und seine Aufgabe mit solch' ernstem Pflichtbewußtsein und in so aufreibender Arbeit erfüllte, wie es Herr Salomon gethan hat. Als sein Amtstermin im Herbst 1863 auslief, wurde in ihn gedrungen, eine Renomination als Gouverneur anzunehmen, aber er lehnte diese sowohl wie eine ihm angetragene Nomination als Ver. Staaten-Senator ab und kehrte 1864 zur Rechtspraxis zurück. Wenn Gouverneur Salomon nun auch die Annahme politischer Aemter vermied, nahm er dennoch an den Wahlen regen Antheil und trat namentlich als Redner vielfach auf.

Besonderes Verdienst erwarb sich Gouverneur Salomon um die Staatsuniversität von Wisconsin. Er war neun Jahre lang Mitglied des Direktoriums und während der letzten zwei Jahre, ehe er Wisconsin verließ, Präsident derselben. Der Universität fehlte es an Mitteln, die Opposition gegen sie war immer groß, und man arbeitete namentlich von Seiten der kirchlichen Anstalten darauf hin, die religionsfreie Universität zu vernichten und den Fond derselben unter sich zu vertheilen. Diese Bestrebungen bekämpfte Gouverneur Salomon Jahre lang und endlich mit Erfolg; auf seine Empfehlung ward 1862 der "Agricultural College Fund" der Universität überwiesen, wodurch die Einnahmen derselben so stiegen, daß sie sich auf feste Füße stellen konnte.

Im Jahre 1869 löste Gouverneur Salomon seine Theilhaberschaft mit Herrn Winfield Smith auf und siedelte im Dezember desselben Jahres nach New York über, wo sich seinem umfangreichen Wissen und seinen glänzenden Fähigkeiten ein größeres und ergiebigeres Arbeitsfeld darbot. Das Anwachsen des deutschen Elementes in der Metropole war Hand in Hand gegangen mit der Begründung großer Finanzinstitute und anderer Unternehmungen, deren Leitung in den Händen von Deutschen lag und für die Herr

Edward Salomon die Rechtsvertretung übernahm. Zugleich ward ihm die Wahrnehmung aller Rechtsgeschäfte für das Deutsche General-Consulat und das Oesterreichisch-Ungarische General-Consulat übertragen und er hat sich in diesen Stellungen einen großen und begründeten Ruf als vorzüglichster Kenner des internationalen Rechtes erworben. Die von ihm gegründete Advokatenfirma Salomon, Dulon & Sutro — bestehend aus den Herren Gouverneur Edward Salomon, Rudolf Dulon und Theodor Sutro — nimmt eine autoritative und leitende Stellung in Anwaltskreisen ein und genießt nicht nur in den Vereinigten Staaten, sondern auch in Europa einen wohlverdienten Ruf.

Als Gouverneur Salomon sich in New York ansässig machte, war der Tweed-Ring in seiner Machtfülle und er nahm alsbald an der Reformbewegung gegen denselben einen hervorragenden Antheil. Gouverneur Salomon war Vorsitzer des "Committee on Legislation" des Siebziger Comités und blieb solcher bis 1872, wo dasselbe wegen einer Meinungsverschiedenheit in Bezug auf zu ergreifende Maßregeln resignirte. Im Oktober 1882 wurde Salomon von dem Bürger-Comité, das sich gegen die Maschinen-Politiker gebildet hatte und aus Mitgliedern aller Parteien bestand, als Richter für die New York Superior Court nominirt. Nur widerstrebend nahm er diese Nomination, welche von den Republikanern und der New York Bar Association einmüthig indossirt wurde, an, und wiewohl er eine beträchtliche Stimmenzahl auf sich vereinigte, unterlag er dennoch dem Candidaten der Gegenpartei, die kein Mittel unbenützt gelassen hatte, um ihrem Ticket zum Siege zu verhelfen.

An allen speciell deutsch-amerikanischen Kundgebungen hat Gouverneur Salomon lebendiges Interesse genommen; so war er im Jahre 1870 Präsident des Executiv-Comités zur Unterstützung der Verwundeten und der Hinterbliebenen der gefallenen deutschen Krieger im deutsch-französischen Kriege und einer der Hauptredner bei der großen deutschen Siegesfeier in New York. Die hervorragendsten deutschen Vereine und Wohlthätigkeits-Institute zählen Gouverneur Salomon zu ihren Mitgliedern und bei vielen hat er einflußreiche Ehrenstellungen eingenommen, so bei dem Deutschen Rechtsschutz-Verein, dem er Jahre lang als Präsident vorstand und an dessen gedeihlicher Entwicklung ihm der Hauptantheil gebührt.

In den letzten Jahren hat sich Gouverneur Salomon vom öffentlichen Leben und auch theilweise von der Leitung seiner Firma etwas zurückgezogen und ist mit seiner Gattin — einer hochgebildeten und feinsinnigen Dame von belgischer Abkunft, mit der er seit 1858 in glücklicher Ehe lebt — nach Wiesbaden übergesiedelt, wo er eine herrlich gelegene Villa erworben hat. Nicht nur in der Geschichte von Wisconsin, sondern auch in den Annalen des Deutsch-Amerikanerthums dieses Landes gebührt Gouverneur Edward Salomon ein hervorragender Platz als einem der besten und patriotischsten Bürger unseres Adoptiv-Vaterlandes.

Georg Ehret.

eberblickt man das umfangreiche Gebiet des werkthätigen Schaffens, auf dem die Deutschen in Amerika sich hervorragend ausgezeichnet haben und eine prädominirende Stellung einnehmen, so erscheint zweifellos, daß das Brauergewerbe die bedeutungsvollste Stelle behauptet. Wir begegnen in diesem Fache nur wenigen amerikanischen Namen und finden, daß gerade die größten Etablissements ganz exclusiv deutsch sind. Fast alle unsere Brauerfürsten sind self-made men, die sich aus kleinsten Anfängen heraus durch Sparsamkeit, Fleiß und Tüchtigkeit zu Ansehen und Reichthum emporgearbeitet haben. Das gilt in ganz besonderem Grade von dem größten Brauherrn New York's, Georg Ehret, dessen Lebensgang eine treffliche Illustration dazu bietet, was es heißt, aus eigener Kraft ein Leben aufzubauen.

Georg Ehret ist — wie so viele unserer hervorragendsten New Yorker Bürger — von Geburt ein Badenser und zwar ward er am 6. April 1835 in dem romantisch gelegenen Dorfe Hofweier, Oberamt Offenburg, in der Nähe von Baden-Baden geboren. Sein Vater war ein fleißiger, ehrsamer Küfermeister, der allerdings nicht mit irdischen Glücksgütern gesegnet war und seinem Sohne nicht mehr als die im Orte gebotene Volksschulbildung angedeihen lassen konnte. Aber der junge Georg war strebsamen und geweckten Geistes und wenn der Sonntag kam, dann musicirte er fleißig, las gute Bücher und bildete sich selbst in jeder Weise weiter aus. Doch die Schulzeit verging und Georg mußte, als er 14 Jahre alt geworden, dem Vater in der Werkstätte hilfreich zur Hand gehen. Indeß behagte des Vaters Geschäft dem lebhaften Geiste nicht, sein Lieblingswunsch war es, Bierbrauer zu werden und so brachte ihn der Vater als Lehrling in der Schumacher'schen Brauerei in Offenburg unter, um hier das Gewerbe zunftgemäß zu erlernen.

Mit Lust und Liebe, Fleiß und Ausdauer arbeitete der junge Ehret, hatte für Alles um ihn herum ein offenes Ohr und wachsames Auge, und als seine Lehrzeit verstrichen und er Geselle geworden war, da durfte er kühnlich behaupten, daß er alle Details der Bierbrauerkunst gründlich erlernt habe. Lange genug hatte er nun auf heimischer Scholle gehockt, jetzt — als sein Lehrkontrakt ausgelaufen — trieb es ihn hinaus in die Welt, die Menschen und Städte zu sehen und so machte er sich auf die Wanderschaft; denn der herrschenden Anschauung gemäß konnte der Gesell' kein guter Meister werden, der nicht ein paar Jahre mit dem Wanderstab in der Hand die Welt durchstreift hatte. Nun, Georg Ehret folgte dem alten deutschen Brauch und wahrlich, er ist ein gar wackerer Meister geworden, ein größerer wohl, als er sich selbst in seinen Jünglingstagen träumen ließ.

Als wandernder Handwerksbursch' führte ihn sein Weg nach Heidelberg, Mannheim und Oggersheim, wo er überall eine Zeit lang arbeitete und seine Fachkenntnisse nicht unwesentlich erweiterte und bereicherte. Aber es trieb den jungen Mann unaufhaltsam weiter, hinaus in die Ferne, nach anderen Ländern und so schiffte er sich denn, 22 Jahre alt, im Jahre 1857 frisch und wohlgemuth nach der neuen Welt ein, die ja dem strebsamen Talent freien Raum zur Entfaltung und Bethätigung seiner Kräfte darbot. In New York sah sich der junge Einwanderer, kaum angelangt, nach Arbeit um und fand diese bei seiner Tüchtigkeit im Braufache auch ohne viele Mühe, zunächst als Braubursche in der Anton Hüpfel'schen Brauerei. Auch Georg Ehret sind die reifen Früchte nicht mühelos in den Schooß gefallen, sondern er hat hart gekämpft und sich jeden Schritt breit Raum durch unermüdliche Thätigkeit und rastlosen Fleiß erobert. Drei Jahre lang arbeitete er in dieser untergeordneten Stellung, bis er sich durch seine Tüchtigkeit und Geschicklichkeit zur Stelle eines Vormannes emporarbeitete. In dieser ganzen Zeit schwebte Georg Ehret unverrückbar ein Ziel vor Augen, dem er mit unbeugsamer Energie zustrebte: selbständig zu werden. Nach einigen Jahren rüstiger Thätigkeit hatte er sich einige Ersparnisse gemacht und mit diesen und der ihm gewährten finanziellen Beihilfe von Anton Hüpfel konnte er 1866 es wagen, eine eigene Brauerei anzufangen. Der junge Unternehmer zeigte gleich von Beginn an, welch' ein eifriges Bestreben ihn erfüllte, die Schaffensweise seines Berufes zu vervollkommen. Mit schöpferischem Geiste baute er unabläsig fort an der Entwicklung seiner Brauerei, bis sie im Laufe von wenig mehr als zwei Jahrzehnten zu der bedeutendsten in New York sich aufschwang. Das Riesenetablissement, einer Stadt im Kleinen gleichend, ist in 92. Straße gelegen und umfaßt fast das ganze Areal zwischen zweiter und dritter Avenue von 91. bis 94. Straße. Seine Produktion ist von immensem Umfange und bezifferte sich im Jahre 1890 auf die enorme Höhe von 412,851$^{1}/_{2}$ Barrels und ist in steter Steigerung und rapider Ausdehnung begriffen. Drei Momente sind es namentlich, denen Herrn Ehret's Erfolge zuzuschreiben sind: erstens dem Umstande, daß er es sich stets angelegen sein ließ, nur ganz vorzügliches, gesundes und wohlschmeckendes, aus den besten Stoffen hergestelltes Bier auf den Markt zu bringen; zweitens der Thatsache, daß der in der praktischen Schule des Lebens gereifte Mann jederzeit neuen, guten Ideen und Verbesserungen volle Aufmerksamkeit schenkte und dieselben sofort thatkräftig nutzbar zu machen verstand; und drittens der strengen Gewissenhaftigkeit, mit der Herr Ehret Alles überwacht, und dem unermüdlichen Fleiß, mit dem er selbst in die kleinsten Details seines riesigen Geschäftsbetriebes eindringt.

Neben seinen umfassenden Berufspflichten ist indeß Herrn Georg Ehret der Sinn für heitere Geselligkeit und für das Allgemeinwohl nicht verloren gegangen. Zahlreichen deutschen Vereinen und wohlthätigen Gesellschaften gehört er als eifriges Mitglied an, und durch seine opferwillige Hülfe ward dem „Arion" hauptsächlich der Bau der neuen Halle in 59. Straße ermöglicht. Für die Arbeiter seines Etablissements hat Herr Ehret stets ein warmes Interesse bekundet und das herzliche Einvernehmen, das hier zwischen Arbeitgeber und Arbeitnehmer besteht, dokumentirt sich recht deutlich auf den alljährlichen Sommerausflügen, die Herr Ehret mit seinem ganzen Personale unternimmt.

Wie viel Gutes der weichherzige und allezeit freigebige Mann im Stillen thut, wird wohl nie bekannt werden, denn er liebt es nicht, von derartigen Dingen, die lediglich rein humanitären Impulsen entspringen, Aufheben zu machen und sie vor die Oeffentlichkeit zu bringen. Aber jede wohlthätige Institution, jeder Hülfsbedürftige findet an Herrn Georg Ehret stets einen großmüthigen und edelgesinnten Spender, der die linke Hand nicht wissen läßt, was die rechte thut.

Ueber sein häusliches Leben hat in den letzten Jahren die Krankheit seiner Gattin, mit der Herr Georg Ehret seit 26 Jahren in glücklichster Ehe lebt, Schatten gebreitet und Herr Ehret sah sich im September 1889 durch den Gesundheitszustand seiner Frau gezwungen, nach Görbersdorf, dem berühmten schlesischen Kurorte für Lungenleidende zu übersiedeln. Während seiner Abwesenheit ist die Leitung des Riesenetablissements auf seinen Sohn, Herrn Frank A. Ehret übergegangen, der den überkommenen verantwortungsvollen Pflichten mit Umsicht und Geschick gerecht wird. Die älteste Tochter des Herrn Georg Ehret ist seit Weihnachten 1890 mit dem Freiherrn Carl von Zedlitz-Leipe verheirathet, während fünf andere Töchter und drei Söhne noch im Elternhause leben.

Der Genius des Fortschritts, der an Georg Ehret's Wiege gestanden, er ist fort und fort sein treuer Begleiter gewesen und ihm dankt er seine großartigen Erfolge. Wenn wir rückblickend sein ganzes Leben überschauen, wie er sich vom einfachen Brauburschen bis zum reichsten Brauerfürsten New York's emporgearbeitet hat, dann erst verstehen wir so recht, was es heißt: Aus eigener Kraft ein Leben aufzubauen!

Ashbel P. Fitch.

enn es schon eines ungewöhnlichen Grades von Charakterfestigkeit bedarf, um im Parteigetriebe persönlich rein zu bleiben, sich nicht zu Handlungen hinreißen zu lassen, welche unauslöschliche Schatten auf die Ueberzeugungstreue und Reinheit der Motive werfen, so gehört ein Muth und eine Entschlossenheit dazu, mit der eigenen Partei zu brechen und zum Feinde überzugehen, die wir im politischen Leben Amerika's nur selten finden. Sehen wir doch in jeder Wahlcampagne, wie Männer von hoher Begabung, glänzender Erziehung, in Lebensstellungen, die sie von der Gunst der Politiker ganz unabhängig machen, Maßregeln und Männer vertheidigen, welche sie soeben noch hartnäckig angriffen, nur weil es die Partei verlangt. Und entschließt sich trotzdem ein Mann zum politischen Glaubenswechsel, so folgen ihm Schmähungen und persönliche Angriffe, die nur der überwinden kann, dessen Reinheit so zweifellos ist, daß alle Giftpfeile wirkungslos abprallen.

Zu diesen seltenen und daher desto höher zu schätzenden Ausnahmen gehört Herr Ashbel P. Fitch, der mit dem Deutschthum dieses Landes durch sein Wirken und seine Lebensanschauungen auf das engste verwachsen ist. Ashbel P. Fitch wurde im Jahre 1848 in New York geboren. Sein Vater Edward Fitch, ein Mann von ungewöhnlicher Bildung und Weitsichtigkeit, war einer der bekanntesten Advokaten seiner Zeit, der auch im politischen Leben eine bedeutungsvolle Rolle gespielt hat. Er vertrat in der Legislatur lange Jahre Franklyn County und war einer der Gründer der republikanischen Partei im nördlichen New York. Seine Mutter war gleichfalls eine hochbegabte Frau, eine Tochter des Rev. Ashbel Parmelee, eines prominenten Presbyterianer-Geistlichen, die auf die Entwickelung des reichbegabten Knaben einen nachhaltigen und liebevollen Einfluß ausübte. Nachdem er die öffentlichen Schulen New York's absolvirt, setzte er seine weitere

Ausbildung in dem Williston Seminar in Massachussetts fort und begab sich alsdann, 18 Jahre alt, nach Deutschland, um an den Universitäten in Berlin und Jena dem Studium der Jurisprudenz obzuliegen; in Jena gehörte er sechs Semester hindurch als flotter Corpsstudent dem Corps „Franconia" an. Trotz aller seiner Paukereien in der „Tanne" und seinen Kneipereien in der „Rose" zu Jena vernachlässigte er seine Studien nicht und gewann eine tiefe Sympathie für deutsche Lebensart und den deutschen Volkscharakter. Im Jahre 1869 kehrte Herr Fitch — ausgerüstet mit einem Schatz vortrefflicher Kenntnisse und soliden Wissens — nach den Vereinigten Staaten zurück und wurde im Oktober desselben Jahres zur Advokatur zugelassen, nachdem er vom Columbia College graduirt hatte.

Herrn Fitch's Carrière als Advokat ist geradezu phänomenal — Dank seiner ungewöhnlichen juridischen Kenntnisse, seiner eminenten oratorischen Begabung, seinem sprachlichen Wissen und seiner feinen Weltkenntniß. Die bedeutendsten Bankinstitute, Kaufleute und Fabrikanten zählt er zu seinen Klienten, die liebsten Kunden sind ihm aber seine „Landsleute", wie er sie stets nennt, die Deutschen, geblieben, die fast zwei Drittheile seiner umfangreichen Clientel ausmachen. So fungirt er beispielsweise als Rechtsanwalt für die Germania Bank, die Brauer-Association, die German American Real Estate Title Guarantee Co., die Brauerfürsten George Ehret, Jacob Ruppert 2c., die ihm in richtiger Würdigung seiner Fähigkeiten und seines Charakters die Wahrnehmung ihrer Interessen anvertrauten. Eine Reihe ebenso schwieriger als interessanter Rechtsfragen hat Herr Fitch während seiner Advokaten-Praxis zur Entscheidung gebracht und sich eine hochangesehene Stellung innerhalb des Barreaus erworben.

Es kann nicht Wunder nehmen, daß die öffentliche Aufmerksamkeit sich einem so hervorragenden Manne zuwandte und seine Kräfte für die Förderung des Allgemeinwohles zu gewinnen sich bestrebte. Nachdem Herr Fitch wiederholt ihm angetragene politische Ehrenämter zurückgewiesen hatte, ward er 1886 im 13. Distrikt von den Republikanern als Congreß-Abgeordneter gegen General Egbert L. Viele aufgestellt und seine Nomination von so hervorragenden Männern wie Thomas C. Acton, Levi P. Morton, Elihu Root, Ex-Generalpostmeister Thomas L. James, G. Montague u. A. indossirt. Für die Wahl Fitch's, so schrieb damals die „New Yorker Zeitung", sprachen so viele sachliche Gründe, daß demselben nicht nur die Stimmen der Republikaner, sondern auch die aller unabhängigen, die Partei-Candidaten nicht blindlings hinnehmenden Demokraten sicher waren. Namentlich die Deutschen haben sich in voller Zahl um Fitch geschaart und sie wußten wahrlich warum. Derselbe hat durch seinen langen Aufenthalt in Deutschland, welcher in die Zeit fiel, in der die größte Empfänglichkeit für neue Eindrücke obwaltet, einen Einblick in deutsche Verhältnisse gewonnen, wie er selbst geborenen Deutschen oft nicht in gleich hohem Grade beschieden ist, wenn sie den Aufenthalt drüben schon früh mit dem auf dieser Seite des Oceans vertauscht haben. Auch die Letzteren sind ohnehin im Congreß nur spärlich gesät und das Deutschthum dieser Körperschaft hat daher an Fitch eine ungemein werthvolle Bereicherung erfahren.

Herrn Fitch's Erwählung in dem bis dahin ausgesprochen demokratischen 13. Distrikt mit einer Pluralität von 4000 Stimmen ward allenthalben mit Genugthuung begrüßt und die „N. Y. Sonntags-Nachrichten" schrieben: „Die Candidatur des Herrn Fitch, der ein Republikaner ist, konnte ein demokratisches Blatt nicht gut unterstützen, aber wir freuen uns von ganzem Herzen darüber, daß ein so fähiger, so tüchtiger, so achtungswerther und liebenswürdiger Mann wie er gesiegt hat."

Im Congreß entfaltete Herr Fitch eine überaus rege und selbständige Thätigkeit und wachte unablässig mit aufmerksamem Auge über den Interessen seiner Constituenten, die er im Hause und in den Comités mit Eifer und Energie vertrat. Er war einer der beredtesten Verfechter einer unverweilten Revision des Tarifs und begann bereits bei dieser Frage durch seine selbständige, lediglich die allgemeinen Interessen berücksichtigende Haltung in Zwiespalt mit seiner Partei zu gerathen. Am 16. Mai 1888 hielt Herr Fitch seine berühmte Rede über die Tarifrevisionsbill Mills, die nicht nur im Hause, sondern im ganzen Lande eine tiefe Bewegung hervorrief. In dieser Rede, die ein oratorisches Meisterstück voll gediegenster volkswirthschaftlicher Maximen ist, betonte Herr Fitch mit Schärfe, daß er nicht die Interessen einer besonderen Partei, sondern die des ganzen Volkes vertrete und hatte den Muth, zusammen mit zwei anderen Republikanern für die Mills Bill zu stimmen. Evening Post, N. Y. Star, Philadelphia Times und viele andere Blätter reproducirten Herrn Fitch's Tarifrede wortgetreu und sie war eines der hauptsächlichsten Campagne-Dokumente während der Wahl in 1888.

Der Widerspruch, in den Herrn Fitch's Ansichten ihn mit der republikanischen Partei gebracht hatten, veranlaßte ihn, sich am 13. August 1888 in einem längeren Schreiben formell von den Republikanern loszusagen und zur Demokratie überzugehen — der erste Congreßmann New York's, welcher seiner Partei den Abschiedsbrief gegeben hat. Daß Herrn Fitch's Wähler seine unabhängige Haltung voll und ganz billigten, bewiesen sie ihm bei der Wahl 1888, in der sie ihn mit einer Majorität von 9467 Stimmen abermals als ihren Vertreter in den Congreß entsandten. Auch im 51. Congreß war Herrn Fitch's Thätigkeit eine vielumfassende und er trat speciell für die Schiffahrtsverbesserung des Harlem Flusses und andere nicht minder wichtige Fragen mit Eifer und Erfolg ein. Von besonders bemerkenswerthen größeren Reden, die Herr Fitch im 51. Congreß gehalten, ist sein glänzendes Plaidoyer für New York als Weltausstellungsplatz der Columbus-Feier und seine Rede gegen die McKinley Bill im Mai 1890 hervorzuheben. Es war nur eine wohlverdiente Anerkennung seines rastlosen und erfolgreichen Wirkens, daß Tammany Hall und County-Demokratie Herrn Ashbel P. Fitch im November 1890 abermals für den Congreß nominirten. Daß er wiederum mit glänzender Majorität erwählt wurde, ist eigentlich nur selbstverständlich und New York kann sich gratuliren, seinen bewährten Vertreter auch im 52. Congreß sitzen zu haben, in dem er seine Interessen mit so unermüdlichem Eifer versicht.

Mit dem deutschen Leben New York's steht Herr Ashbel P. Fitch im innigsten Connex und hat an dessen Bethätigung und Entfaltung jederzeit regen und mannigfaltigen Antheil genommen. Er ist Mitglied des Deutschen Club, des Gesellig-Wissenschaftlichen Vereins, des Liederkranz, des Arion — dessen Vice-Präsident er in 1872 war —, des N. Y. Männerchor, des Central-Turnverein, der Independent Schützen, der Deutschen Gesellschaft, des Deutschen Hospitals, und es giebt hier wohl kaum noch einen Amerikaner, der sich in so hohem Grade mit dem hiesigen Deutschthum identificirt hat. Dafür spricht zum Beispiel auch die Thatsache, daß Herr Ashbel P. Fitch die größte Goethe-Bibliothek in Amerika besitzt und wohl der beste Goethe-Kenner in den Vereinigten Staaten ist. Während der Durchschnitts-Amerikaner trotz des Umstandes, daß er mit Millionen von Deutschen zusammenlebt, und daß diese Deutschen einen unverkennbaren und in steter Steigerung begriffenen Einfluß auf die Gestaltung der Gesammtverhältnisse des Landes ausüben, nur einen sehr unklaren Begriff von dem Deutschthum besitzt, hat Herr Fitch durch seinen mehrjährigen Aufenthalt in Deutschland und seinen stetigen Verkehr mit den hiesigen Deutschen eine so innige Liebe und ein so tiefes Verständniß für das Deutschthum gewonnen, daß er in seinem Denken und Fühlen fast ganz in demselben aufgegangen ist. Daß er es gethan und an seiner Stelle so ungemein viel dazu beigetragen hat, dem Deutschthum die gebührende Stellung in den Vereinigten Staaten zu sichern, das darf alle guten Deutsch-Amerikaner mit lebhaftester Freude und Genugthuung erfüllen.

Carl L. Recknagel.

orhandene Verhältnisse sich klug zu Nutze zu machen, darin liegt das Geheimniß zu Erfolgen auf commerciellem Gebiete. Einer der Ersten, der die beginnende Wiederbelebung des amerikanischen Handels zu erfassen und zu würdigen verstand, ist Herr Carl L. Recknagel, der in dem Zeitraum von 1845 bis 1880 in seinem Fache eines der ausgedehntesten kaufmännischen Geschäfte betrieb.

Herr Carl L. Recknagel wurde in Kassel am 11. Februar 1820 als Sohn eines Staatsdieners geboren und erhielt eine sorgfältige und gewissenhafte Erziehung. Nach Beendigung der Schulzeit trat er als sechzehnjähriger Jüngling bei einem Bremer Droguenwaarengeschäfte in die Lehre und verblieb in demselben bis 1840. Das Leben in der großen Handelsstadt hatte in ihm den Wunsch rege gemacht, die Welt kennen zu lernen und draußen sein Glück zu versuchen. Ausgerüstet mit soliden Kenntnissen, von Strebsamkeit und Eifer beseelt, hoffte er gleich so vielen Anderen, die in die Fremde hinausgezogen und sich zu Reichthum und Ansehen emporgearbeitet hatten, seines Glückes Schmied werden zu können.

Dem Plane ließ er schnell entschlossen die Ausführung folgen und schiffte sich im Frühjahre 1840 nach New York ein, wo er am 20. April anlangte. Nachdem er in verschiedenen Stellungen thätig gewesen, sich in die Verhältnisse des Landes eingelebt und werthvolle Verbindungen angeknüpft hatte, wurde er 1842 Theilhaber im Geschäfte des Herrn Jacob Wichelhausen und setzte dasselbe von 1849 ab zusammen mit dem unvergeßlichen Gustav Schwab weiter fort; die Firma bestand führend in ihrer Branche bis 1859, als Gustav Schwab die ihm angebotene Partnerschaft im Hause Oelrichs & Co. annahm und die Firma Recknagel & Schwab aufhörte. Das Geschäft änderte seine Firmirung in Recknagel & Co. um und Herr Rudolph Pagenstecher trat als Theilhaber ein.

Während der Letztere das Exportgeschäft des Hauses leitete, besorgte Herr Recknagel den Importhandel. Diese Verbindung bestand bis 1882 und setzte Herr Carl L. Recknagel das Geschäft seitdem mit seinem Sohne Gustav A. Recknagel unter der gleichen Firma fort. Noch heute genießt das Haus, das zu den ältesten der Branche zählt, das höchste Ansehen und seinem Begründer wird allenthalben die größte Hochschätzung sowohl wegen seiner kaufmännischen Fähigkeiten, als auch wegen seiner persönlichen Charaktereigenschaften zu Theil.

Herr Carl L. Recknagel gehört zu den Senioren der deutschen Kaufmannswelt New York's, war seit 1867 Mitglied der New Yorker Handelskammer und erfreut sich trotz seiner 70 Jahre noch ungetrübter geistiger und körperlicher Frische. Im Jahre 1842 gründete er sich einen eigenen Hausstand und nahm seinen Wohnsitz in Brooklyn. Von seinen beiden Söhnen nimmt der eine, Herr John Hermann Recknagel, eine hervorragende Stellung im Gewürz-Geschäft ein, während der jüngere Sohn, Herr Gustav A. Recknagel, Partner in der Firma seines Vaters ist. Außerdem hat Herr Recknagel noch zwei Töchter, die beide im Elternhause leben.

Für alle Bestrebungen des hiesigen Deutschthums hat Herr Recknagel fortgesetzt lebendiges Interesse bekundet. Mehrere Jahre hindurch war er thätiges Mitglied im Verwaltungsrath der „Deutschen Gesellschaft", zu deren ältesten Mitgliedern — seit 1844 — Herr Recknagel zählt. Seine Resignation im Jahre 1887 wurde vom Verwaltungsrath mit dem Ausdrucke des lebhaftesten Bedauerns und unter warmer Anerkennung seiner uneigennützigen und aufopfernden Wirksamkeit angenommen.

Ein Menschenalter rüstigen Schaffens und unermüdlicher Thätigkeit liegt hinter Herrn Carl L. Recknagel, dessen bescheiden-anspruchsloser Charakter in Verbindung mit seinem freundlich-stillen Wesen ihm in allen Kreisen des Deutschthums wahre und aufrichtige Freunde erworben haben.

Eugen S. Ballin.

ie Spuren, die ein guter Mensch gewandelt, vermag selbst der Tod nicht auszulöschen, die Schöpfungen, welche er zur Förderung des Allgemeinwohls angeregt, ausgebaut oder geschaffen hat, tragen selbst in unserm schnelllebigen Jahrhundert seinen Namen fort auf die späteren Generationen — zum Ansporn und zur Nacheiferung. Ein solcher Mann war Eugen S. Ballin, der verdienstvollsten Einer unter den deutschen Adoptivbürgern dieses Landes, der leider zu früh seinem gemeinnützigen Wirken entrissen ward. Geboren am 18. Januar 1817 in Merchingen, einem kleinen Städtchen des Großherzogthums Baden, das im Verhältniß zu seiner Größe das bedeutendste Contingent zu den deutschen Bewohnern der Union gestellt hat, erhielt Eugen S. Ballin in der alten Universitätsstadt Würzburg seine Erziehung und kam, ausgerüstet mit einem Schatz trefflicher Kenntnisse, im Jahre 1840 nach der Neuen Welt. Das Glück war dem jungen Einwanderer hold, schon nach wenigen Jahren, in denen er sich in die Verhältnisse seines neuen Vaterlandes eingelebt hatte, begründete er in New York zusammen mit Charles Sander ein Import- und Commissions-Geschäft unter der Firma Ballin & Sander, dem er durch Fleiß und Umsichtigkeit großen Ruf und ein weites Absatzgebiet zu gewinnen wußte. Trotzdem das Geschäft vorzüglich prosperirte und sich als sehr lukrativ erwies, lösten es die Eigenthümer dennoch im Jahre 1852 auf und begründeten unter dem gleichen Firmennamen ein Bankhaus, das sich sehr schnell eine angesehene Stellung eroberte und zu hoher Blüthe gelangte. 1870 sah sich Herr Sander in Folge andauernder Kränklichkeit gezwungen, sich aus dem Geschäft zurückzuziehen, und Herr Ballin führte dasselbe mit seinen Söhnen unter der Firma Eugen S. Ballin & Co. mit stetig wachsendem Erfolge bis zu seinem Tode fort. So weit die geschäftliche Laufbahn

Eugen S. Ballin.

des Verschiedenen, die seinem Namen in commerciellen Kreisen einen so hohen und wohlbegründeten Klang erwarb.

Was seine Thätigkeit im Dienste des Allgemeinwohls anbelangt, so war Herr Ballin einer der eifrigsten Philantropen, der stets mit Herz und Hand bereit war, alles Gute und Edle zu fördern. Er war einer der wärmsten Befürworter der Errichtung einer großen deutschen Sparbank und seinem unermüdlichen Wirken im Verein mit gleichgesinnten Deutschen war hauptsächlich die 1859 erfolgte Gründung der Deutschen Sparbank an der Ecke der 14. Straße und 4. Avenue zuzuschreiben. Er war es, der durch seine opferwillige Initiative die Grundlage schuf für das glückliche Gedeihen des Instituts und er war es auch, der — zusammen mit Herrn Philip Bissinger — durch seine Kenntnisse der Finanzverwaltung und des Finanzwesens wesentlich zu der heutigen bedeutenden Stellung dieses größten deutschen Geldinstituts in den Vereinigten Staaten beigetragen hat. 25 Jahre hindurch hat er ohne jeden Entgelt in der uneigennützigsten und aufopferndsten Weise dem Unternehmen als Vice-Präsident seine Kräfte gewidmet und nur der Tod vermochte seinem Wirken dafür Halt zu gebieten. Was Herr Ballin einmal für gut und seiner Mitarbeit und Unterstützung werth befunden, das hat er dann mit dem ganzen Aufgebot seines Könnens ausbauen und festigen helfen, so die „Deutsche Gesellschaft", zu deren ältesten Mitgliedern er gehörte, so das „Deutsche Hospital" und eine endlose Reihe anderer gemeinnütziger Institutionen. Lange Jahre hindurch war er auch Schatzmeister des N. Y. Ophthalmic & Aural Institute und hat auch an dieser Stätte ein überaus segensreiches Wirken entfaltet. Das wohlgetroffene Portrait, das wir nebenstehend geben, ist nach der letzten Photographie angefertigt und zeigt Herrn Ballin in der Uniform der Old Guard, zu deren ältesten Mitgliedern er gehörte.

Inmitten der rüstigsten Schaffensfreudigkeit verschied Herr Eugen S. Ballin am 23. Juni 1885 — tiefbetrauert von Allen, die dem braven, pflichttreuen Manne je nahe gestanden und Gelegenheit gehabt hatten, einen Blick in sein reiches Gemüthsleben, in die Uneigennützigkeit seines Wirkens und die Tiefe seines Herzens zu thun und in deren Erinnerung sein Andenken fortleben wird.

Ernſt Steiger.

m die Ausbreitung deutſcher Literatur und im Gefolge davon deutſchen
Culturlebens und deutſcher Geſittung hat ſich Ernſt Steiger,
der Neſtor des deutſchen Buchhandels in Amerika, unvergängliche
Verdienſte erworben. Kaum ein anderer Faktor hat auf die Erhal‐
tung des Deutſchthums in unſerem Adoptiv-Vaterlande ſo macht‐
voll und nachhaltig eingewirkt, als die Verbreitung der deutſchen
Literaturerzeugniſſe, denen Ernſt Steiger zuerſt in größerem
Maßſtabe die Wege eröffnet hat.

Ernſt Steiger ward geboren am 4. Oktober 1832 in Gaſtewitz, einem kleinen
ſächſiſchen Städtchen, und nachdem er eine höhere Lehranſtalt erfolgreich abſolvirt hatte,
widmete er ſich — ſeiner Neigung für die literariſche und künſtleriſche Bewegung folgend —
dem Buchhandel. Seine Lehrzeit verbrachte er in der klaſſiſchen Heimſtätte des deutſchen
Buchhandels, in Leipzig, woſelbſt er in dem Hauſe G. Hermann beſchäftigt war. Nach‐
dem er nach Beendigung ſeiner Lehr- und Lernzeit noch einige Jahre als Gehilfe gear‐
beitet, nahm er 1853 zum Zwecke ſeiner weiteren Ausbildung und der Erweiterung ſeiner
Kenntniſſe eine Stellung in der bekannten Buchhandlung von W. Türk in Dresden an.
Gerade um dieſe Zeit beſchäftigte den deutſchen Verlagshandel lebhaft die Frage, wie es
möglich ſein würde, auch in den Vereinigten Staaten von Nord-Amerika Abſatz für
deutſche Literatur-Erzeugniſſe zu gewinnen. Die Auswanderung dahin wuchs beſtändig, hatte
ganz ungeahnte Dimenſionen angenommen, und die deutſchen Landestheile ſtellten nicht zum
kleinſten Theile das Contingent dazu. Befremdend genug war damit eine Nachfrage nach
deutſchen Literatur-Erzeugniſſen gar nicht fühlbar geworden, und um den Grundurſachen
dieſer Erſcheinung nachzuforſchen, ward auf dem Börſentage der deutſchen Buchhändler in
Leipzig der Beſchluß gefaßt, einen Vertrauensmann nach Amerika zu ſenden, der das

Terrain sondiren sollte. Mit dieser Mission wurde Herr Rudolph Garrigue, der jetzt als Präsident an der Spitze der Germania Feuerversicherungs-Gesellschaft steht, betraut, und dieser Herr legte in einer ausgezeichneten Denkschrift seine Erfahrungen und Ansichten nieder. Sein Rath ging dahin, in New York eine Buchhandlung der vereinigten deutschen Verleger zu gründen und so die Verbreitung deutscher Schriftwerke zu fördern. Der Plan scheiterte und es blieb der Initiative Einzelner überlassen, auf eigene Kraft vertrauend die Sache in's Werk zu setzen.

Diese Bestrebungen traten in ein neues Stadium, als nach einigen Vorläufern die Herren F. W. Christern und B. Westermann & Co. in New York deutsche Buchhandlungen begründeten und in rührigem Fleiße der Sache Bahn brachen. Der junge Steiger hatte aufmerksam die ganze Bewegung verfolgt und es reifte in ihm der Entschluß, seine Kräfte der Eroberung des neuen Terrains für deutsche Literatur und deutsches Geistesleben zu widmen. Nicht ganz unwesentlich beeinflußt dürfte dieser Entschluß durch den bereits erwähnten Bericht des Herrn R. Garrigue worden sein. Denn in demselben waren in ebenso klarer, wie erschöpfender Weise die Bedingungen und Aussichten für das Gedeihen des Unternehmens dargethan und die darin niedergelegten Erfahrungen bildeten ein werthvolles Fundament. Im Jahre 1855 bot sich Herrn Steiger Gelegenheit, eine Gehilfenstelle bei der Firma B. Westermann & Co. in New York zu erhalten und er zögerte nicht, dieselbe anzunehmen. Hier hatte er ausreichende Gelegenheit, praktisch die einschlägigen Verhältnisse zu studiren und mit gereifter Erfahrung der Verwirklichung seiner Idee näher zu kommen. Die großen Schwierigkeiten, die sich der Einführung deutscher Literatur-Erzeugnisse in den Vereinigten Staaten entgegenstellten, überraschten den jungen Steiger nicht. Hatte doch der Garrigue'sche Bericht in scharfer Weise das geringe Bedürfniß der deutschen Bevölkerung nach geistiger Nahrung betont, aber dieses Bedürfniß galt es eben zu wecken und zu erhöhen. Dazu war Ernst Steiger der rechte Mann. Sein eiserner Wille, seine zähe Arbeitskraft, gründliche Kenntnisse und eine ungemein scharfe Beobachtungsgabe, die schnell den rechten Weg erfaßte, verhießen seiner Thätigkeit durchschlagenden Erfolg. Nachdem er elf Jahre in dem Westermann'schen Geschäfte thätig gewesen, übernahm er 1866 ein kleines Geschäft, das er bereits 1863 käuflich erworben hatte. Zuvörderst wendete er sich der Herstellung von deutsch-amerikanischen Schulbüchern zu und füllte damit eine große Lücke aus, die thatsächlich einem dringenden Bedürfnisse Abhilfe verschaffte. Lebhafte Aufmerksamkeit schenkte er den schriftstellerischen Produktionen von Deutsch-Amerikanern; diese gesammelt und in geeigneter Form verbreitet zu haben, ist sein ausschließliches Verdienst. Er widerlegte damit das bestehende Vorurtheil, als sei der literarische Boden hier gar so steril, denn unter seiner „Deutsch-amerikanischen Bibliothek", welche nahezu 200 Nummern umfaßt und Arbeiten von Friedrich Lexow, J. Rittig, Friedrich Kapp, Anton Eickhoff, C. Stürenburg, Karl Dilthey, Rudolph Lexow, Oswald Seidensticker, C. A. Honthumb u. A. enthält, finden sich sehr werthvolle literariiche Gaben; ebenso enthält die von ihm herausgegebene lyrische Sammlung „Dornrosen" viele Perlen von poetischem Werthe. Unter seinen weiteren Verlagswerken sind namentlich hervorzuheben Friedrich Kapp's „Geschichte der deutschen Einwanderung", Professor Seidensticker's „Bilder aus der deutsch-pennsylvanischen Geschichte", A. Eickhoff's „In der neuen Heimath", die von Carl Schurz herausgegebenen „Geschichtsblätter" und Rühl's „Californien", die noch heute als mustergiltige Werke gelten. Sehr verdient machte sich Steiger auch durch seine eifrige Förderung des Kindergartenwesens nach Fröbel'schen Grundsätzen, die er auch durch Herausgabe mehrerer Schriften zu unterstützen bemüht war.

Eine sehr werthvolle Publikation des Steiger'schen Verlages ist das von ihm zusammen mit E. Stürenburg herausgegebene Buch „Auskunft und Rath für Deutsch-Amerikaner", das sich an die Bedürfnisse wendet, welche dem täglichen Leben entspringen. Es ist aus dem Gedanken entstanden, alle diejenigen Kenntnisse und Erfahrungen zu sammeln und systematisch darzustellen, welche insbesondere das tägliche Leben des Deutsch-Amerikaners fordert. In welcher meisterlichen Weise die Herausgeber diese vielumfassende Aufgabe gelöst haben, lehrt schon ein Durchblättern des reichhaltigen Ganzen. Auf alle wichtigen Fragen des öffentlichen, Rechts-, Geschäfts- und Privatlebens giebt das Buch eine lehrreiche, gemeinverständliche Antwort und ist für Deutsch-Amerikaner ein geradezu unentbehrliches Nachschlagewerk.

Hatte Herr Steiger schon im Sortiments- und Verlagsbuchhandel bislang vielfach reformirend gewirkt, so war es ihm vorbehalten, auf einem speciellen Gebiete buchhändlerischer Thätigkeit bahnbrechend zu wirken — dies war die Einführung und Verbreitung der deutschen Journal-Literatur. Hierin beruht das Hauptverdienst Steiger's, und seine großen Fähigkeiten und sein glänzendes organisatorisches Talent traten dabei überzeugend zu Tage. Indem er den gesammten deutschen Buchhandel in den Vereinigten Staaten organisirte und mit dieser Macht eine rührige Thätigkeit entfaltete, verschaffte er der heimathlichen Journal-Literatur eine ungeahnte Ausbreitung und bedeutenden Absatz. Die deutschen Zeitschriften und Verleger verdanken hierin unendlich viel Herrn Steiger, der zuerst energievoll und planmäßig der Einführung ihrer Verlagswerke Bahn brach und Sinn und Interesse dafür erweckte.

Auch um die periodische Literatur in den Vereinigten Staaten hat sich Herr Steiger sehr verdient gemacht, vornehmlich durch seine Sammlung derselben, die er 1872 gelegentlich der Wiener Weltausstellung zur Ausstellung brachte und die ca. 6000 Probenummern nordamerikanischer Zeitungen umfaßte. Dem Auslande wurde damit zum ersten Male ein anschauliches Bild von dem hohen Stand unserer Journalistik gegeben und manches Vorurtheil, manche falsche Ansicht dadurch beseitigt. Dem internationalen Charakter gemäß war der Catalog in sechs Sprachen (englisch, deutsch, französisch, holländisch, italienisch und spanisch) abgefaßt und enthielt zugleich einen mit wahrem Bienenfleiß hergestellten Index, der eine genaue Uebersicht über die in jeder einzelnen Branche erscheinenden Fachblätter mit Angabe des Formats der Journale, der Verleger, der Tendenz u. s. w. gab. Von der unsäglichen Mühe und den großen finanziellen Opfern, die das Werk gekostet, macht sich kaum Jemand eine Vorstellung. Herr Steiger hatte wenigstens die Genugthuung, daß ihn das Comité der Ausstellung mit der Verdienstmedaille auszeichnete. Dieselbe Anerkennung und Auszeichnung fanden die von ihm ausgestellten Schulbücher seines Verlages, wie er überhaupt durch die Energie seines Wollens das Publikum auch in den Vereinigten Staaten zur öffentlichen Anerkennung zwang. Den reichen Erfolg seiner Thätigkeit illustrirt am trefflichsten die Thatsache, daß seine deutsche Sortimentsbuchhandlung für die umfangreichste aller derartigen Handlungen nicht nur in Amerika, sondern auch in Deutschland gilt.

Wenn wir zum Schlusse noch einiges über sein Mitwirken an philanthropischen Zielen erwähnen wollen, so müssen wir in erster Reihe seiner langjährigen Thätigkeit an der „Deutschen Gesellschaft" gedenken, bei welcher er sich speziell im Wohlthätigkeits-Ausschuß verdient gemacht hat. Auch eine ganze Reihe anderer gemeinnütziger und geselliger Institutionen zählt ihn zu ihren Mitgliedern und überall haben ihm die Geradheit seines Charakters, die Herzlichkeit seines Wesens Achtung und Anerkennung errungen. In der Geschichte des Deutschthums in Amerika verdient sein Name als Hort deutschen Geisteslebens und deutscher Literatur, deutschen Fleißes und deutscher Biederkeit einen bleibenden Platz.

www.ingramcontent.com/pod-product-compliance
Lightning Source LLC
Chambersburg PA
CBHW021704230426
43668CB00008B/716